Hiltrud Stöcker-Zafari
Jörg Wegner

*Binationaler Alltag
in Deutschland*

Die zunehmende Mobilität der Menschen wirkt sich auch auf die Liebe aus – immer mehr Menschen gehen Beziehungen grenz- und kulturübergreifend ein. Mehr als eine Million binationaler Paare und Familien leben in Deutschland.

Binationaler Alltag in Deutschland ist der einzige im deutschsprachigen Raum lieferbare Ratgeber für binationale Partnerschaften und Familien. Bundesweit bewährt in der alltäglichen Beratungsarbeit des Verbandes binationaler Familien und Partnerschaften, iaf e. V. iaf-Berater/-innen und iaf-Expert/-innen informieren verständlich geschrieben und mit anschaulichen Beispielen. Sie geben Anregungen und Unterstützung bei der Überwindung rechtlicher und gesellschaftlicher Hindernisse.

Die aktuelle 7. Auflage basiert auf der Verwaltungspraxis, die zum Zeitpunkt der Fertigstellung des Buches gültig ist. Es wird auf das Zuwanderungsgesetz an einigen Stellen Bezug genommen, das am 1. 1. 2005 in Kraft treten wird. Dabei kann allerdings nur der Gesetzestext berücksichtigt werden, der aber wiederum keine Vorschriften enthält für die Anwendung und Umsetzung in den Behörden. Die hierfür erforderlichen Verwaltungsvorschriften liegen zurzeit (Oktober 2004) auch nicht im Entwurf vor. Da sich die Gesetzeslage für binationale Paare und Familien durch das Zuwanderungsgesetz nicht wesentlich ändern wird, ist deshalb davon auszugehen, dass auch die jetzige Verwaltungspraxis zukünftig im wesentlichen fortgeschrieben wird.

»... informiert kompetent und verständlich über die Gesamtheit der Thematik...« *(LISTEN)*

Die Autoren:
Hiltrud Stöcker-Zafari, geb. 1955, Dipl.-Päd., arbeitet in der Bundesgeschäftsstelle der iaf als Referentin für Beratung. Seit vielen Jahren als Beraterin für binationale Paare tätig.
Dr. jur. *Jörg Wegner*, geb. 1959, Rechtsanwalt in Bremen, Schwerpunkte: Ausländerrecht, Familienrecht, Verwaltungsrecht. Seit 1995 teilweise haupt- und ehrenamtliche Tätigkeit als Projektleiter und Berater beim Verband binationaler Familien und Partnerschaften.

Hiltrud Stöcker-Zafari/Jörg Wegner

Binationaler Alltag in Deutschland

Ratgeber für Ausländerrecht, Familienrecht und interkulturelles Zusammenleben

Herausgegeben vom Verband binationaler Familien und Partnerschaften, iaf e. V.

Brandes & Apsel

Auf Wunsch informieren wir regelmäßig über das Verlagsprogramm.
Eine Postkarte an den Brandes & Apsel Verlag, Scheidswaldstr. 33,
D–60385 Frankfurt am Main, genügt.
E-Mail: brandes-apsel@doodees.de
Internet: www.brandes-apsel-verlag.de

7. aktualisierte und erweiterte Auflage 2004

5. völlig überarbeitete Neuauflage 1999
© Brandes & Apsel Verlag GmbH, Frankfurt am Main
Alle Rechte vorbehalten, insbesondere das Recht der Vervielfältigung
und Verbreitung sowie der Übersetzung, Mikroverfilmung, Einspeicherung und Verarbeitung in elektronischen oder optischen Systemen, der öffentlichen Wiedergabe durch Hörfunk-, Fernsehsendungen und Multimedia sowie der Bereithaltung in einer Online-Datenbank oder im Internet zur Nutzung durch Dritte.
Verlag, Herausgeber und Autoren übernehmen keine Gewähr für die aktuelle Richtigkeit der Angaben im Buch.
Lektorat: Roland Apsel
DTP: Wolfgang Gröne
Umschlaggestaltung: Petra Sartowski, MDD-Digitale Produktion, Maintal, unter Verwendung des Fotos: *Publikum bei einem Fest auf dem Mariannenplatz,* Berlin-Kreuzberg, 1987. © by Pressefoto Paul Glaser, Berlin
Druck: Tiskarna Ljubljana d. d., Ljubljana, Printed in Slovenia
Gedruckt auf säurefreiem, alterungsbeständigem und chlorfrei gebleichtem Papier.

Bibliografische Information *Der Deutschen Bibliothek:*
Die Deutsche Bibliothek verzeichnet diese Publikation in der Deutschen Nationalbibliografie; detaillierte bibliografische Daten sind im Internet über http://dnb.ddb.de abrufbar

ISBN 3-86099-187-6

Inhalt

Vorwort 13

1. Kapitel | Zahlen und Fakten 17

- **Eheschließung** 18
- **Ehescheidung** 20
- **Geburten** 21

2. Kapitel | Lebenssituationen binationaler Paare 23

- **Ein Blick auf die Forschung** 24
- **Die Paarbeziehung** 25
- **Auseinandersetzung mit der Umwelt** 28
- **Erfahrungen mit Diskriminierung** 30

Strukturelle Diskriminierung 31
   Verwaltungshandeln 31
   Anerkennung ausländischer Berufs- und Studienabschlüsse 32
Gesellschaftliche Diskriminierung 33
   Arbeitsuche 33
   Wohnungsuche 34

- **Leben mit mehreren Ländern** 34

Wo erhalte ich Informationen? 36
Gelten soziale Leistungen im Ausland? 36

- **Europäischer Zusammenschluss der Binationalen** 38
- **Die Europäische Coordination** 40

3. Kapitel | Vielfalt Familie und ihre interkulturellen Kompetenzen 43

Cornelia Spohn
■ **Binationale Familien – ein Familienmodell der Zukunft?** 43

Maria Ringler
■ **Mit mehreren Sprachen leben** 48
Welche Bedeutung hat das Aufwachsen in mehreren Sprachen? 44
Wie können Eltern ihre Kinder bei der Sprachentwicklung unterstützen? 51

4. Kapitel | Ehe und eingetragene Lebenspartnerschaft 55

■ **Ehe** 56
Rechtliche Grundlagen 56
    Güterstand 57
    Eheverträge/Islamische Eheverträge 59
        Ehevertrag nach deutschem Recht 59
        Islamischer Ehevertrag 62

Eheschließung in Deutschland 66
    Voraussetzungen der Eheschließung 66
    Exkurs: Ehe zu aufenthaltsrechtlichen Zwecken (Zweckehe/»Scheinehe«) 68
        Dokumente zur Eheschließung 70
        Ehefähigkeitszeugnis 72
    Anmeldung der Eheschließung/Beitrittserklärung 74
    Eheschließung bei illegalem Aufenthalt 75
    Namensführung 76
    Familienbuch 77
    Religiöse Zeremonien 78

Eheschließung im Ausland 80
    Ausreise zur Eheschließung und Wiedereinreise nach Deutschland 81
    Dokumente zur Eheschließung 82
    Eheschließung in Dänemark 83

■ **Lebenspartnerschaft** 84
Rechtliche Grundlagen 85
   Vermögensstand 86
   Lebenspartnerschaftsvertrag 87

Begründung einer Lebenspartnerschaft 88
   Voraussetzungen zur Begründung einer Lebenspartnerschaft 89
   Anmeldung/Beitrittserklärung 90
   Namensführung 90

Erfahrungen 91

5. Kapitel | **Trennung, Scheidung und Aufhebung von Lebenspartnerschaften** 93

■ **Trennungszeit** 94
Was bedeutet getrennt leben? 94
Regelungen während der Trennungszeit 95

■ **Gewaltschutz** 98
Kontakt- und Näherungsverbot 98
Überlassung der Wohnung 99

■ **Scheidung** 99
Welches Gericht ist zuständig? 82

■ **Welches Recht gilt für binationale Familien?** 102

■ **Nichtigkeit und Aufhebung der Ehe** 104

■ **Güterrechtliche Besonderheiten bei binationalen Ehen** 106

■ **Scheidungsfolgen** 108
Versorgungsausgleich 108
Ehegattenunterhalt 109
Kindesunterhalt für Minderjährige 110
Ehewohnung 111
Zugewinnausgleich 111

■ **Trennung und Aufhebung eingetragener Lebenspartnerschaften** 112

- **Internationale Gültigkeit von Gerichtsentscheidungen** 114
Anerkennung ausländischer Scheidungsurteile in Deutschland 115
Anerkennung deutscher Scheidungsurteile im Ausland 115
Besonderheiten in den Mitgliedstaaten der Europäischen Union 116

- **Mediation** 117

- **Kinder** 118

Die elterliche Sorge 119
   Die gemeinsame elterliche Sorge 120
   Besonderheiten bei binationalen Familien 121

Das Umgangsrecht 122

Kindesentführung durch einen Elternteil 123
   Wann liegt eine Kindesentführung vor? 123
   Wann kann es dazu kommen? 124
   Vorbeugende Maßnahmen 126
   Das Haager Übereinkommen über die zivilrechtlichen Aspekte internationaler Kindesentführungen (HKÜ) 127

6. Kapitel | Aufenthalt in Deutschland 129

- Bürgerinnen und Bürger der Europäischen Union 129

- Drittstaaterinnen und Drittstaater 130

- Das Zuwanderungsgesetz 131

- **Teil 1 | Aufenthalt nach dem Ausländergesetz**

Einreise nach Deutschland 132
   Einreise zu Besuchszwecken 133
   Einreise zur Eheschließung 135
   Familienzusammenführung 137
     Ehegattennachzug 137
     »Scheinehe« oder Zweckehe 139
     Kindernachzug 140
     Nachzug sonstiger Familienangehöriger 141

Aufenthaltsgenehmigung 142
  Befristete Aufenthaltserlaubnis 142
    Nichteheliche Lebensgemeinschaft mit Kindern 143
  Unbefristete Aufenthaltserlaubnis 144
  Aufenthaltsberechtigung 145

Eigenständiger Aufenthalt 146

Aufenthalt für eingetragene Lebenspartner und Lebenspartnerinnen 148

Erlöschen und Beendigung der Aufenthaltsgenehmigung 148

Reisedokument 149

Ausweisung 150
  Ausweisungsverfügung 151

Abschiebung 152

Politische Betätigung 153

Perspektiven durch das Zuwanderungsgesetz 154
  Aufenthaltstitel 154
  Familiennachzug 155
  Integrationskurs 156
  Übergangsregelungen 156

■ Teil 2 | **Aufenthalt nach europäischem Recht** 158

Allgemeines und Rechtsgrundlagen der EU 158

Einreise 161

Aufenthalt 162

Aufenthaltsbeendigung 165

EU-Osterweiterung 166

Assoziierungsabkommen mit der Türkei 168
  Aufenthalt 169

7. Kapitel | Staatsangehörigkeit/Einbürgerung 173

■ **Grundlagen** 173

■ **Einbürgerung** 174
Einbürgerung nach dem Staatsangehörigkeitsgesetz (StAG) 175
Erleichterte Einbürgerung nach §§ 85-91 Ausländergesetz 178
Entlassung aus dem bisherigen Staatsverband 180
  Einbürgerung unter Hinnahme von Mehrstaatigkeit 180
  *Exkurs: Entlassung aus der türkischen Staatsangehörigkeit
  trotz Wehrpflicht* 183

■ **Staatsangehörigkeit der Kinder ausländischer Ehepaare** 184

■ **Staatsangehörigkeit der Kinder aus binationalen Ehen** 185
Staatsangehörigkeit vor 1975 geborener, ehelicher Kinder
deutscher Mütter 187
Staatsangehörigkeit binationaler nichtehelicher Kinder 188

■ **Mehrfache Staatsbürgerschaft** 188

■ **Staatsangehörigkeit Deutscher nach Eheschließung mit
einem Partner/einer Partnerin anderer Nationalität** 190

8. Kapitel | Arbeiten in Deutschland 193

■ **Arbeitsgenehmigung** 194
Arbeitserlaubnis 195
Arbeitsberechtigung 196
Gewerbeausübung 197
Sonderregelung für Unionsbürger- und bürgerinnen 197

■ **Perspektiven durch das Zuwanderungsgesetz** 198

9. Kapitel | Studieren in Deutschland 201

■ **Aufenthalt** 202
Sprachkursaufenthalt 202

Aufenthalt zur Studienbewerbung   203
Aufenthalt zu Studienzwecken   203

■ **Familiennachzug zu Studierenden**   205

■ **Finanzierung**   205

■ **Perspektiven durch das Zuwanderungsgesetz**   206

10. Kapitel | Besonderheiten im Erbrecht   209

Rechtliche Grundlagen   209
Erbrechtswahl   211
Verfügungen von Todes wegen (Testament/Erbvertrag)   211
Besonderheiten bei binationalen Eheleuten   212
Verfahren   213

11. Kapitel | Der Verband binationaler Familien und Partnerschaften iaf e. V.   215

Ausgewählte Literatur   219

Vorwort

Mit der vorliegenden 7. überarbeiteten Auflage des Ratgebers setzt der Verband binationaler Familien und Partnerschaften, iaf. e.V. sein langjähriges Engagement fort, Kenntnisse und Erfahrungen der Verbandsarbeit über den binationalen Alltag in Deutschland für die Öffentlichkeit zu bündeln. Damit geben wir gleichzeitig binationalen Paaren und Familien Informationen, auch allgemein rechtliche, an die Hand, die sie benötigen und bei uns abrufen. Nur wer über seine Rechte informiert ist, kann diese einfordern. Die Themen, die wir berücksichtigen, spiegeln die Fragen wider, die am stärksten an uns gerichtet werden. Dies sind die gängigen Fragen wie Eheschließung im In- und Ausland, Aufenthalt, Trennung und Scheidung ebenso wie Einbürgerung, Arbeiten und Studieren in Deutschland. Neu aufgenommen wurde das Thema Erben im binationalen Kontext, ein Zeichen dafür, dass in der Personengruppe der Binationalen auch einige in die Jahre gekommen sind. Einen größeren Umfang als in den Ausgaben zuvor erhalten die Regelungen der Europäischen Union, womit der Bedeutung europäischer Politik und rechtlicher Einflüsse auf die Nationalstaaten Rechnung getragen wird. Ebenfalls von größerer Bedeutung ist die Thematik zum interkulturellen Zusammenleben. Hierin sehen wir einen Beitrag zur gesellschaftlichen interkulturellen Entwicklung und berücksichtigen dabei besonders die Ressourcen von Familien. Damit verdeutlichen wir unser Profil: sich als Familienverband einzusetzen für die Interessen binationaler Familien, ihnen Gehör zu verschaffen in der Öffentlichkeit und in der Politik und an der Abschaffung von Hindernissen mitzuwirken, die ein selbstverständliches Leben in Deutschland behindern.

Vorwort

Unser Verband ist der einzige im Bundesgebiet, der über einschlägige Kenntnisse und Erfahrungen in der Beratung mit der speziellen Personengruppe binationaler Paare und Familien verfügt. Dies macht uns zum einen Stolz auch über das bisher Erreichte, stellt aber zum anderen eine Verpflichtung dar, in der Interessensvertretung nicht nachzulassen. Dass dies wie in den Jahren zuvor notwendig ist, auch darüber handelt dieser Ratgeber.

Um das bundesweite Beratungsnetz aufrechterhalten zu können, insbesondere die Kommunikation der Beraterinnen und Berater untereinander zu gestalten und zu entwickeln, erhalten wir seit vielen Jahren eine Projektförderung vom Bundesministerium für Familie, Senioren, Frauen und Jugend. Darüber hinaus bekommen zahlreiche regionale Gruppen des Verbandes für ihre Arbeit Zuschüsse von Kommunen, Zweckverbänden, Stiftungen, aber auch Zuschüsse der Bundesländer. Die finanzielle Basis des Verbandes liegt jedoch weiterhin bei unseren Mitgliedern und Förderern, die durch ihre Beiträge die Größe und den Umfang der Arbeit des Verbandes mit bestimmen.

Die Herausgabe dieses Ratgebers erfolgt in einer Zeit rechtlicher Veränderungen. Ab Januar 2005 werden mehrere neue Gesetze in Kraft treten, die in ihrer Konsequenz, in ihrer praktischen Ausführung, zum Zeitpunkt der Fertigstellung dieses Buches nicht einschätzbar sind. Dies betrifft das Zuwanderungsgesetz, das am 9. 7. 2004 den Bundesrat passierte, die Bestimmungen zu Hartz IV sowie die Regelungen zum Zugang in den deutschen Arbeitsmarkt.

Da unser Ratgeber in erster Linie die praktischen Umsetzungen gesetzlicher Bestimmungen berücksichtigt, haben wir uns für die Darstellung der jetzigen Rechtslage entschieden; d. h. das noch zurzeit gültige Ausländergesetz und Aufenthaltsgesetz/EWG bilden die Grundlage, denn hierfür liegen Bestimmungen für die Verwaltung zur Umsetzung vor. Das Zuwanderungsgesetz wird in der Form berücksichtigt, in der es zurzeit möglich ist, nämlich als Gesetzestext. Die für die Praxis weitaus wichtigeren Regelungen, wie Verwaltungsvorschriften oder Durchführungsbestimmungen, die das Gerüst des Gesetzes für die Verwaltung handhabbar machen, liegen zum Zeitpunkt der Fertigstellung des Ratgebers auch nicht im Entwurf vor. Da der Gesetzestext allein wenig Aussagekraft hat und sich die Regelungen für die Personengruppe der Binationalen nicht grundsätzlich ändern werden, halten wir es für informativer, auf die jetzi-

VORWORT

ge Regelung und damit verbunden auf die derzeitige Verwaltungspraxis einzugehen, von der nicht auszugehen ist, dass sie sich für unsere Zielgruppe ab Januar 2005 eklatant verändern wird. Angelehnt an die Terminologie der derzeitigen Rechtslage werden ebenso die Begriffe Arbeitslosengeld, Arbeitslosenhilfe und Sozialhilfe verwendet, die ab 1. 1. 2005 Arbeitslosengeld I und durch die Zusammenlegung von Arbeitslosenhilfe und Sozialhilfe Arbeitslosengeld II heißen werden. Letztere Begriffe werden in Klammer im Fließtext berücksichtigt.

Der Zugang zum deutschen Arbeitsmarkt wird zukünftig stark durch Rechtsverordnungen gesteuert werden, die ebenfalls zum jetzigen Zeitpunkt nicht vorliegen. Das Sozialgesetzbuch (Drittes Buch) sowie die Arbeitsgenehmigungsverordnung werden auch über den Januar 2005 hinaus bestehen, so dass diese Regelungen in dieser Auflage berücksichtigt wurden. Auf die Darstellung weiterer zurzeit bestehender Ausnahmeverordnungen wurde verzichtet, da diese wie z. B. die green-card am 31.12. 2004 auslaufen oder andere im nächsten Jahr kaum eine Rolle spielen werden.

Auch wenn wir die Personengruppe der Binationalen über die rechtlichen Grundlagen ihrer Lebenssituation in Deutschland informieren, erteilen wir in diesem Ratgeber keine rechtsverbindlichen Aussagen. Juristische Fragen in einem konkreten Einzelfall bedürfen einer anwaltlichen Beratung. Zudem weisen wir darauf hin, dass nicht alle Informationen für alle Binationalen gleichermaßen gelten können. Dafür ist die Gruppe der Binationalen zu heterogen.

Wir freuen uns auf viele interessierte Leser und Leserinnen.

Frankfurt am Main, im September 2004.

Hiltrud Stöcker-Zafari
Dr. Jörg Wegner

1. Kapitel

Zahlen und Fakten

Die Erhebungen des Statistischen Bundesamtes in Wiesbaden bieten Anhaltspunkte zur Erfassung der Personengruppe binationaler Paare und Familien. Ihre Aussagekraft ist allerdings eingeschränkt, denn Eheschließungen, Ehescheidungen und Geburten werden nur dann statistisch erfasst, wenn sie im Bundesgebiet erfolgen. Eheschließungen, die beispielsweise im benachbarten Ausland stattfinden, bleiben unberücksichtigt. Von diesen wird es einige geben, denn aus unserer Beratungspraxis wissen wir, dass zunehmend im Ausland geheiratet wird. Eheschließungen zwischen Migranten gleicher Nationalität finden oft in den jeweiligen Konsulaten im Bundesgebiet statt. Auch diese finden keinen Eingang in die statistischen Erhebungen des Bundesamtes.

Gleichgeschlechtliche binationale Paare fehlen völlig in der Statistik, sie können laut Statistischem Bundesamt nicht erfasst werden, da für eingetragene Lebenspartnerschaften bundesweit nicht die gleiche Behörde zuständig ist und somit eine zentrale Registrierung fehle. In Rheinland-Pfalz wurden im ersten Jahr nach Inkrafttreten des Lebenspartnerschaftsgesetzes insgesamt 219 Lebenspartnerschaften eingegangen, davon waren 156 männliche und 63 weibliche Paare (Ministerium des Innern und für Sport in Rheinland Pfalz 2002).

Das Statistische Bundesamt erfasst die Personen nach ihrer Staatsangehörigkeit. Eingebürgerte Migranten und Migrantinnen tauchen in der Statistik als Deutsche auf, ihr Migrationshintergrund bleibt unberücksichtigt. Fand beispielsweise ein Wechsel der Staatsbürgerschaft vor der

KAPITEL 1

Eheschließung statt, so wird die Eheschließung als deutsche registriert. Bikulturalität lässt sich damit nicht erfassen.

Eheschließung

Die Statistik erfasst binationale Eheschließungen seit den frühen fünfziger Jahren. Frauen waren daran zunächst wesentlich stärker beteiligt als Männer: 1955 wählten nur 2.708 deutsche Männer eine ausländische Frau, aber 15.074 deutsche Frauen einen ausländischen Partner. Allein 11.000 dieser Eheschließungen erfolgten mit Angehörigen von in der Bundesrepublik Deutschland stationierten Streitkräften. Bis 1990 standen Partner aus den USA an erster Stelle in der Beliebtheitsskala deutscher Frauen.

Seit 1995 heiraten mehr deutsche Männer ausländische Frauen als deutsche Frauen ausländische Männer. Dieser Trend ist weiterhin festzustellen.

Jahr	Ausländischer Ehemann	Ausländische Ehefrau
1955	15.074	2.708
1960	14.613	3.711
1965	18.648	8.146
1970	14.645	10.152
1975	16.054	11.040
1980	18.927	9.084
1985	15.756	9.950
1990	22.031	17.753
1995	26.554	28.306
1996	27.907	29.637
1997	30.198	31.187
1999	26.234	32.335
2000	27.323	33.839
2001	25.186	35.501
2002	26.057	36.411

Quelle: Statistisches Bundesamt, Wiesbaden

Binationale Paare sind ein wachsender Teil dieser Gesellschaft. Offene Grenzen, Urlaubs-, Arbeits- und Studienaufenthalte im Ausland sowie die Anwesenheit von Migrant/-innen in Deutschland lassen die Zahl der bina-

EHESCHLIESSUNG

tionalen Eheschließungen weiter steigen. 2002 waren bei einer Gesamtzahl von 391.963 Eheschließungen bei 73.719 ausländische Partner und Partnerinnen beteiligt; das sind 18,8%! Zum Vergleich: 2001 waren von 389.591 Hochzeiten 72.095 ausländische Partner und Partnerinnen beteiligt, das waren 18,5%. Damit ist jede sechste Eheschließung in Deutschland eine binationale.

Hinsichtlich der bevorzugten Länder bei der Partnerwahl sind geschlechtspezifische Unterschiede festzustellen: Deutsche Männer wählen ihre Partnerinnen überwiegend aus osteuropäischen Ländern, mit großem Abstand folgen dann Frauen aus Asien und EU-Staaten. Deutsche Frauen hingegen bevorzugen mit Abstand türkische Partner, gefolgt von Partnern aus EU-Staaten.

Deutsche Frauen heirateten Männer aus:

2001		2002	
Türkei	5005	Türkei	5642
Jugoslawien	2734	Jugoslawien	2495
Italien	1895	Italien	1854
USA	1255	USA	1344
Österreich	872	Polen	988
Polen	872	Österreich	888
Großbritannien	726	Großbritannien	838
Niederlande	702	Marokko	731
Marokko	698	Niederlande	698
Kroatien	629	Kroatien	690

KAPITEL 1

Deutsche Männer heirateten Frauen aus:

2001		2002	
Polen	5263	Polen	5536
Thailand	2728	Thailand	2775
Russland	2480	Russland	2541
Ukraine	1997	Rumänien	2143
Rumänien	1903	Ukraine	2047
Türkei	1738	Türkei	1983
Jugoslawien	1104	Jugoslawien	1176
Kroatien	1083	Kroatien	953
Italien	924	Italien	943
Österreich	916	Österreich	816

Quelle: Statistisches Bundesamt 2003; eigene Berechnungen

Ehescheidung

Analog zu den Eheschließungen steigt die Zahl der Ehescheidungen, wobei deutsche Frauen sich öfter von ihren ausländischen Ehemännern trennen als deutsche Männer von ihren ausländischen Ehefrauen.

Von insgesamt 204.214 Scheidungen im Jahr 2002 entfielen 171.314 (83,9%) auf deutsch-deutsche Ehen, 15.295 (7,5%) auf Ehen zwischen deutschen Frauen und ausländischen Männern, 9.523 (4,7%) auf Ehen zwischen deutschen Männern und ausländischen Frauen und 8.082 (3,0%) auf Ehen, bei denen beide Partner eine ausländische Staatsangehörigkeit haben, wobei ca. die Hälfte hiervon nämlich 3.808 Scheidungen zwischen Partnern der gleichen Nationalität vorgenommen wurden.

Jahr	insgesamt	Deutsch/ deutsch	deutsche Frau / ausländischer Mann	deutscher Mann/ ausländische Frau
1999	190.590	164.006	12.550	7.066
2000	194.408	165.933	13.335	8.054
2001	197.498	166.853	14.280	8.742
2002	204.214	171.314	15.295	9.523

GEBURTEN

Geburten

2002 wurden insgesamt in der Bundesrepublik 719.250 Kinder geboren (2001: 734.475 Kinder und 1997 noch 812.173 Kinder). 390.764 Kinder wurden ehelich geboren und haben zwei deutsche Elternteile.

73.781 oder 10,25% dieser Kinder entstammen binationalen Ehen mit einem deutschen Elternteil, wobei 33.048 Kinder deutsche Mütter haben und 40.733 Kinder deutsche Väter.

2001		
insgesamt	734.475	
Ehelich deutsch/deutsch	410.663	55,9%
Binational/ein deutscher Elternteil	70.216	9,5%
Deutscher Vater/ausl. Mutter	37.718	5,1%
Deutsche Mutter/ausl. Vater	32.498	4,4%
Ehelich ausl./ausl.	62.898	8,5%
Nichtehelich ausl. Mutter	15.453	2,1%
Binational ausl./ausl.	6882	1,0%

2002		
Insgesamt	719.250	
Ehelich deutsch/deutsch	390.764	54,3%
Binational/ein deutscher Elternteil	73.781	10,2%
Deutscher Vater/ausl. Mutter	40.733	5,6%
Deutsche Mutter/ausl. Vater	33.048	4,6%
Ehelich ausl./ausl.	58.385	8,1%
Nichtehelich ausl. Mutter	16.329	2,2%
Binational ausl./ausl.	6.750	1,0%

Zu den Kindern aus binationalen Ehen kommen noch weitere hinzu, die ebenso in Familien mit Migrationshintergrund aufwachsen: Kinder mit Eltern gleicher Nationalität (58.385), Kinder mit Eltern verschiedener ausländischer Nationalität (6.750) sowie Kinder, die nichtehelich von auslän-

Kapitel 1

dischen Müttern geboren wurden (16.329). Dies sind insgesamt 155.245 (21,6%) Kinder in 2002 oder jedes fünfte Kind, das bikulturell aufwächst.

170.915 Kinder wurden nichtehelich von deutschen Müttern geboren. Einige von ihnen können ausländische Väter haben, die statistisch nicht erfasst sind, aber den Anteil der Familien mit Migrationshintergrund erhöhen.

2. Kapitel

Lebenssituationen binationaler Paare

Die Personengruppe der binationalen Paare ist sehr heterogen. Allgemeingültige Aussagen lassen sich nur schwer formulieren, da sie immer die Gefahr mit sich bringen, Stereotypisierungen Vorschub zu leisten. Binationale unterscheiden sich hinsichtlich des Geschlechts, der sexuellen Orientierung, der ethnischen und/oder nationalen Herkunft, der sozialen Zugehörigkeit, der Dauer ihrer Beziehung, der Aufenthaltszeiten des ausländischen Partners etc. Sie eint nur eines: die Lebensgemeinschaft mit einem Partner oder einer Partnerin anderer Herkunft.

Vorstellungen über binationale Paare gibt es zuhauf. Sie beziehen sich meist auf Schwierigkeiten und Probleme, die ihnen zugeschrieben werden wie kulturelle und sprachliche Unterschiede und dadurch bedingte Verständigungsschwierigkeiten auf der Paarebene, um nur einige zu nennen. Diese wiederum führen zu der allgemeinen vermeintlichen Gewissheit, dass solch eine Verbindung »sowieso nicht gut gehen kann«, dass »mal gesehen wird, wie lange sie hält«.

Es gibt viele Begriffe, um die Verbindung zu bezeichnen, die Menschen unterschiedlicher Herkunft miteinander eingehen. In diesem Ratgeber wird vorwiegend von binationalen Paaren gesprochen und dabei der Fokus auf die unterschiedliche Staatsbürgerschaft gelegt. Die Staatsbürgerschaft ist für die Lebensgestaltung des Paares im Bundesgebiet von existentieller Bedeutung. Sie entscheidet darüber, welche gesetzlichen Regelungen anzuwenden sind und ob beispielsweise ein Paar ohne Trauschein in Deutschland zusammenleben kann.

Kapitel 2

Eine andere Bezeichnung, bikulturelle Paare, findet sich auch in diesem Buch, wenn der kulturelle Aspekt der Beziehung und damit die ethnische Herkunft betont wird.

Weit verbreitet ist immer noch der Begriff der »Mischehe«, der im deutschsprachigen Raum ursprünglich die Ehe zwischen verschiedenen Religionen bezeichnete, aber durch die Vereinnahmung des Nationalsozialismus eine negative Konnotation erhielt, die bis heute mitschwingt und somit die Verwendung dieses Begriffes von selbst verbietet.

Zu der Gruppe der binationalen Paare gehören nach unserem Verständnis schon lange nicht mehr nur die Paare mit deutscher Beteiligung, auch wenn sie zahlenmäßig in Deutschland den weitaus größeren Stellenwert einnehmen, sondern auch Paare anderer Nationalitäten und Zusammensetzungen, z. B. französisch-türkisch, britisch-italienisch, russisch-chinesisch.

Ein Blick in die Forschung

Auf der historischen Suche nach binationalen Paaren entdeckte Eva Verma das erste binationale Paar im vierten vorchristlichen Jahrhundert, ein Fürstenpaar im Altaigebirge in Südsibirien (»wo du auch herkommst«, 1993). Der Fürst war Mongole, seine Frau europider Typ. In Vermas Sammlung finden sich Paare aller sozialen und gesellschaftlichen Gruppen.

Ein wissenschaftliches Interesse an binationalen/bikulturellen Ehen und Familien besteht seit Beginn des 19. Jahrhunderts in den USA unter dem Begriff »intermarriage«. Von Bedeutung war vor allem die »intermarriage« als Indikator für die Integration von Minderheiten. Spätere Untersuchungen behandelten Problembereiche wie die psychischen Folgen und sozialen Konsequenzen der »intermarriage« für die Partner/-innen.

In Europa sind Forschungen unter dem Begriff »mariage mixte« in Frankreich zu finden, die sich mit Einwanderung aus den Kolonien beschäftigten.

In Deutschland beginnt dieses Interesse erst Mitte der 1970er Jahre (z. B. Samama, 1977; Müller-Dincu, 1981; Shams, 1983). Ältere Untersuchungen, insbesondere aus der Weimarer Republik und dem Nationalsozialismus, sind nicht bekannt. Diese Erfahrung machten Gömüsay/Kleiber (1990), als sie sich mit der Situation deutsch-ausländischer Ehen zwischen 1920 und 1945 in Berlin beschäftigten. Sie begaben sich mit ihrer Untersuchung auf Neuland und stießen auf interessante Quellenmaterialien.

Weitere Untersuchungen in Deutschland setzen sich mit den gesellschaftlichen, sozialen und kulturellen Lebensbedingungen binationaler Ehen und Familien auseinander, wie z. B. Minshawi (1988); Elschenbroisch (1988); Scheibler (1992); Wießmeier (1993), Gómez-Tutor (1995). Die meisten Untersuchungen sind folglich zehn Jahre und älter; lediglich Geller (1999), Thode-Arora (1999) und Daftari (2000) sind jüngeren Datums. In den letzten Jahren entstanden weitere Diplomarbeiten und Dissertationen zu dem Themenbereich binationale Paare und Familien. Dies lässt auf Forschungsinteresse hoffen, das angesichts der mangelnden Datenlage dringend ansteht.

Die Paarbeziehung

Binationale Paare lernen sich überall auf der Welt kennen. Am Arbeitsplatz, in der Schule und in der Ausbildung, bei Freizeitaktivitäten oder in Vereinen in Deutschland sowie durch Urlaubsreisen oder Arbeitsaufenthalte im Ausland. Bedingt durch die Mobilität der Menschen insbesondere in Europa sowie durch die berufliche Anerkennung von Auslandserfahrungen werden sich auch zukünftig Menschen unterschiedlicher Herkunft begegnen, sich ineinander verlieben und sich entscheiden, zusammen leben zu wollen. Dass die getroffene Partnerwahl nicht immer den Vorstellungen der jeweiligen Herkunftsfamilie und des sozialen Umfeldes entspricht, ist bekannt und deckt sich mit den langjährigen Erfahrungen in unserem Verband.

Binationale Paare setzen sich über Grenzen zweier Gesellschaften hinweg. In wohl allen Ländern gibt es hinsichtlich der Partnerwahl bestimmte gesellschaftliche Regeln, die dabei nicht beachtet werden, selbst wenn für das betreffende Paar erst einmal nur die Reaktionen der Gesellschaft, in der sie leben, wahrgenommen werden. Auch wenn diese Regeln keinen Gesetzescharakter haben, so können sie doch als soziale Norm fungieren und die Partnerwahl entsprechend beeinflussen bzw. abweichendes Verhalten sanktionieren. Solche Einstellungen und Haltungen finden sich z. B. in dem Ausspruch des Volksmundes wieder: »Heirate über den Mist, dann weißt du, wer er ist« und fordert damit auf, den Partner bzw. die Partnerin aus der unmittelbaren Umgebung zu wählen.

Die Fachliteratur unterscheidet in diesem Zusammenhang zwischen gesellschaftlichen Heiratsregeln und individuellem Heiratsverhalten: Zu den gesellschaftlichen Heiratsregeln gehören die Endogamie, das Heiraten innerhalb der eigenen sozialen, religiösen, nationalen Gruppe, und die Exogamie, das Heiraten außerhalb der eigenen sozialen Gruppe;

Zu dem individuellem Heiratsverhalten zählt die Heterogamie, wenn zwischen den Ehegatten relevante soziale und kulturelle Unterschiede bestehen sowie die Homogamie, wenn der Ehegatte gleicher sozialer und kultureller Herkunft ist.

Binationale Paare setzen sich somit über gesellschaftlich normierte soziale, religiöse, nationale und kulturelle Regeln und damit meist über die Gebote ihrer jeweiligen Herkunftsgesellschaft hinweg.

Moderne Gesellschaften sind sehr komplex und widersprüchlich. Sie sind stark differenziert in verschiedene Teilbereiche. In diesen stehen unterschiedliche und teils gegensätzliche Normen und Erwartungen nebeneinander und bestimmen die Lebenswelt des Individuums und damit auch sein Heiratsverhalten. Die Wahl des Ehepartners erfolgt individuell, die Familie nimmt hierauf in der Regel wenig Einfluss. Die Ehe ist somit zumindest in Mitteleuropa nicht mehr die Verbindung zweier Familien, sondern zweier Personen, die sich lieben.

Es liegt an den jeweiligen Menschen, ob sie sich als potentielle Partner sehen, mit denen sie zusammen leben und eine Familie gründen wollen. Dieser individuelle Weg kann von dem Paar als Chance empfunden werden, aber auch aufgrund fehlender Vorgaben der Familie und Gesellschaft als Belastung. Das Paar bewegt sich nicht auf vorgegebenen Pfaden. Es ist vielmehr auf sich selbst, auf die eigenen psychischen und sozialen Kompetenzen gestellt. Als Individuen bringen sie unterschiedliche kulturelle Weltbilder, Haltungen, Anschauungen, Lebensentwürfe, Gewohnheiten und Ziele mit in die Beziehung. Diese Unterschiede gilt es durch Kommunikation und Arrangements zusammen zu bringen, sie lebbar zu machen. Neben einer gewissen Anpassungsfähigkeit können sich erhöh-

DIE PAARBEZIEHUNG

te Anforderungen an das gegenseitige Verständnis für das Andere bzw. Fremde beim Partner oder bei der Partnerin herauskristallisieren. Ebenso wird das bisherige Wissen erweitert um eine andere und fremde Kultur sowie deren Akzeptanz. Damit einher geht die Auseinandersetzung mit der eigenen Kultur, den eigenen Haltungen und Standpunkten. In dieser Auseinandersetzung können eine neue Sichtweise und Wahrnehmung sowohl für die eigene als auch für die fremde Kultur entstehen, die Entwicklung neuer Denk- und Handlungsmuster in der Paarbeziehung begünstigen.

In binationalen Ehen gibt es eine Fülle kultureller, religiöser, sozialer und sprachlicher Angebote, wie sie in monokulturellen Ehen in ähnlicher Form nicht vorhanden sind. Hierin liegen Chancen, verschiedene Einstellungen, Haltungen und Verhaltensweisen zu reflektieren und sich damit eine gute Voraussetzung für die komplexen Anforderungen in einer interkulturellen Gesellschaft zu schaffen.

Ein binationales Paar ist einzigartig und kann vielleicht in bestimmten Punkten mit einem anderen verglichen werden, aber nie in seiner Ganzheitlichkeit. Das Zusammenfinden als Paar beinhaltet eine unbegrenzte Zahl an Möglichkeiten, die schwer in Modelle und Formen passen. Zu stark stehen sie in einem offenen Prozess des miteinander Aushandelns von Bedeutungen und Haltungen. Vielleicht liegt hierin einer der Gründe, warum binationale Paare angesichts ihres zahlenmäßigen Auftretens für die Forschung von geringem Interesse sind. Vielleicht sind sie als Forschungsgegenstand schwer zu umfassen, schwer in eine überschaubare Größe zu bringen?

Trotzdem gibt es Versuche, die Kommunikationsbeziehung binationaler Paare zu erfassen, sie zu beschreiben und zu klassifizieren. In der Literatur stößt man dabei auf drei Formen (Scheibler, 1992):

Das *einseitige Arrangement:* Ein Partner oder eine Partnerin gibt wesentliche Verhaltensmuster und Wertaspekte zugunsten des anderen auf (z. B. Sprache, Religion) und übernimmt diejenigen des Partners oder der Partnerin.

Das *alternative Arrangement*: Bei dieser Variante bestehen beide Kulturen nebeneinander, so dass ein gewisses Gleichgewicht entsteht. Es kann aber auch sein, dass beide kulturelle Muster abwechselnd praktiziert werden.

Das *kreative Arrangement*: Weder das eine noch das andere Muster kommt zur Anwendung, sondern die Partner führen vollkommen neue Formen von Verhaltensmustern ein.

Kapitel 2

Beim näheren Hinschauen können erhebliche Zweifel an der Gültigkeit dieser Klassifizierung aufkommen. Erst einmal ist sie empirisch nicht abgesichert. Außerdem erweckt das Modell einen statischen Charakter: Der alltägliche Prozess des miteinander Umgehens und Aushandelns kommt nicht zur Geltung. Weitere Variablen können in diesen drei Stufen vorkommen. Vielleicht können auch alle drei Stufen abwechselnd oder auch hintereinander gelebt werden? Weitere Determinanten können in der Ehedauer zu sehen sein, in dem soziokulturellen Umfeld des Paares oder auch in den Erfahrungen mit bereits praktizierten Mustern.

Trotzdem können auch unvollständige Modelle helfen, komplexe Zusammenhänge begreifbar und überschaubar zu machen. Gleichzeitig fordern sie auf, durch weitere Studien und Untersuchungen Antworten auf Fragen zu finden.

Auseinandersetzung mit der Umwelt

Allgemeine Vorstellungen gehen davon aus, dass binationale bzw. bikulturelle Paare aufgrund gravierender kultureller Unterschiede keinen dauerhaften Bestand haben. Hierin steckt eine unausgesprochene Endogamieregel, die Angehörigen derselben sozialen, nationalen und religiösen Gruppe eine größere Aussicht auf Stabilität zuschreibt. Entsprechend neugierig, auch abwartend bis negativ werden binationale Paare oft von der Seite beäugt, um zu schauen, ob das Paar miteinander zurecht kommt. Persönliche Fragen werden manchmal ganz selbstverständlich gestellt, z. B. wie man sich mit religiösen Feiertagen arrangiere, ob z. B. Weihnachten gefeiert wird, welche Essen zubereitet werden und ob man sich gut sprachlich miteinander verständigen könne. Paare, die dies schildern, sind oft zwiespältig in ihrer Beurteilung dieser Fragesituation. Auf der einen Seite sehen sie die Neugier und das Interesse, das ihnen entgegengebracht wird, auf der anderen Seite werden permanent persönliche Grenzen überschritten, denn solche Interviews würden nicht stattfinden, wenn der Partner oder die Partnerin aus dem gleichen Land käme.

AUSEINANDERSETZUNG MIT DER UMWELT

Binationale Paare stoßen auf unterschiedliche Widerstände in der Gesellschaft. Je nach Hautfarbe und sozialem Status, aber auch abhängig von Wohnort und sozialem Umfeld erfahren sie Ablehnung und Diskriminierung oder auch freundlichen Empfang und Aufnahme. Dabei spielt die Herkunft des ausländischen Partners/der ausländischen Partnerin auch eine Rolle. Nicht alle Länder dieser Erde genießen das gleiche Ansehen. Vielmehr ist eine Hierarchie der Nationalitäten und kulturellen Werte zu beobachten. Besonders deutlich ist diese zwischen Europäern und Menschen aus Afrika (insbesondere Schwarzafrika) und Asien zu spüren. Mit dem Zusammenwachsen der europäischen Mitgliedstaaten zu einer Europäischen Union ging eine Abschottung einer gegenüber außereuropäischen Ländern, insbesondere gegenüber wirtschaftlich ärmeren Teilen der Welt. Menschen aus diesen Regionen erfahren allein aufgrund ihrer Herkunft oft Ablehnung, negative Zuschreibungen und Missachtung in Deutschland und in Europa. Ein hoher Bildungsstand, berufliche Qualifikation oder auch eine rasche berufliche Eingliederung können Ablehnungen abmildern und den gesellschaftlichen Zuspruch erhöhen. Grundsätzlich wirkt sich die Akzeptanz der Umwelt positiv auf die Entwicklung der Zweierbeziehung aus. Fehlt diese, so muss sich das Paar mit negativen Erfahrungen und Gefühlen auseinandersetzen und seine Möglichkeiten und Fähigkeiten versuchen so einsetzen, dass ihre Beziehung mit diesen negativen Gefühlen nicht stark belastet wird.

Sympathien bzw. Antipathien gegenüber bestimmten Nationalitätengruppen werden durch die Weltpolitik mitbestimmt und unterliegen daher einem zeitlichen Wandel. Dies sind zumindest Erfahrungen aus unserer Verbandsarbeit. Während in den 1970er Jahren noch sehr starke Vorbehalte gegenüber Italienern vor allem aus dem Süden bestanden, wurden diese in den folgenden Jahren gegenüber den Türken aufgebaut, die sich besonders durch ihre Religionszugehörigkeit von der christlichen Mehrheit abheben. Ebenso wurde Menschen aus den arabischen Ländern stets mit Argwohn und Vorbehalten aufgrund ihrer Religion begegnet. Ereignisse wie die Anschläge vom 11. September 2001 bestätigen sozusagen die Richtigkeit bestehender Vorbehalte und lassen sich zudem politisch nutzen. Der Islam wird nicht mehr als eine Religion wahrgenommen, sondern vielmehr als eine Bedrohung der hiesigen Werte und Kultur.

Diese Vorstellungen, Haltungen und Bilder werden in die Paarbeziehung hineingetragen und können von den Paaren als Belastung empfun-

Kapitel 2

den werden, aber auch gleichzeitig Kräfte und Energien gegen die Bedrohung von außen mobilisieren.

Auch wenn die jeweiligen Herkunftsfamilien nicht entscheidend an dem Zustandekommen der Partnerschaft beteiligt waren, so ist es im Alltag meist nicht unerheblich, wie sich diese zu dieser Verbindung stellen. Die Zustimmung der eigenen Familie bedeutet für das Paar eine große Entlastung. Vielfach kommt es vor, dass beispielsweise Frauen ihre Partnerschaft zu einem Ausländer vor ihrer Familie über einen längeren Zeitraum geheim halten, da Ablehnung und Ausgrenzung befürchtet werden. Inwieweit dabei eigene Ängste vor solch einer Verbindung mit eine Rolle spielen, ist nicht eindeutig nachzuweisen, aber nicht ganz auszuschließen. Die Haltung der Umwelt, der Familie, wirkt sich auch auf die Selbstwahrnehmung des Paares aus. Insbesondere beim Aufbau einer Paarbeziehung sind die Einflüsse der sozialen Umwelt nicht unerheblich. Negative Haltungen und Äußerungen selbst von guten Freunden, Verwandten und Arbeitskollegen hinterlassen ihre Wirkung. Sie können zu Verunsicherungen führen und vielleicht bereits bestehende eigene Ängste und Befürchtungen erhöhen. Das Paar ist dabei sehr stark auf sich selbst angewiesen. Oft werden in dieser Situation Gleichgesinnte zum Informations- und Erfahrungsaustausch gesucht, denn in diesem Rahmen besteht nicht der Druck, sich und die Partnerwahl erklären zu müssen.

Erfahrungen mit Diskriminierung

Diskriminierung bedeutet durch unterschiedliche Behandlung benachteiligt bzw. zurückgesetzt zu werden. Binationale Paare erleben diese Behandlungen oft. Sie berichten von Ausgrenzungsgefühlen durch die soziale Umwelt aufgrund der Partnerwahl oder auch von offenen, meist jedoch versteckten Missachtungen in der Öffentlichkeit und bei Behörden. *Fabienne*, ein Projekt des Verbandes in 2001, untersuchte die Mehrfachdiskriminierung binationaler Paare und kristallisierte strukturelle Diskriminierung durch die rechtliche Situation und durch Verwaltungshandeln heraus.

Erfahrungen mit Diskriminierung

Strukturelle Diskriminierung

Verwaltungshandeln

Binationale Paare können nur dann ungehindert ihre Beziehung im Bundesgebiet aufbauen und pflegen, wenn der nichtdeutsche Teil über einen gesicherten Aufenthaltsstatus verfügt. Dies ist in der Regel dann gegeben, wenn der Partner oder die Partnerin bereits seit vielen Jahren legal in Deutschland z. B. als Arbeitnehmer lebt oder Staatsbürger eines EU-Staates ist. Kommt jedoch der Partner oder die Partnerin aus einem Land außerhalb der Europäischen Union und hält sich vorübergehend in Deutschland auf, z. B. als Tourist, als Sprachschüler oder als Student oder lebt als Asylsuchender in Deutschland, dann stellt sich nach gewisser Zeit die Frage, wie man als Paar in Deutschland zusammen bleiben kann. Das Ausländerrecht sieht keine Möglichkeit vor, eine Aufenthaltsgenehmigung zu erteilen, um die Paarbeziehung zu festigen und sich zu prüfen, ob ernsthaft an eine gemeinsame Zukunft zu denken ist. Daher sind viele Paare gezwungen, zu einem Zeitpunkt zu heiraten, der ihnen durch die rechtliche Situation diktiert wird. Den Zeitpunkt der Eheschließung nicht selbst bestimmen zu können, empfinden viele Paare als äußerst diskriminierend.

Folglich heiraten etliche Paare sehr früh und legen die Phase des Kennenlernens und den Aufbau ihrer Beziehung in die Ehe, insbesondere dann, wenn sie nur Urlaubssituationen außerhalb des Bundesgebietes miteinander verbrachten und keine Möglichkeit hatten, einen gemeinsamen Alltag zu erleben.

Das Paar beschließt somit, in Deutschland zu heiraten, und sieht sich mit etlichen Schwierigkeiten konfrontiert, die oft ebenfalls als Diskriminierung und Schikane erlebt werden. Es muss Dokumente zur Eheschließung beibringen, die von deutschen Behörden kontrolliert, mehrfach geprüft, beglaubigt und überbeglaubigt werden. Dabei werden Paare oft mit dem Vorwurf konfrontiert, nur wegen der Aufenthaltsgenehmigung heiraten zu wollen. D. h. die Paare werden indirekt aufgefordert zu heiraten, wenn sie in Deutschland zusammen leben wollen, anschließend wird ihnen genau dies vorgeworfen und ihnen eine »Scheinehe« unterstellt sowie kriminelle Energie, denn ihre Dokumente könnten gefälscht sein und/oder unwahre Angaben enthalten. Das Paar muss oft erhebliche Anstrengungen unternehmen, um bestehende Zweifel bei den deutschen

Kapitel 2

Behörden auszuräumen. Dabei sehen sie sich mit Fragen konfrontiert, die das Zusammenleben betreffen, z. B. Vereinbarungen über die Aufgabenverteilung im Haushalt, aber auch konkrete Nachfragen nach persönlichen Vorlieben, Freizeitverhalten und nach dem Freundeskreis. Mit diesen Fragen wollen Behörden herausfinden, wie gut sich das Paar kennt. Deshalb müssen die getrennten Befragungen hohe Übereinstimmungen ergeben, damit die Behörden von einer gegenseitigen Zuneigung überzeugt sind.

Nach der Eheschließung ist die anschließende Aufenthaltsgenehmigung in den ersten zwei Jahren an den Bestand der ehelichen Lebensgemeinschaft geknüpft. Somit besteht eine existentielle Abhängigkeit vom inländischen Partner bzw. von der inländischen Partnerin, mit der Macht ausgeübt und Anpassung vom Partner oder von der Partnerin gefordert werden kann. Auch bei der Verfestigung des Aufenthaltsstatus begnügt sich die Ausländerbehörde oft nicht allein mit den Angaben des Antragstellers sowie der Partnerin, sondern führt getrennte Befragungen durch oder stellt Nachforschungen in der Nachbarschaft des Paares an. Das Führen einer »Scheinehe« wird selbst dann Paaren schnell unterstellt, wenn es vorübergehend getrennt lebt beispielsweise aufgrund einer beruflichen Tätigkeit in einer anderen Stadt.

Die gleiche Behandlung erfahren Paare oft bei deutschen Auslandsvertretungen. Dort ist das Einreisevisum zu beantragen, wenn in Deutschland die Eheschließung bevorsteht oder die Familienzusammenführung ins Bundesgebiet ansteht, wenn das Paar im Ausland geheiratet hat. Die Situation erschwert sich für das Paar dadurch, dass es getrennt voneinander leben muss, manchmal über mehrere Monate und dies zu einem Zeitpunkt, in dem sie mit ihrer Paarbeziehung beschäftigt sind. Diese Verfahren werden nicht nur von den Paaren als diskriminierend erlebt, sondern stellen eine Verletzung der Grund- und Menschenrechte dar.

Anerkennung ausländischer Berufs- und Studienabschlüsse

In verschiedenen Staaten sind die Ausbildungsgänge unterschiedlich konzipiert und schließen folglich mit unterschiedlichen Berufsbezeichnungen oder Berufsqualifikationen ab. Zudem gibt es oft Berufsausbildungen, die jedoch keinen Abschluss mit Prüfung kennen. Migranten, die aus solchen Staaten kommen, haben auf dem deutschen Arbeitsmarkt oft das Nachsehen. Haben sie in ihrem Herkunftsland in einem bestimmten Beruf gearbeitet, ohne dafür ein Zertifikat vorlegen zu können, werden sie in Deutschland als Arbeitsuchende ohne Berufsausbildung eingestuft. Mögliche Arbeitgeber müssen in diesem Fall persönlich von den beruflichen Fähigkeiten überzeugt werden.

Migranten, die eine handwerkliche Ausbildung mit Zertifikat im Herkunftsland nachweisen können, legen ihre Abschlusszeugnisse den Industrie- und Handelskammern in Deutschland zur Anerkennung vor. Oft werden Abschlüsse nicht anerkannt, so dass die Zeugnisinhaber mehrere Bereiche in Deutschland nachmachen müssen. Praktische Kenntnisse und Erfahrungen werden dabei in der Regel nicht berücksichtigt.

Auch Absolvent/-innen einer ausländischen Hochschule legen ihre Abschlüsse zur Anerkennung dem zuständigen Kultusministerium vor. Dort erfolgt die Einschätzung, welche Teile des Studiums akzeptiert werden und welche noch in Deutschland nachzuholen sind, um einen entsprechenden deutschen Studienabschluss zu erlangen.

Gesellschaftliche Diskriminierung

Arbeitsuche

Partner/-innen von Inländern und EU-Bürgern haben ungehindert Zugang zum Arbeitsmarkt. Sie dürfen sich selbstständig machen oder eine Arbeit ihrer Wahl unabhängig von der Firma und der Branche annehmen. Wird eine unselbstständige Tätigkeit angestrebt, so muss ein entsprechender Arbeitgeber gefunden werden. Seine Bereitschaft ist nicht nur von der Qualifikation abhängig, sondern es werden erfahrungsgemäß Haltungen und Einstellungen zu Menschen anderer Hautfarbe und Herkunft einfließen. Abweisungen von Firmen insbesondere bei Schwarzen sind nicht selten, aber schwer nachzuweisen, da für die Nichteinstellung Gründe herangezogen werden können, die sich an den Deutschkenntnissen oder an der beruflichen Qualifikation orientieren.

Eine gesetzliche Regelung in Form eines Anti-Diskriminierungsgesetzes könnte hierbei Abhilfe schaffen, wonach der Nachweis für die Diskriminierung nicht mehr die betroffene Person zu erbringen hat, sondern umgekehrt der Diskriminierer nachzuweisen hat, dass er nicht diskriminiert.

Kapitel 2

Wohnungsuche

Auch die Wohnungsuche kann für binationale Paare manchmal schwieriger sein als für Deutsche. Manche Hausbesitzer und Wohnungsmakler reagieren abweisend, wenn ein oder beide Ehepartner Migranten sind oder eine andere Hautfarbe als die weiße haben. Eine Wohnung, die dem Paar noch vor wenigen Minuten am Telefon angeboten wurde, ist plötzlich schon vergeben, als das Paar mit dem Anliegen der Besichtigung vor dem Vermieter steht. Leider gibt es keinen Rechtsanspruch auf eine Wohnung und kein Diskriminierungsverbot, mit dessen Hilfe die Vermietung einer Wohnung zu erzwingen wäre. Selbstbewusstes Auftreten bei der Wohnungsuche und das Öffentlichmachen von rassistischen Äußerungen können dazu beitragen, diesen offenkundigen Missstand zu ändern. Örtliche Anti-Diskriminierungsstellen oder auch Vereine und Verbände sowie städtische Behörden sind mögliche Ansprechpartner, wenn Unterstützung nötig ist. Auch die Medien sind in dieser Frage zunehmend sensibilisiert und interessiert an authentischen Einzelfällen.

Vermieter können den Mietern nicht untersagen, ihre Verlobten aufzunehmen. Der Zuzug in eine gemeinsame Wohnung kann einem Ehegatten auch dann nicht verweigert werden, wenn die Wohnung ursprünglich nur an eine Person vermietet wurde. Weitere Fragen beantwortet der Mieterschutzbund, wenn man dort Mitglied ist.

Leben mit mehreren Ländern

In binationalen Familien ist stets ein anderes Land sehr präsent und sozusagen zu Hause. Daher ist es nicht verwunderlich, dass die Möglichkeit, das gemeinsame Leben auch außerhalb der Bundesrepublik fortzuführen oder auch zu beginnen, ein Thema ist.

Bereits bei der Planung der Eheschließung kann sich diese Frage stellen. Behördliche Schwierigkeiten in der Bundesrepublik veranlassen etliche Paare, im Ausland zu heiraten. Dabei werden als erstes die Möglichkeiten in der Europäischen Union eruiert. Vielleicht hatte sich das Paar

LEBEN MIT MEHREREN LÄNDERN

dort kennen gelernt und der Partner oder die Partnerin verfügt über eine Aufenthaltsgenehmigung in dem EU-Staat? Dann könnte je nach Lebenssituation des Partners oder der Partnerin in Deutschland durchaus der Beginn der gemeinsamen Zukunft im europäischen Nachbarstaat liegen.

Aber auch zu einem späteren Zeitpunkt kann sich die Frage stellen, den Wohnsitz in ein anderes Land zu verlegen. Begünstigt werden solche Gedanken oft durch Schwierigkeiten, eine adäquate berufliche Tätigkeit in Deutschland zu bekommen oder durch anhaltende wirtschaftliche Probleme, die die Existenz der Familie gefährden. Erfahrener alltäglicher Rassismus und/oder Diskriminierungen können Paare und Familien veranlassen, über einen anderen Ort auch außerhalb Deutschlands nachzudenken. Ob dies das Herkunftsland des Ehegatten ist, ist abhängig von den dortigen wirtschaftlichen und gesellschaftlichen Möglichkeiten, als binationale Familie zu leben. Bei dem Gedanken der Übersiedelung stellen sich wichtige Fragen, insbesondere wenn sie in das Herkunftsland des Partners/der Partnerin geplant ist: Wie sieht diese andere Gesellschaft überhaupt aus? Kann ich im anderen Land in meinem Beruf arbeiten? Wenn nicht, kann ich etwas anderes tun oder muss/will ich beispielsweise Hausfrau sein? Welche Schulen können die Kinder besuchen? Welche sozialen Sicherheiten gibt es? Welche Rückkehrmöglichkeiten kann ich mir/können wir uns offen halten, wenn alles schief geht? Wie wirkt sich die fremde Umgebung auf unsere Ehe/Beziehung aus? Ist die Großfamilie vor Ort? Wie wird unser Familienleben dadurch beeinflusst? Wie verkraften wir den eventuellen Rollentausch, denn nun ist es der Partner/die Partnerin, der/die sich auskennt und somit der/die Stärkere ist?

Obwohl es heute im Zeitalter der Globalisierung und Mobilität selbstverständlich erscheint, eine Weile oder auf Dauer in einem anderen Land auf dieser Erde zu leben und/oder zu arbeiten, stellt es für den Einzelnen immer eine Herausforderung dar, aus dem Gewohnten, Vertrauten, in das wenig bekannte Fremde hinauszugehen. Da die Menschen unterschiedlich sind, reagieren sie auch sehr verschieden darauf, diesen Schritt zu gehen. Die einen setzen sich in freudiger Erwartung mit der spannenden Zukunft im anderen Land auseinander, die anderen empfinden Furcht und Existenzangst bei dem Gedanken, vieles hinter sich lassen zu müssen, was bekannt und gewohnt war.

Kapitel 2

Wo erhalte ich Informationen?

Bei den Wohlfahrtsverbänden z. B. beim Diakonischen Werk, der Caritas oder beim Deutschen Roten Kreuz sind Auswandererberatungsstellen angesiedelt, die Informationen über die sozialen, wirtschaftlichen und gesellschaftlichen Bedingungen in anderen Ländern bereit halten, auch zum Teil in schriftlicher Form.

In unserem Verband gibt es Erfahrungen über das Leben von Binationalen im Herkunftsland der jeweiligen Partner/-innen und das Hin- und Herpendeln zwischen den Welten, das in persönlichen Gesprächen vermittelt werden kann. Allerdings ist es nicht ganz einfach, die sozialen Verhältnisse und kulturellen Gepflogenheiten eines Landes zu beschreiben, denn die Gesellschaften sind sehr heterogen und es gibt die unterschiedlichsten und widersprüchlichsten Lebensformen und -verhältnisse. Familientraditionen, soziale Situation, Bildungsstand und geographischer Raum, z. B. ob der Bezugspunkt eine Großstadt oder ein Dorf ist, spielen dabei eine entscheidende Rolle. Es ist daher sicherlich hilfreich, vor dem Umzug das Land und vor allem die konkrete Region zu besuchen und zu erleben, um sich einen eigenen Eindruck von den dortigen Gegebenheiten zu verschaffen. Eigenes Erleben ist jedem Merkblatt und jedem Buch überlegen, auch wenn Literatur, insbesondere Geschichten und Romane von Schriftstellern aus dem jeweiligen Land, Möglichkeiten bieten, sich der Lebens- und Gedankenwelt des zukünftigen Wohnsitzes zu nähern.

Gelten soziale Leistungen im Ausland?

Kindergeld

Die gesetzliche Grundlage für die Zahlung von Kindergeld ist das Einkommensteuergesetz. Das Kindergeld wird einkommensunabhängig monatlich gezahlt für

- alle Kinder bis zum 18. Lebensjahr;
- für Kinder in Ausbildung bis zum 27. Lebensjahr;
- für Kinder, die arbeitslos sind und der Arbeitsvermittlung zur Verfügung stehen bis zum 21. Lebensjahr;
- zeitlich unbegrenzt für Kinder, die wegen einer Behinderung nicht imstande sind, sich selbst zu unterhalten;

LEBEN MIT MEHREREN LÄNDERN

Wer seinen Wohnsitz ins Ausland verlegt und weiterhin in Deutschland steuerpflichtig ist, kann weiterhin Kindergeld für seine bei ihm lebenden Kinder erhalten. Beschränkt steuerpflichtige Personen können Kindergeld von der Familienkasse bei der Agentur für Arbeit beziehen, wenn sie
- in einem Versicherungsverhältnis zur Bundesagentur für Arbeit stehen oder
- als Entwicklungshelfer oder Missionar tätig sind oder
- Rente nach deutschen Rechtsvorschriften beziehen, Staatsangehörige eines Mitgliedstaates des Europäischen Wirtschaftsraums sind und in einem der Mitgliedstaaten leben.

Detaillierte Informationen sind unter *www.familienkasse.de* abrufbar.

Erziehungsgeld

Die Zahlung von Erziehungsgeld ist im Bundeserziehungsgeldgesetz geregelt. Anspruch auf Erziehungsgeld hat, wer
- einen Wohnsitz oder seinen gewöhnlichen Aufenthalt in Deutschland hat;
- mit einem Kind, für das ihm die Personensorge zusteht, in einem Haushalt lebt;
- dieses Kind selbst betreut und erzieht und
- keine Erwerbstätigkeit ausübt oder nicht mehr als 30 Stunden wöchentlich einer Teilzeitarbeit nachgeht.

Unionsbürger/-innen und EWR-Ausländer/-innen (Island, Norwegen, Liechtenstein) erhalten unter den gleichen Voraussetzungen wie Deutsche Erziehungsgeld. Drittstaater/-innen sind anspruchsberechtigt, wenn sie in Besitz einer Aufenthaltserlaubnis oder Aufenthaltsberechtigung oder als Asylberechtigte anerkannt sind sowie wenn die Voraussetzungen des § 51.1 des Ausländergesetzes vorliegen (Kleines Asyl).

Liegt ein öffentlich-rechtliches Dienst- oder Amtsverhältnis mit einer mehr als geringfügigen Beschäftigung vor, besteht auch Anspruch auf Zahlung von Erziehungsgeld, wenn der Wohnsitz von EU- bzw. EWR-Bürger/-innen in einen anderen Mitgliedstaat der EU oder in einen Staat des EWR-Gebietes verlegt wird. Auch Grenzgänger/-innen erhalten Erziehungsgeld, wenn sie in Deutschland arbeiten, jedoch in einem angrenzenden Staat leben (§ 1.7 Bundeserziehungsgeldgesetz). Nähere Informationen sind unter *www.bmfsfj.de*

Kapitel 2

Krankenversicherung/Pflegeversicherung
In Deutschland ist es Pflicht, eine Krankenversicherung abzuschließen. Dies ist dann auf jeden Fall möglich, wenn eine sozialversicherungspflichtige Erwerbstätigkeit, auch eine Teilzeitbeschäftigung, aufgenommen wird. Familienangehörige, die keiner Erwerbstätigkeit nachgehen, werden in der Regel in der Familienversicherung der gesetzlichen Krankenkasse mitversichert. EU und EWR-Angehörige sind den deutschen Versicherten gleichgestellt.

Bei einem Wohnsitzwechsel ins Ausland ist meist vor Ort eine neue Versicherung abzuschließen. Ein weiterer Versicherungsschutz besteht nur in Ausnahmesituationen, z. B. bei vorübergehender Versetzung durch den Arbeitgeber. Die gesetzlichen Krankenkassen bieten eine Erhaltungsversicherung an, um nach einem Auslandsaufenthalt den Krankenversicherungsschutz nicht zu verlieren. Diese wird für Arbeitnehmer/-innen von Interesse sein, die nach ihrer Rückkehr nach Deutschland nicht versicherungspflichtig werden, beispielsweise wenn sie über der Beitragsbemessungsgrenze liegen oder selbstständig tätig sind.

Bei Verlust des Krankenkassenschutzes nach einem Auslandsaufenthalt kann erneut eine Krankenversicherung z. B. über die Aufnahme einer geringfügigen Beschäftigung abgeschlossen werden oder durch Abschluss eines Vertrages mit einem privaten Versicherungsträger.

Detaillierte Informationen erteilen die jeweiligen Krankenkassen oder die Deutsche Verbindungsstelle Krankenversicherung – Ausland in Bonn; *www.dvka.de.*

Für Rentner beispielsweise wird eine Informationsbroschüre bereitgestellt, die über den weiteren Kranken- und Pflegeversicherungsschutz bei einem Wohnortwechsel ins Ausland informiert. Dieser besteht in den Staaten der EU und des EWR. Außerhalb dieses Gebietes sind hierfür entsprechende Abkommen erforderlich, die nicht mit jedem Land bestehen.

Europäischer Zusammenschluss der Binationalen

Die Erkenntnis, dass Einwanderungspolitik und damit auch der Alltag von binationalen Paaren und Familien in der Bundesrepublik zunehmend auf europäischer Ebene bestimmt wird, ließ unseren Verband schon früh nach

EUROPÄISCHER ZUSAMMENSCHLUSS DER BINATIONALEN

Mitstreitern und Mitstreiterinnen in anderen EU-Staaten suchen.

Unter dem Titel »Gemeinsam gehen wir über alle Grenzen« führten wir 1985 einen Kongress in Frankfurt am Main durch. Vereine und Organisationen binationaler Familien und Lebensgemeinschaften aus mehreren europäischen Ländern waren vertreten. In den darauffolgenden Jahren verfestigte sich die Zusammenarbeit auf europäischer Ebene, so dass 1990 die *European Conference of Binational/Bicultural Relationships* (ECB) als ständige Konferenz gegründet wurde. Seither kommen die Mitgliedsverbände jährlich zusammen, um sich über die soziale, juristische und politische Lage von binationalen Familien in den einzelnen Ländern, aber auch auf gesamteuropäischer Ebene auszutauschen.

Deutschland *Verband binationaler Familien und Partnerschaften, iaf e.V.*
D-60487 Frankfurt/Main
www.verband-binationaler.de

Frankreich *ASF – Alliances sans frontières*
F-75019 Paris
www.alliances-sans-frontieres.org

Griechenland *Evangelische Kirche Deutscher Sprache*
Palaion Paton Germanou
GR-54622 Thessaloniki

Deutsches Kontakt- und Informationszentrum
Massalias 24
GR-10680 Athen

Schweiz *IG Binational, Interessengemeinschaft Binational*
CH-8021 Zürich
www.ig-binational.ch

Niederlande *Stichting Lawine*
NL-1007 EC Amsterdam
www.stichtinglawine.org

Kapitel 2

Italien	*R.A.F.I.C. Rencontre et Accueil des Familles Islamo-Chrétiennes* I-10146 Torino www.rafic.it *Nova Familia* I-10143 Torino
Belgien	*KAV Kleur-Rijk* B-2000 Anvers
Österreich	*FIBEL Frauen-Initiative Bikultureller Ehen und Lebensgemeinschaften* A-1020 Wien www.verein-fibel.at
Tunesien	*AFART Verein deutscher Frauen in Tunesien* Kontakt über die iaf-Bundesgeschäftsstelle in Frankfurt/Main.

Die Europäische Coordination (CE)

Familien- und Migrantenverbände, zunächst in Frankreich und Belgien, gründeten 1994 *CE – Coordination européenne pour le droit des étrangers à vivre en famille* mit Sitz in Brüssel. In der Coordination schlossen sich Nichtregierungsorganisationen zusammen, um die Rechte eingewanderter Familien aus Drittstaaten in Europa zu schützen. Mit großem juristischem und politischem Sachverstand verfolgte CE beispielsweise das Zustandekommen der erst jüngst verabschiedeten Richtlinie zur Familienzusammenführung. CE informierte die mittlerweile in einigen Mitgliedstaaten der EU gebildeten Untergliederungen über den Verlauf der verschiedenen Richtlinienentwürfe, analysierte die juristischen Formulierungen, kritisierte vor allem die erfolgten Veränderungen an den Ent-

DIE EUROPÄISCHE COORDINATION

würfen und bezog Stellung. CE organisierte Kampagnen gegen die Richtlinie, die ihren Anspruch – Drittstaatern ähnliche Rechte innerhalb der Europäischen Union einzuräumen, wie sie Unionsbürger/-innen genießen – nicht in die Tat umsetzte.

Auch in Deutschland formierte sich vor Jahren eine Untergliederung. Der Deutschen Koordination gehören neben der iaf Wohlfahrtsverbände an. Kontakt zur Deutschen Koordination kann über die Bundesgeschäftsstelle der iaf hergestellt werden.

3. Kapitel
Vielfalt Familie und ihre interkulturellen Kompetenzen

Cornelia Spohn
**Binationale Familien –
ein Familienmodell der Zukunft?**

Familienformen sind heute fast so zahlreich wie die individuellen Lebensentwürfe von Menschen, die sich in einer zunehmend differenzierter werdenden Welt zurecht finden müssen. Mehr-Generationen- oder Einelternfamilien, unverheiratete Paare, auch homosexuelle, mit Kindern, Wohngemeinschaften und Großfamilien, Patchwork- oder Fortsetzungsfamilien – die Vorstellung von einer beständigen Kernfamilie mit »Vater, Mutter, Kind(er)«, in der Rechtsform der Ehe, hat nur noch eingeschränkte Gültigkeit.

Familienmodelle sind eng verbunden mit den ökonomische Ressourcen einer Gesellschaft. In hochdifferenzierten Gesellschaften, in denen dem Individuum ein Höchstmaß an Eigenverantwortung, Flexibilität und Mobilität abverlangt wird, werden ursprünglich familiäre Aufgaben wie Kinderbetreuung und Altenpflege zumindest teilweise durch bezahlte soziale Dienstleistungen übernommen, unterstützt mit staatlichen Transferleistungen. In anderen Ländern sind Familien mehr auf ihre eigenen Ressourcen angewiesen, unter »Familie« werden dort wesentlich mehr Personen verstanden: die Geschwister der Eltern und Großeltern mit ihren jeweiligen Angehörigen zählen ganz selbstverständlich dazu. Das jeweilige Verständnis, wer zur Familie gehört und welche Aufgaben die Familie übernimmt, ob das Wohl des Familienkollektivs oder eher die individuellen Bedürfnisse des Einzelnen im Vordergrund stehen, hat neben dem ökonomischen Aspekt auch religiöse und kulturelle Wurzeln, die – bei allen Veränderungen – tief in den Generationen verankert sind.

Für binationale bzw. bikulturelle Paare sind die verschiedenen Familienmodelle und ihre jeweilige emotionale wie soziale Bedeutung die Basis für ihren Alltag. Auch binationale Familien sind alles andere als eine homogene Gruppe – sie unterscheiden sich in ihrer Lebensform, ihrem sozialen Status, ihrem Bildungsstand. Was sie eint, ist das Zusammenkommen unterschiedlicher kultureller Prägungen und Vorlieben in der Gemeinschaft »Familie«. Das beginnt mit der Rollenverteilung von Mann und Frau, Jung und Alt, und hört bei der Frage, welche Personen in das Familienbudget einbezogen werden, noch lange nicht auf. Wie viele Personen können über einen längeren Zeitraum in einer Drei-Zimmer-Wohnung leben? Wie stark bestimmen religiöse Rituale den Alltag? Wer entscheidet über die Verwendung des Familieneinkommens? Wie bewirtet man Gäste? Welche Rolle nimmt die Frau/Schwiegertochter ein? Welche Aufgaben sind »männlich«? Wann muss die Tochter abends zu Hause sein? Und ist es eine Beleidigung für die Familie des ausländischen Partners oder der ausländischen Partnerin, wenn man den Urlaub mal woanders als bei seiner oder ihrer Familie verbringt?

Bei der je spezifischen Auseinandersetzung über solche Fragen schwingen kollektive Familienbilder immer mit. Entscheidend für das Gelingen dieser Verständigungsprozesse ist, ob die Unterschiede nur als zusätzliche persönliche Belastungen erlebt werden oder auch als eine »Welterfahrung«, die den eigenen Horizont erweitert, individuelle Lernfelder eröffnet und neugierig macht.

»Kultur ist die Art und Weise, wie man Probleme löst«, sagt der mexikanische Psychologe Roman Borboa. Eine sehr alltagstaugliche Definition von Kultur, die überdies immer wieder daran erinnert, dass »Kultur« sich im Denken, Fühlen und Handeln konkretisiert und so auch verhandelt werden muss. Auch Binationale sind nicht frei von dem, was in der öffentlichen Diskussion gang und gäbe ist: die Kulturalisierung von Eigenschaften, Denkweisen oder auch sozialen Lebensumständen, die Individuen voneinander unterscheiden. Da sie in ihrem Alltag jedoch mit Mehmet oder Miriam leben, lernen sie schnell die Grenzen kultureller Stereotype

BINATIONALE FAMILIEN

kennen und erfahren darüber auch viel von ihrer eigenen individuellen Differenziertheit, jenseits aller kulturellen Zuschreibungen.

Binationale Familien haben in der Regel kein vorgegebenes Familienmodell, an dem sie sich orientieren können. Sie leben anders als deutsche Familien, aber auch nicht wie zugewanderte Familien, die sich in Deutschland häufig auf ein soziales und familiäres Netzwerk ihrer Herkunftskultur stützen können. Binationale Familien leben »Integration« in ihrem häuslichen Alltag, sie sind ständig in (mindestens) zwei kulturellen Lebenswelten unterwegs. In binationalen Familien wird sehr deutlich, dass Integration im Sinne einer »widerständigen Anpassung« an ein erst mal fremdes Alltagshandeln und bei unvertrauten Selbst-Verständlichkeiten immer beide Seiten braucht: Denn einseitige Anpassung verursacht Ohnmachtsgefühle, wird oft als Diskriminierung erlebt und ruft Abwehrhaltungen hervor. Die Mächtigkeit des deutschen sozialen Umfeldes darf dabei nicht unterschätzt werden – die ausländische Partnerin oder der ausländische Partner findet sich immer in einer Minderheitenposition. Wenn einer der Partner neu eingewandert ist, wird binationalen Paaren zunächst eine Ungleichheit in der Beziehung aufgezwungen, die aus sprachlichen, rechtlichen und Orientierungsschwierigkeiten resultiert. Nicht selten wird an den deutschen Partner oder die deutsche Partnerin dann die Erwartung gestellt, die daraus entstehenden Unsicherheiten und Kränkungen aufzufangen und auszugleichen und in der Beziehung die Gleichwertigkeit und Gleichberechtigung zu garantieren.

Für Angehörige, Nachbarn, Kollegen, Freunde ist es manchmal irritierend, ein so ganz anderes Familienleben bei der Tochter oder Freundin, dem Kollegen oder Bruder wahrzunehmen. Häufig aus Unsicherheit werden Abweichungen kritisch beäugt, müssen nicht selten erklärt und gerechtfertigt werden. Die unterschiedlichen Sprachen und kulturellen Hintergründe erhöhen das Risiko von Missverständnissen und Konflikten, führen aber auch zu verstärkter Aufmerksamkeit, was in der Familie und warum passiert. Menschen, die in einer bikulturellen Familie leben, sind sich ihrer eigenen Kultur häufig bewusster, lernen adäquat mit Unterschieden umzugehen, praktizieren unterschiedlichste Formen von Kompromissbildungen und sind offen für kreative Lösungen.

Politik, Gesetzgebung und die öffentliche Diskussion machen es den binationalen Familien nicht unbedingt leichter. Hier stehen die Probleme meist im Vordergrund. Im Eingangskapitel ist bereits von der Bedeutung der familiären wie gesellschaftlichen Akzeptanz binationaler bzw. bikultu-

KAPITEL 3

reller Paare geschrieben worden und wie schwer es für den Einzelnen ist, wenn diese fehlt. Die ökonomische Situation binationaler Familien ist häufig davon geprägt, dass der nichtdeutsche Partner auf dem Arbeitsmarkt keine seiner Qualifikation entsprechende Arbeit findet. Mancher ausländische Ehemann und Vater empfindet es als demütigend und abwertend, wenn seine deutsche Frau die Familienernährerin ist. Diese Rollenumkehrung verursacht eine zusätzliche Abhängigkeit und Ungleichheit in der Beziehung des Paares, was sich auch auf die Gestaltung des Familienlebens auswirken kann. Ausländische Frauen mit einem qualifizierten Beruf fühlen sich als Hausfrau auf eine Lebensform zurück geworfen, der sie in ihrem Herkunftsland durch ihre Ausbildung gerade entkommen wollten. Dazu kommt, dass der Kontakt zu der nichtdeutschen Verwandtschaft eher kostspielig ist. Viele binationale Familien leben in einer Situation, in der die Ausgaben höher und die Einnahmen geringer sind als in anderen Familien, unabhängig von ihrem Bildungsstand.

Rechtlich unterstehen binationale Familien dem Ausländergesetz (neu: Aufenthaltsgesetz). Dies bedeutet u. a., dass ein Elternteil nicht die gleichen Rechte hat wie der andere (Wahlrecht, Aufenthaltssicherheit, Zugang zum Arbeitsmarkt etc.). Auch der Artikel 6 des deutschen Grundgesetzes (Ehe und Familie stehen unter dem besonderen Schutz des Staates) gilt für binationale Familien (sofern nicht beide EU-Bürger sind) nur eingeschränkt: Besuche der ausländischen Großeltern sind vom Familieneinkommen abhängig, für entsprechende Einreisevisa müssen enorme bürokratische Hürden überwunden werden. Der Nachzug z. B. von Stiefgeschwistern unterliegt den restriktiven Bestimmungen der Familienzuammenführung, Reisen in andere Länder sind u. U. abhängig von Visaerteilungen etc. Die Liste ließe sich fortsetzen.

Ist eine binationale« Familie also eher ein »Problemfall«? Mühselig, schwierig und deshalb davon abzuraten? Ganz sicher nicht! Andere kulturelle Denk- und Verhaltensweisen »zuhause« zu haben, ermöglicht eine Lebensgestaltung, in der Vertrautes und Neues ständig neue Verbindungen miteinander eingehen und es selten »langweilig« wird. Ob es um die eingangs erwähnten Fragen geht oder um Musik, Literatur und Kunst, ob es die Essgewohnheiten sind oder das Verhältnis zu Zeit und Raum – in einer bikulturellen Familie wird »Normalität« ganz neu erfunden und immer wieder verändert. Das erweitert den individuellen Horizont weit über den eigenen Lebensraum hinaus. Ein anderes Land aus der Familienperspektive kennen zu lernen schafft Zugehörigkeiten, wo man sich als Tourist immer fremd fühlen wird. Der erweiterte Familienbegriff bedeutet nicht selten, Tanten, Onkel, Cousins und Cousinen in den unterschiedlichsten Ländern dieser Erde zu haben – mit entsprechenden Informations- und Kontaktmöglichkeiten. Welche Chancen ein interkulturelles Familienleben bietet, zeigt sich vor allem an den Kindern: Sie gehen in der Regel differenzierter mit unterschiedlichen Werte- und Normensystemen um, sind flexibel in der Anpassung an wechselnde Strukturen, sprechen häufig mehrere Sprachen oder sind geübt, sich auch nonverbal verständlich zu machen.

Jede sechste Eheschließung in Deutschland ist eine binationale, jedes fünfte Kind hat mindestens einen ausländischen Elternteil. Tendenz steigend. Es ist zu hoffen, dass die zunehmende Zahl binationaler Familien ein Lebensmodell etablieren hilft, das die starren Trennungen aufhebt: Eine Familienstruktur, die wenig Raum für individuelle Bedürfnisse lässt, ist genauso wenig zukunftsfähig wie ein Modell, in dem nur das Glück des Einzelnen zählt. Die eigenen Ziele zu verfolgen und gleichzeitig Verantwortung für das Familienkollektiv zu tragen schließt sich keineswegs aus, erfordert jedoch eine hohe Kommunikationsbereitschaft und -fähigkeit der Beteiligten und die gesellschaftliche Anerkennung einer Familiendefinition, die über die Kernfamilie hinausgeht.

Auch in Deutschland sind die Auswirkungen der ökonomischen Globalisierung mittlerweile zu spüren. Trotz aller Anpassungsbereitschaft an die wechselnden Anforderungen des Arbeitsmarktes ist die Gewissheit von Erwerbstätigkeit als Grundlage für die Lebensplanung nicht mehr gegeben. Mit dem erhöhtem Arbeitsplatzrisiko einer geht die Reduzierung staatlicher Leistungen – die entstehenden Verwerfungen sind von den Individuen allein kaum zu bewältigen.

Das Familienmodell der Zukunft wird verstärkt die Aufgabe haben, familiäre Ressourcen aufzubauen und zu nutzen, um Brüche im Lebenslauf abzufedern und auch für die ältere Generation mit zu denken. Gleichzeitig wird die Kreativität des Einzelnen, seine Bereitschaft sich auf Neuland zu wagen und auch persönliche Risiken einzugehen, weiter an Bedeutung zunehmen. Binationale Familien mit ihren grenzüberschreitenden Netzwerken, ihrer alltäglichen Praxis im Umgang mit Neuem, ihrem Fundus an kreativen Lösungen und ihren interkulturellen Kompetenzen können für diese Lebensform ein gutes Beispiel sein.

Kapitel 3

Maria Ringler
Mit mehreren Sprachen leben

Peggy, neun Jahre alt, Mutter Amerikanerin, Vater Deutscher, die Familie lebt in Süddeutschland:

»Für alle Dinge gibt es zwei Worte, ein Wort für hier und eins für dort, ein deutsches und ein englisches, aber ich bin immer dieselbe. Es ist wie unterschiedliche Kleider tragen oder meine Mutter erzählt eine Geschichte und meine Oma erzählt eine Geschichte, es ist die gleiche Geschichte und doch nicht. Meine Mutter will nicht, dass ich die englischen Wörter vergesse, deshalb gehe ich auf die Internationale Schule. Meine Mutter redet Englisch mit mir und ich rede mit meiner kleinen Schwester Deutsch, mein Papa redet Deutsch, wir reden beides gleichzeitig, aber das Deutsch von Papa ist anders als dass, was ich mit meinen Freunden Anna und Benjamin rede, es heißt Hochdeutsch. Die meisten meiner Freunde reden schwäbisch zuhause. In der Schule lernen wir auch Englisch, aber das ist anders als das von Mama, weil es aus England kommt. Mit dem Sprechen ist es wie mit dem Hüpfspiel, immer von einem Feld zum anderen, nur dass es nicht so schlimm ist, wenn man auf den Strich springt.«

Peggy geht ganz selbstverständlich mit ihrer Mehrsprachigkeit um. Zuordnungen zu bestimmten Personen und Situationen und der dazugehörenden Sprache erfolgen automatisch, sie kennt es von klein auf so. Beide Sprachen scheinen ihr auch unterschiedliche Verhaltensnormen und kulturelle Werte zu vermitteln, denn es ist zwar dieselbe Geschichte, die die deutsche Oma und die amerikanische Mutter erzählen, aber doch nicht gleiche. Peggy definiert ihre Mehrsprachigkeit als Kompetenz, sie springt von einem Feld zum anderen, sie hat viele Kommunikationsmöglichkeiten.

»*Die Grenze zwischen hier und dort (zwischen Deutsch und Englisch) liegt bei der großen Straße, die ich auf dem Weg zur Schule überquere. Die Bäume der Straße hüten die Wörter, die deutschen und die englischen.*

Wenn ich aus der Schule komme, gibt es viel zu erzählen, ich rede und rede und meine Mutter sagt, du musst nicht so schnell sprechen, niemand nimmt dir deine Worte weg, aber da bin ich mir nicht so sicher, es ist besser man benutzt so viel wie möglich auf einmal.«

MIT MEHREREN SPRACHEN LEBEN

Peggy hat Angst die Wörter der Sprache zu verlieren, die in ihrem Lebensumfeld eine Minderheitssprache ist, deshalb möchte sie möglichst viele Worte dieser Sprache benutzen, die sie mit ihrer Mutter verbindet. Ansonsten dominiert in ihrem Leben die Umgebungssprache Deutsch. Die emotionale Beziehung zur Mutter drückt sich in der englischen Sprache aus. Peggy fühlt sich wohl mit dieser Sprache, sie hat Angst, dass diese Sprache im deutschen Alltag verloren gehen könnte. Aber zum Glück ist da die Internationale Schule, eine Verbündete der Mutter, ein Teil von Peggys anderer sprachlicher Identität.

Welche Bedeutung hat das Aufwachsen in mehreren Sprachen?

In einer Familie und Umgebung aufzuwachsen, in der mehrere Sprachen zum alltäglichen Leben gehören, bedeutet in der Regel auch, mit unterschiedlichen kulturellen Zusammenhängen konfrontiert zu werden, unterschiedliche Geschichten zu hören, sich aus den Teilen des interkulturellen Lebenszusammenhanges seine eigene Identität herauszubilden.

Wenn für ein Kind in einer solchen Lebenssituation immer nur eine Sprache, z. B. nur die der Welt außerhalb der Familie dominiert, dann tritt die andere Sprache automatisch in den Hintergrund. Doch diese zurückgedrängte Sprache stellt eine wichtige Verbindung zum anderen Teil der eigenen Geschichte dar. Sie ist vielleicht sogar die einzige Möglichkeit der Kommunikation mit diesem Teil der Familie und den dazu gehörenden kulturellen Wurzeln. Andererseits ist eine gute Sprachkompetenz in der dominanten Umgebungssprache sehr wichtig, da sie dazu befähigt, sich am sozialen, ökonomischen und politischen Leben der Gesellschaft zu beteiligen, in der man lebt. Und sie ist unverzichtbar für eine erfolgreiche Bildungskarriere in dem immer noch monolingualen Bildungssystem der deutschen Gesellschaft.

Die Entwicklung einer gefestigten persönlichen Identität ist eng mit der (den) Sprache(n) der frühesten Kindheit verbunden, mit der (den) Sprache(n) der ersten Bezugspersonen und mit dem sozialen und gesellschaftlichen Wissen, den kulturellen Normen und Werten, die durch diese Sprache(n) vermittelt werden.

Kinder, die mehrsprachig in unterschiedliche soziale und gesellschaftliche Gruppen hineinwachsen, erleben dies in der Regel nicht als Verunsicherung oder Zerrissenheit, sondern als Ergänzung und Bereicherung.

Kapitel 3

Es ist selbstverständlich für sie, sich in unterschiedlichen Sprachen und Welten zu bewegen. Dies gelingt ihnen um so besser, je differenzierter das sprachliche Handwerkszeug ist, das ihnen dabei zur Verfügung steht.

Eine ausgewogene Mehrsprachigkeit braucht einen ausgewogenen Sprachinput und damit eine entsprechende Förderung in allen Sprachen. Störungen der sprachlichen Entwicklung wirken sich hier ebenso wie bei einsprachigen Kindern negativ aus. Brüche durch einen einschneidenden Wechsel von einer Sprache zur anderen, z. B. beim Eintritt in den Kindergarten oder in die Schule, wenn bisher eine andere Familiensprache im Vordergrund stand, oder eine Umsiedlung in ein anderes Land und damit in der Regel in eine andere Sprache, sind solche Belastungen. Durch eine Begleitung und Förderung in beiden Sprachen des Kindes können solche Übergänge jedoch gut gemeistert werden. Dies sollte letztendlich auch zur Aufgabe der deutschen Bildungsinstitutionen zählen.

Mehrsprachigkeit, die unter günstigen Bedingungen erworben wird und sich ausgewogen entwickeln kann, bringt oft auch Vorteile in anderen Entwicklungsbereichen mit sich. Offensichtlich erfordert eine mehrsprachige Sprachpraxis ein höheres Maß an Reflexion über Sprache, mehr Flexibilität und Kreativität beim Einsatz von Sprache, je nachdem, welche Situation mit welcher Sprache oder welchen Sprachmischungen am besten erfasst werden kann, und wirkt sich damit auch positiv bei anderen kognitiven Leistungen, wie z.B. in der Mathematik, aus.

Menschen, die sich souverän und selbstbewusst in mehreren Sprachen und somit in mehreren sozialen und kulturellen Gruppen bewegen, übernehmen aufgrund dieser Kompetenzen wichtige Aufgaben der Verbindung und Vermittlung zwischen diesen einzelnen Gruppen. Sie können Sichtweisen, Wertvorstellungen und Verhaltensformen der jeweils anderen Gruppe »übersetzen« und allen Beteiligten verständlich machen.

Mehrsprachigkeit ist eine Quelle der Anerkennung und Selbstwertentwicklung. Themen und Inhalte, die ein Kind sprachlich erfassen kann, wird es auch verstehen und anwenden können. Wissen, das über mehr als eine Sprache erfasst wird, ist daher auch umfangreicher und komplexer. Mehrsprachige Kinder haben oft das Gefühl, mehr oder besser Bescheid zu wissen, sie reflektieren und vergleichen mehr aufgrund ihrer unterschiedlichen Sprachen, reagieren flexibel und stellen sich schnell auf neue Situationen ein. Sie erkennen schneller Regeln und logische Zusammenhänge, dies sind sie aus ihrem mehrsprachigen Alltag gewohnt.

Solche besonderen Fähigkeiten werden zunehmend auch von der

Umwelt gefordert. Mehrsprachigkeit wird als Kompetenz wahrgenommen und als zusätzliche Qualifikation anerkannt. Doch je nachdem, um welche Sprachen es sich handelt, erfahren sie eine unterschiedliche Wertschätzung. Ob eine Lehrerin sagt: »Ich verstehe dich nicht, weil ich kein Türkisch kann, aber vielleicht kann uns ein anderes Kind helfen und übersetzen« oder »Du musst hier Deutsch sprechen, wenn du verstanden werden willst«, ist ein gravierender Unterschied. Die Sachlage ist zwar identisch, aber die Perspektive ist jeweils eine andere.

Mehrsprachiges Aufwachsen hat grundsätzlich keine negativen Auswirkungen auf den Spracherwerb an sich, aber es sorgt für Unterschiede im Sprachbesitz, je nachdem welche Inhalte und Lebensbereiche durch welche Sprache abdeckt werden. Wo es zu Problemen beim mehrsprachigen Aufwachsen kommt, liegt es nicht an den Sprachen selbst, sondern vor allem an den Bedingungen, unter denen diese Sprachen erworben und gelernt werden.

Wie können Eltern ihre Kinder bei der Sprachentwicklung unterstützen?

In Familien, in denen mehrere Sprachen zum Alltag gehören, werden sich die Eltern früher oder später fragen: »Was bedeutet es für unser Kind mehrsprachig aufzuwachsen? In welcher Sprache wollen wir als Eltern mit unserem Kind sprechen? Wie können wir unserem Kind am besten helfen?«

Für den Einsatz der einzelnen Sprachen in einer Familie gibt es unterschiedliche Modelle wie »Eine Person, eine Sprache«. Hier benutzt jede Bezugsperson ausschließlich ihre Hauptsprache mit dem Kind. Andere Modelle sind: Sich auf eine gemeinsame Familiensprache, die in der Regel nicht die Umgebungssprache ist, zu einigen oder in bestimmten Situationen entweder die eine oder die andere Sprache zu sprechen, z. B. die Sprache der Gute-Nacht-Geschichten, die Sprache fürs Wochenende usw. Obwohl häufige Sprachwechsel und Brüche von einer Sprachnutzung zur anderen eine Belastung für die Kinder darstellen können, haben Untersuchungen zum Sprachwechsel (»code-switching«) gezeigt, dass dieser auch bei jüngeren Kindern nicht wahllos stattfindet, sondern nach bestimmten Regeln erfolgt und für ältere Kinder und Jugendliche sogar eine wertvolle Anregung zu einem differenziertem Sprachgebrauch

Kapitel 3

darstellt. Sprachwechsel wird häufig mit Wortspielen, Witzen, besonderen Hervorhebungen oder einer Perspektivenänderung verbunden (vgl. dazu Burkhardt Montanari, *Wie Kinder mehrsprachig aufwachsen*, Frankfurt, 4. Aufl. 2004).

Empfehlungen für Eltern abgeleitet aus den Erfahrungen mehrsprachiger Familien:

- Mehrsprachige Eltern sollten die Sprache(n) mit ihrem Kind sprechen, in der sie sich emotional am wohlsten fühlen und in der sie die beste Beziehung zu ihrem Kind aufbauen können. Mehrsprachige Menschen sprechen von der Sprache, die ihnen sehr vertraut ist als einer »eigenen Haut«, während sie die weniger vertraute Sprache mit einem Mantel vergleichen, der ihnen zwar nahe ist, den man aber auch ablegen und austauschen kann.
- Eltern sollten sich darüber verständigen, welche Kompetenzen von Mehrsprachigkeit ihr Kind erwerben soll. Sollen die Kinder die eine Sprache nur so weit lernen, dass sie sich gut mit der Oma verständigen können, oder sollen sie auch die Regeln der Grammatik und die Schrift in dieser Sprache erlernen? Je nachdem benötigen die Kinder einen anderen Sprachinput und eine entsprechende Förderung.
- In welcher Sprache verfügen die Eltern über eine kindgerechte Sprache und haben z. B. Fingerspiele, Lieder, Verse, Geschichten zur Hand und haben ausreichende eigene Sprachkompetenzen? Was möchten sie an die Kinder aus der eigenen Kindheit weitergeben und in welcher Sprache ist ihnen das möglich? Wie ist die Motivation der Eltern die Sprache zu vermitteln und können sie das konsequent anwenden, z. B. auch die Schrift vermitteln? Und wie gefestigt sind sie darin, diese Position auch gegenüber Familienmitgliedern oder anderen Personen in ihrem Lebensumfeld zu vertreten?
- Schließlich sollte überlegt werden, wie das Interesse der Kinder für die Sprache gefördert werden kann. Kontakte zu Freunden und Verwandten, z. B. durch Reisen in das Heimatland des Partners oder der Partnerin können oft viel bewirken. Es ist eine Herausforderung und Motivation für die Kinder, sich mit Gleichaltrigen ohne die Hilfe von erwachsenen Dolmetschern zu verständigen.
- Was tun, wenn die Zweitsprache eine ausgesprochene Minderheitensprache in dem Land ist, in dem man lebt? Natürlich sind in erster Linie Menschen, die diese Sprache sprechen, die besten Sprachvermittler. Gelegenheiten, andere Familien und Personen der gleichen Sprache

MIT MEHREREN SPRACHEN LEBEN

kennen zu lernen, sollten daher unbedingt gesucht werden. Es gibt z. B. innerhalb unseres Verbandes oder bei anderen Einrichtungen in vielen Städten Angebote zu interkulturellen und mehrsprachigen Themen. Es gibt eine Reihe von Internetauftritten, wie die von unserem Verband erarbeitete Seite *www.treffpunkt-sprache.de*, die vielfältige Informationen und Kontakte bietet. Auch die indirekte Sprachvermittlung durch möglichst viele verschiedene Sprachangebote wie Kinderbücher, Hörkassetten, Lieder, Reime, Videofilme usw. enthält wichtige ergänzende Sprachförderangebote. Auch Musik erleichtert Kindern den Zugang zur Sprache.

- Eltern sollten viel mit ihren Kindern reden, unabhängig davon in welcher Sprache sie dies tun. Reden über Alltägliches, die Kinder nach Wünschen und Vorstellungen fragen, Erlebnisse berichten lassen, zählt zur allgemeinen Sprachförderung. Was an Denkstrukturen in der einen Sprache gut ausgebildet ist, kann auch in der anderen Sprache nutzen.
- Mehrsprachigkeit gelingt meist dann gut, wenn Eltern sich bewusst darum bemühen. Wenn die mehrsprachige Entwicklung eher dem Zufall überlassen wird, kann dies zu einer sehr unausgeglichenen Mehrsprachigkeit führen, d. h. entweder haben die Kinder kaum Kenntnisse in der anderen Sprache oder sie haben sogar Probleme in beiden Sprachen. Dies tritt z. B. dann auf, wenn mit dem Beginn einer zweiten Sprache die erste Sprache vernachlässigt wird.
- Man kann Kinder nicht zwingen, eine Sprache zu lernen oder zu sprechen. Sie spüren den Druck, der auf sie ausgeübt wird, und reagieren oft mit Verweigerung, vor allem wenn die Eltern mehr als die Sprachförderung erreichen wollen, sich z. B. ihre eigene Erziehungsfähigkeit beweisen wollen. Sinnvoll erscheint die Vereinbarung, jedes Familienmitglied darf es sich aussuchen, welche Sprache er oder sie spricht – Eltern wie Kinder. Diese Regel muss nicht unbedingt offen ausgesprochen werden, aber Eltern sollten sich daran erinnern, wenn die eigenen Kinder sie immer wieder in der Sprache ansprechen, die nicht ihre eigene Sprache ist.
- Selbst wenn Kinder über Jahre hinweg die zweite Sprache nur gehört, nicht gesprochen haben, verfügen sie oft über sehr umfangreiche passive Sprachkompetenzen, und innerhalb kurzer Zeit gelingt es ihnen später oft, die zweite Sprache fließend zu sprechen. Das klappt aber nur dann gut, wenn sich die Kinder auch dafür entschieden haben und dies wollen.

Kapitel 3

- Eltern unterstützen ihre Kinder, wenn sie ihnen vermitteln, dass Mehrsprachigkeit etwas Positives ist, worauf man stolz sein kann, nicht nur dann, wenn es sich um Englisch, Spanisch oder Französisch handelt. Sie helfen ihnen, wenn sie selbst den Mut haben, Mehrsprachigkeit in Kindergarten, Schule und in der Umgebung zu thematisieren. Die Kinder werden dann selbstbewusster mit ihren sprachlichen und interkulturellen Kompetenzen umgehen.

4. Kapitel

Ehe und eingetragene Lebenspartnerschaft

Die Ehe ist die institutionalisierte Form des Zusammenlebens zwischen einem Mann und einer Frau. Sie stellt rechtliche Beziehungen zwischen den Eheleuten her. Daneben hat sich durch Inkrafttreten des Lebenspartnerschaftsgesetzes am 1. 8. 2001 die eingetragene Lebenspartnerschaft als neuer Familienstand für gleichgeschlechtliche Paare etabliert. Die eingetragene Lebenspartnerschaft ist nicht zu verwechseln mit einer nichtehelichen Lebensgemeinschaft. Sowohl Ehe- als auch Lebenspartner/-innen sind sich während der bestehenden Ehe oder Lebenspartnerschaft gegenseitig unterhaltspflichtig. Neben vielen Gemeinsamkeiten gibt es auch wesentliche Unterschiede in der rechtlichen Ausgestaltung von Ehe und Lebenspartnerschaft. Soweit diese Unterschiede für die hier angesprochene Lebenswirklichkeit binationaler Paare von Belang sind, wird im folgenden darauf eingegangen.

Die folgenden Informationen geben Auskunft und Orientierung über binationale Ehen und Lebenspartnerschaften, insbesondere über die Eheschließung und Lebenspartnerschaftsbegründung. Sie ersetzen keine rechtliche Beratung im Einzelfall.

Kapitel 4

Ehe

Die allgemeinen Wirkungen der Ehe sind gesetzlich in den §§ 1353 ff. BGB geregelt. Gemäß Artikel 6 Grundgesetz (GG) steht die Ehe neben der Familie, anders als die eingetragene Lebenspartnerschaft, unter dem besonderen Schutz des Staates. Dieses Grundrecht gilt nicht unumschränkt. Die durch Art. 6 GG garantierte, freie Gattenwahl wird z. B. durch die hohen Hürden bei der Beibringung der Dokumente zur Eheschließung erheblich beeinträchtigt. Auf der anderen Seite ist das Aufenthaltsrecht ausländischer Ehegatten Deutscher durch langjährige Verfassungsrechtsprechung zu Art. 6 GG ziemlich stabil.

Rechtliche Grundlagen

Für die Eheschließung in der Bundesrepublik und die Wirkungen einer Ehe sind die familienrechtlichen Vorschriften im Bürgerlichen Gesetzbuch (BGB), das Personenstandsgesetz (PStG) und für Familien mit Auslandsberührung zudem das Einführungsgesetz zum Bürgerlichen Gesetzbuch (EGBGB) maßgeblich. Im EGBGB ist das deutsche Internationale Privatrecht (IPR) niedergelegt. Hier sind Fälle mit Bezug zu mehr als einer Rechtsordnung geregelt. Es wird bestimmt, welches nationale Recht auf den betreffenden Fall Anwendung findet. Wegen der Häufigkeit von binationalen Eheschließungen kommt den familienrechtlichen Regeln des EGBGB besondere Bedeutung zu. Jedes Land verfügt über ein eigenes IPR. Beim Aufeinandertreffen unterschiedlicher Regelungen im IPR zweier Staaten kann es zu sehr komplexen Rechtsfragen kommen.

Für binationale Ehen in der Bundesrepublik sind von Bedeutung: Art. 13 EGBGB bestimmt das anzuwendende Recht auf die Eheschließung, Art. 14 EGBGB regelt dies für die allgemeinen Wirkungen einer Ehe, Art. 15 EGBGB bestimmt das anzuwendende Recht für den Güterstand, Art. 17 für den Fall der Scheidung (siehe auch Abschnitt: Trennung, Scheidung und Aufhebung von Lebenspartnerschaften.) und Art. 18 regelt dies für den Unterhalt.

Güterstand

Der Güterstand beschreibt die vermögensrechtlichen Verhältnisse von Ehepaaren. Vereinbaren die Eheleute keinen vertraglichen Güterstand (siehe Eheverträge), so leben sie gemäß § 1363 BGB mit der Eheschließung in Deutschland grundsätzlich in der Zugewinngemeinschaft. Dies ist keine Gütergemeinschaft, sondern eine besondere Form der Gütertrennung. Jeder Ehepartner hat bzw. behält sein Vermögen. Allerdings kann bei einer Scheidung beantragt werden, dass der während der Ehe erwirtschaftete Überschuß (Zugewinn) hälftig zwischen den Ehepartnern ausgeglichen wird. Der Zugewinn wird aus der Differenz des Anfangs- und Endvermögens beider Ehegatten errechnet. Neben der Zugewinngemeinschaft kennt das deutsche Recht noch die Gütertrennung als weiteren Güterstand. Sie tritt in der Regel nur durch Ehevertrag ein.

Die Regelungen über die Zugewinngemeinschaft bringen auch mit sich, dass ein Ehegatte über einzelne seiner Vermögensgegenstände grundsätzlich allein verfügen darf (§ 1364 BGB). Nur wenn über das Vermögen im ganzen verfügt werden soll, ist dies nicht ohne Zustimmung des anderen Ehegatten wirksam möglich (§ 1365 BGB).

Der Güterstand für binationale Ehepaare wird im deutschen Recht durch Art. 15 EGBGB geregelt und unterliegt dem Recht, das für die allgemeinen Wirkungen der Ehe im Zeitpunkt der Eheschließung ausschlaggebend ist. Er kann sich also im Laufe der Ehe grundsätzlich (Ausnahme: z. B. durch Ehevertrag) nicht ändern. Haben beide Ehegatten zu diesem Zeitpunkt die gleiche Staatsangehörigkeit, bestimmt sich der eheliche Güterstand nach dem Recht des Landes dieser gemeinsamen Staatsangehörigkeit.

Haben beide eine unterschiedliche Staatsangehörigkeit, so findet das Recht des gemeinsamen gewöhnlichen Aufenthalts zum Zeitpunkt der Eheschließung Anwendung. Das kann also auch das Recht eines Staates sein, dem beide Ehepartner nicht angehören, wenn sie dort aber ihren gemeinsamen Lebensmittelpunkt haben. Ist auch ein solcher gemeinsamer Aufenthalt zum Zeitpunkt der Eheschließung nicht gegeben, wird das Recht des Staates, zu dem beide die engste Beziehung haben, angewendet. Das kann zum Beispiel auch der Ort der Eheschließung sein.

Die Ehegatten können aber auch in einem Ehevertrag eine Rechtswahl treffen. Dabei haben sie folgende Möglichkeiten: Sie können das Recht des Staates wählen, dem einer von ihnen angehört, oder das Recht des

Kapitel 4

Staates, in dem sich einer von ihnen gewöhnlich aufhält, oder für unbewegliches Vermögen (Wohnung, Grundstücke) das Recht des Lageortes. Diese Regelungen gelten seit dem 1. September 1986, als das heute gültige deutsche Internationale Privatrecht in Kraft trat. Die Änderung des IPR wurde notwendig, weil das Bundesverfassungsgericht am 08. 04. 1983 feststellte, dass der alte Art. 15 EGBGB, der an das Familienrecht des ausländischen Ehemannes anknüpfte, gegen das Gleichheitsgebot verstieß und somit verfassungswidrig und nichtig war. Auf alle Ehen, die nach dem 8. 4.1983 geschlossen wurden, findet diese Reform Anwendung. Für alle sogenannten Altehen (Eheschließung vor dem 9. 4. 1983) schuf das Reformgesetz eine Übergangsregelung in Art. 220 Abs. 3 EGBGB:

- Bei Heirat vor dem 01.04.1953 richtet sich das Güterrecht nach altem Recht, nämlich nach dem Heimatrecht des Ehemannes, da erst zu diesem Zeitpunkt das Bundesverfassungsgericht alle Gesetze außer Kraft setzte, die gegen den Grundsatz der Gleichberechtigung verstießen.
- Bei Heirat nach dem 31.03.1953 und vor dem 09.04.1983 gilt, wenn die Eheleute eine gemeinsame Staatsangehörigkeit haben, unabhängig vom Ort der Eheschließung das gemeinsame heimatliche Güterrecht. Fehlt es an einer gemeinsamen Staatsangehörigkeit, so gilt das Recht, von dem die Eheleute glaubten, dass es für ihre güterrechtliche Beziehung maßgebend sei. Darüber muss Einigkeit zwischen den Ehepartnern bestehen. Z. B. bei einem deutsch-türkischen Ehepaar, das nachweislich davon ausgegangen ist, dass auf ihre Ehe türkisches Güterrecht, also Gütertrennung, anzuwenden ist, verändert sich dieser Güterstand nach dem 8. 4. 1983 nicht. Für die Ehe gilt also über den 8. 4. 1983 hinaus der Güterstand der Gütertrennung. Besteht kein Einvernehmen über den Güterstand zwischen den Eheleuten, so gilt für ihre güterrechtlichen Beziehungen bis zum 8. 4. 1983 das Heimatrecht des Ehemannes zum Zeitpunkt der Eheschließung.

Ab dem 9. 4.1983 kann sich der Güterstand für dieses Ehepaar jedoch ändern. Dabei kommt es auf die Verhältnisse der Eheleute am Stichtag, nämlich dem 8. 4. 1983, an. Hatte das deutsch-türkische Ehepaar zu diesem Stichtag seinen gemeinsamen, gewöhnlichen Aufenthalt in der Bundesrepublik und wurde im Güterrecht bis zum 8. 4. 1983 an das Heimatrecht des Ehemannes angeknüpft, so gilt für diese Ehe ab dem 9. 4. 1983 der Güterstand, der sich gemäß Art. 15 EGBGB ergeben würde, wenn die Eheleute am 8. 4. 1983 geheiratet hätten. Das bedeutet, der Güterstand richtet sich nach dem gemeinsamen gewöhnlichen Aufenthalt zum Stichtag 8. 4. 1983. Daher ist auf das obige Beispiel deutsches Güterrecht anzuwenden. Das Ehepaar lebt somit ab dem 9. 4. 1983 in Zugewinngemeinschaft. Es bleibt aber auch die Möglichkeit, in einem Ehevertrag durch Rechtswahl einen anderen Güterstand für die Ehe zu bestimmen.

Eheverträge / Islamische Eheverträge

Ehevertrag nach deutschem Recht
Während der bestehenden Ehe sind die meisten der rechtlichen Verpflichtungen der Ehepartner kaum zu merken, da die Eheleute sie in der Regel als selbstverständlich erachten, wie z. B. die gegenseitige Unterhaltspflicht, oder die Auswirkungen noch gar nicht zum Tragen kommen, wie z. B. die Zugewinngemeinschaft.

Beabsichtigen die Ehepartner, sich zu trennen und scheiden zu lassen, treten die Fragen nach den rechtlichen Folgen einer Trennung und Scheidung auf und in diesem Zusammenhang auch die Frage nach dem Ehevertrag. Denn oftmals haben die Eheleute nichts vertraglich geregelt und müssen dann die gesetzlichen Regelungen in Anspruch nehmen.

In einem Ehevertrag können Eheleute die rechtlichen Wirkungen, die für ihre Ehe gelten sollen, teilweise abweichend von den gesetzlichen Regelungen selbst bestimmen. Hierzu müssen sich die vertragschließenden Ehepartner natürlich über den Inhalt des Vertrags einig sein. Daher werden Eheverträge in der Regel bereits vor der beabsichtigten Eheschließung geschlossen. Sie können grundsätzlich aber auch zu jeder Zeit während der Ehe geschlossen werden.

Das Ehepaar kann im Ehevertrag die Verteilung der ehelichen Rechte und Pflichten regeln, soweit dies nicht gegen gesetzliche Vorschriften verstößt (z. B. kann die gegenseitige Unterhaltspflicht während der Ehe nicht durch Ehevertrag ausgeschlossen werden). Allerdings kommt es in der Praxis trotzdem immer wieder mal vor, dass ein Ehevertrag solche unwirksamen Regelungen enthält. Dies hält z. B. an sich unterhaltsberechtigte Ehegatten nicht selten davon ab, ihre Ansprüche gegenüber dem anderen Ehegatten geltend zu machen.

Kapitel 4

Die häufigsten Regelungen in einem Ehevertrag betreffen:
- *Den Güterstand:*
Hier wird anstelle des gesetzlichen Güterstandes der Zugewinngemeinschaft häufig die Gütertrennung gewählt. Das ist u. a. dann zu empfehlen, wenn ein Ehegatte bereits Vermögen in die Ehe mitbringt und nicht möchte, dass der andere Ehegatte im Fall der Scheidung von einem Wertzuwachs profitiert. Das kann bei Immobilienbesitz der Fall sein. Gütertrennung kann auch dann angezeigt sein, wenn ein bereits vorhandenes Geschäft oder eine Praxis bei einer späteren Scheidung durch Ausgleichszahlungen nicht gefährdet werden soll.
- *Den Versorgungsausgleich:*
Beim Versorgungsausgleich werden die Rentenanwartschaften beider Eheleute in Erfahrung gebracht und ggf. für den Zeitraum der Ehe ausgeglichen. Mit Einreichung des Scheidungsantrages wird von Amts wegen der Versorgungsausgleich ermittelt. Die Beibringung der dafür notwendigen Unterlagen und Berechnungen können u. u. mehrere Monate in Anspruch nehmen. Die Ehepartner können diesen Ausgleich der während der Ehe erworbenen Rentenanwartschaften ausschließen. Allerdings muss der Ausschluss des Versorgungsausgleiches mindestens ein Jahr und einen Tag vor Einreichung eines Scheidungsantrages geschlossen worden sein, sonst bedarf er zu seiner Wirksamkeit der Genehmigung des Scheidungsrichters.
- *Den Ausschluss des nachehelichen Unterhaltsanspruches der Ehegatten:*
Der nacheheliche Unterhaltsanspruch kann durch Ehevertrag ausgeschlossen werden; d. h. ein möglicher Unterhaltsanspruch nach rechtskräftiger Scheidung kann von den Eheleuten grundsätzlich durch Vertrag selbst geregelt werden. Er kann gegenüber den gesetzlichen Regelungen modifiziert werden oder auch ganz ausgeschlossen werden.

Güterstandsänderungen und der Ausschluss des Versorgungsausgleichs müssen notariell beurkundet werden. Der Unterhaltsausschluss sollte, muss aber nicht zwingend notariell beurkundet werden.

Der Unterhaltsanspruch während der Zeit des Getrenntlebens von Ehepartnern, der sogenannte Trennungsunterhalt bzw. Getrenntlebensunterhalt, ist genauso wie der Unterhaltsanspruch während der Ehe nicht ausschließbar. Auch hier finden sich leider immer wieder Eheverträge, in denen auch der Trennungsunterhalt ausgeschlossen wurde. Oftmals findet sich zwar eine entsprechende Hinweisformel des Notars/der Notarin,

EHE

dass dieser Ausschluss gegen § 1361 in Verbindung mit §§ 1360a Abs. 3 und 1614 BGB verstößt und daher unwirksam ist, dennoch lassen sich manche Ehegatten durch eine solche Vertragsregelung davon abbringen, Trennungsunterhalt zu fordern. Damit hätte auch eine unwirksame Regelung über den Ausschluss von Trennungsunterhalt seine Wirkung gezeigt. Unterhaltsbegehrenden ist auch aus diesem Grund dringend anwaltlicher Rat zu empfehlen.

Sowohl für den beabsichtigten Ausschluss des Versorgungsausgleiches wie auch für den Verzicht auf nachehelichen Unterhalt, aber auch unter Umständen für die Vereinbarung der Gütertrennung sollte bedacht werden, dass der Partner, der seine Erwerbstätigkeit zugunsten der Versorgung gemeinsamer Kinder zurückstellt, durch den Ausschluss benachteiligt sein kann. Bei bestehendem Kinderwunsch ist daher zu empfehlen, den Ausschluss unter die Bedingung zu stellen, dass die Ehe kinderlos bleibt oder jedenfalls den die Kinder versorgenden Partner in anderer Form abzusichern.

Zur Sittenwidrigkeit von Eheverträgen, die eine einseitige Belastung nur eines Ehegatten beinhalten, haben sowohl das Bundesverfassungsgericht als auch der Bundesgerichtshof in 2003/2004 wegweisende Entscheidungen gefällt. Danach kann z. B. eine Vereinbarung über den nachehelichen Unterhaltsverzicht, die nicht Ausdruck und Ergebnis gleichberechtigter Lebenspartnerschaft ist, sondern eine auf ungleicher Verhandlungsposition basierende einseitige Dominanz eines Ehepartners widerspiegelt, in einem Ehevertrag unwirksam sein. Gleiches kann gelten, wenn ein Vertrag unter Ausnutzen einer Zwangslage eines Beteiligten (z. B. ausländerrechtlicher Art) zustande gekommen ist.

Eine Unterform des Ehevertrages ist die *Scheidungsfolgenvereinbarung*, die zumeist in zeitlichem Zusammenhang mit Trennung und Scheidung abgeschlossen wird. Sie kann entweder notariell beurkundet oder im Scheidungstermin vom Richter protokolliert werden.

Folgendes kann auf diese Weise geregelt werden:
- der nacheheliche Ehegattenunterhalt;
- Kindesunterhalt;
- Ausschluss des Versorgungsausgleiches, der aber, wenn die Frist von einem Jahr und einem Tag nicht eingehalten worden ist, richterlich genehmigt werden muss;
- die Hausratsteilung;

Kapitel 4

- Regelungen die Ehewohnung betreffend;
- Sorge- und Umgangsrecht für gemeinsame Kinder;
- Zugewinnausgleich.

Bei einer Vereinbarung über die elterliche Sorge gilt seit dem 1. Juli 1998, dass die Beibehaltung der gemeinsamen elterlichen Sorge nicht mehr ausdrücklich geregelt werden muss. Stellt keiner der Eltern einen Antrag auf Übertragung der alleinigen elterlichen Sorge, verbleibt diese gemeinsam bei beiden Eltern ohne besondere richterliche Entscheidung.

Deutsche Notar/-innen wenden deutsches Recht an. Sie sind aber nicht verpflichtet, entsprechende Regelungen fremder Familienrechte zu kennen, können also insoweit oftmals auch nicht beraten. Bei binationalen Ehen ist daher zu empfehlen, sich über das jeweilige Familienrecht und die Gültigkeit und Durchsetzbarkeit des beabsichtigten Ehevertrages im Heimatland des ausländischen Partners bei Jurist/-innen des Heimatlandes des ausländischen Partners zu informieren oder sich an die Rechtsabteilungen der deutschen Auslandsvertretungen im betreffenden Land zu wenden und um Unterstützung zu bitten. Schließlich gibt es auch im Inland Rechtsanwälte und -anwältinnen, die in ausländischem Recht kompetent sind.

Islamischer Ehevertrag
Beabsichtigt ein christlich-muslimisches Paar im Heimatland des muslimischen Partners zu leben, so sollte in jedem Fall der Ehevertrag dort vor Ort bei einem Notar geschlossen werden. Ein islamischer Ehevertrag kann im Gegensatz zu einem Ehevertrag nach deutschem Recht nicht während der Ehe geschlossen werden. Er muss vor der Eheschließung vereinbart werden bzw. wird die Unterzeichnung des zuvor ausgehandelten Ehevertrages durch Mann und Frau als die Eheschließung angesehen. Inhalt des islamischen Ehevertrages ist vor allem die rechtliche und soziale Absicherung der Frau. Das ist deshalb wichtig, weil in Ländern mit islamischer Tradition regelmäßig kein nachehelicher Unterhaltsanspruch der Frau besteht und sie auch nicht an dem in der Ehe durch den Ehemann erworbenen Vermögen teilhat.

Auch für manche Eheschließungen in der Bundesrepublik ist der Abschluss eines islamischen Ehevertrages notwendig, damit die Ehe auch im Heimatland des/der betreffenden Partners/-in registriert wird. Dies kann entweder auf dem entsprechenden Konsulat oder vor einem deutschen Notar in Gegenwart von zwei männlichen, muslimischen Zeugen geschehen. Dieser Vertrag muss anschließend in die Heimatsprache des ausländischen Partners übersetzt und bei der zuständigen Botschaft beglaubigt werden.

In einem islamischen Ehevertrag können Vereinbarungen über die Höhe und die Zahlungsweise der Morgengabe, über das Scheidungsrecht- sowie Freizügigkeitsrechte (z. B. das Reiserecht und das Recht, den Wohnsitz zu bestimmen), über das Recht der Ehefrau zur Berufstätigkeit und über Beitragszahlungen an die deutsche Rentenversicherung getroffen werden.

Auch wenn heutzutage viele Länder islamischer Tradition ein kodifiziertes Familienrecht haben, hat sich doch bis heute der traditionelle Ehevertrag bewährt und gehört als fester Bestandteil zur Eheschließung.

Morgengabe

Ein islamischer Ehevertrag beinhaltet als wesentlichen Bestandteil die sogenannte Morgengabe. Dabei kann es sich um einen Geldbetrag, Schmuck, Immobilien und/oder andere Wertgegenstände handeln, die mit der Eheschließung, spätestens aber zum Zeitpunkt der Scheidung in das Eigentum der Frau übergehen.

Die Morgengabe ist oft die einzige materielle Versorgung der Frauen, denn Länder des islamischen Rechtskreises kennen als gesetzlichen Güterstand nur die Gütertrennung. Ehefrauen erhalten somit nach einer Scheidung keinerlei Anteil an dem während der Ehe vom Ehemann erwirtschafteten Zugewinn. Hinzu kommt, dass es in diesen Ländern keinen Anspruch auf nacheheliche Unterhaltszahlungen gibt. Daher wird darauf geachtet, dass die Morgengabe – natürlich gemessen an den wirtschaftlichen und sozialen Verhältnissen des Ehemannes – hoch ausfällt. Sind die Frauen durch eine Morgengabe nicht ausreichend abgesichert, sind sie oftmals schon aus finanziellen Gründen nach einer Scheidung gezwungen, zu ihrer Familie zurückkehren.

Deutsche Frauen, die einen muslimischen Ausländer heiraten wollen, wissen häufig nicht, wie sie mit diesem Rechtsinstitut umgehen sollen. Ist auf diese Ehe deutsches Recht anzuwenden, weil das Paar in Deutschland lebt, ist eine Morgengabe entbehrlich, weil das deutsche Familienrecht über den Zugewinnausgleich und den nachehelichen Unterhaltsanspruch die Versorgung der Frau regelt.

Kapitel 4

Abgesehen davon, dass die Morgengabe notwendiger Bestandteil des islamischen Ehevertrages und damit der Eheschließung ist, also Einfluss auf die Anerkennung der Eheschließung im Heimatland des islamischen Partners haben kann, ist sie dann sinnvoll, wenn der ausländische Ehemann in seine Heimat zurückkehren möchte und die Familie dorthin umsiedelt. Dabei ist die jeweilige Lebenssituation beider Partner zu berücksichtigen. Hat die Frau z. B. eine abgeschlossene Berufsausbildung? Soll sie künftig die Hausarbeit verrichten oder ist eine Berufstätigkeit vorgesehen? Und vor allem: in welchem Land soll die Ehe gelebt werden?

Die Morgengabe sollte mindestens so hoch sein, dass die Frau mit dem Geld ihre Rückreise, das Anmieten einer Wohnung und ihren Unterhalt für die ersten Wochen bestreiten kann.

Recht zu Reisen

In einigen Ländern benötigen die Ehefrauen die Erlaubnis des Ehemannes, wenn sie das Land verlassen wollen. In einem islamischen Ehevertrag kann daher mit dem Ehemann die Vereinbarung getroffen werden, dass er der Ehefrau stets die Ausreise garantiert und an deren Zustandekommen z. B. durch Bereitstellen finanzieller Mittel mitwirkt.

Wohnsitzbestimmung

Der Ehevertrag kann eine Regelung darüber enthalten, wo der gemeinsame Wohnsitz genommen werden soll. Die Ehefrau kann mit dem Ehemann darüber eine Vereinbarung treffen, um ihm zu verstehen zu geben, dass er den Wohnsitz nicht allein bestimmen kann.

In diesem Zusammenhang sollte weiter geregelt werden, dass die Ehefrau bei Wohnsitznahme im Heimatland des Mannes berechtigt ist, Besuche in der Ehewohnung zu empfangen.

Scheidungsrecht

In manchen Ländern haben Ehefrauen nur unter ganz bestimmten, sehr eingeschränkten Bedingungen das Recht, selbst die Scheidung einzureichen. Gründe können sein: Die länger andauernde Abwesenheit des Ehemannes oder die Verletzung seiner Unterhaltsverpflichtung. In einen islamischen Ehevertrag können weitere Gründe aufgenommen werden, so z. B. die Eheschließung des Mannes mit einer zweiten Frau.

EHE

Berufstätigkeit
Es kann sinnvoll sein, Vereinbarungen über eine zukünftige Berufstätigkeit der Frau zu treffen, da der Mann in manchen Ländern hierzu seine Erlaubnis geben muss.

Beitragszahlungen zur deutschen Rentenversicherung
Um die Altersversorgung der deutschen Frau auch im Ausland zu sichern, kann im Ehevertrag vereinbart werden, dass die deutsche Partnerin ihre Rentenversicherungsbeiträge freiwillig weiter zahlt, wenn das Paar in das Heimatland des Mannes zieht. Falls sie dort Hausfrau sein würde, müßte dann ihr Mann die Leistungen erbringen.

Sorgerechtsregelungen
Für eventuelle gemeinsame Kinder können Sorgerechtsregelungen in einen Ehevertrag aufgenommen werden. Allerdings bedürfen sie, wenn die alleinige elterliche Sorge für einen Partner vorgesehen ist, in Deutschland des Beschlusses durch das Familiengericht. Einem entsprechenden Antrag wird vom Gericht bei Zustimmung des anderen Ehepartners regelmäßig stattgegeben.

In Ländern mit islamischer Rechtstradition ist das Sorgerecht so geregelt, dass der Vater die gesetzliche Vertretung der Kinder, die Mutter das Erziehungsrecht hat. Im Fall einer Scheidung im Heimatland des Ehemannes muss also damit gerechnet werden, dass das Sorgerecht dem Vater zugesprochen wird bzw. er es gesetzlich bereits hat. Das würde dann bedeuten, dass eine Ausreise der Kinder mit der Mutter nur mit väterlicher Zustimmung möglich ist.

Eine Vereinbarung im Ehevertrag, die vorsieht, dass die deutsche Mutter das Sorgerecht und die Reisefreiheit für die Kinder hat, ist nach Mitteilung deutscher Auslandsvertretungen im Konfliktfall nicht durchsetzbar.

Durchsetzbarkeit islamischer Eheverträge
Es soll deutlich darauf hingewiesen werden, dass Vereinbarungen in islamischen Eheverträgen privatrechtlicher Natur sind, die zwar bestehende Gesetze des jeweiligen Landes abmildern, aber nicht ändern können. Hält der Ehemann seine Versprechen nicht ein, so ist die Frau im wesentlichen auf ihre eigene Kreativität im Umgang mit diesem Problem angewiesen bzw. auf den Rückhalt ihrer Familie, eventuell auch Schwiegerfamilie. In

Kapitel 4

der Regel ist der einheimische Mann gesetzlich privilegiert und hat daher viele Möglichkeiten, alle Angelegenheiten zu seinen Gunsten zu regeln. Da in Deutschland abgeschlossene Eheverträge in der Regel im islamisch geprägten Ausland nicht durchsetzbar sind, empfiehlt es sich, den Ehevertrag im jeweilign Land selbst abzuschließen. Bei den deutschen Botschaften können Anschriften auch von deutschsprachigen Anwält/-innen in dem betreffenden Land erfragt werden.

Darüber hinaus informiert ausführlich das Bundesverwaltungsamt in Köln in dem Sonderheft »Eheverträge«, erhältlich bei den Auswandererberatungsstellen der Wohlfahrtsverbände.

Eheschließung in Deutschland

Um rechtsgültig zu sein, müssen Eheschließungen in Deutschland vor dem Standesamt geschlossen werden. Daher entfaltet eine religiöse Eheschließung, zum Beispiel in einer deutschen Moschee, in Deutschland keinerlei rechtliche Wirkung. Sie kann aber sehr wohl im Heimatland des betreffenden ausländischen (Ehe-)Partners Gültigkeit haben.

Zuständig für die Eheschließung in Deutschland ist das Standesamt des Wohnsitzes. Wohnen beide Eheschließungswilligen in unterschiedlichen Standesamtsbezirken, so können sie wählen. Die Standesbeamten beraten die Verlobten darüber, welche Urkunden für die Eheschließung notwendig sind und geben Auskünfte sowohl über das deutsche als auch das betreffende ausländische Recht. Bei diesem Gespräch erhalten binationale Paare in der Regel auch ein Formular, auf dem angekreuzt ist, welche Urkunden in welcher Form (Original, bzw. beglaubigte Kopie) vorzulegen sind.

Voraussetzungen der Eheschließung

Die Voraussetzungen der Eheschließung unterliegen für jeden Verlobten dem Recht des Staates, dem er angehört (Art. 13, Abs. 1 EGBGB). Ist ein Verlobter Mehrstaater, so ist das Recht des Staates anzuwenden, mit dem er am engsten verbunden ist. Ist er auch Deutscher, so unterliegt er allein deutschem Recht. Ist der Verlobte Staatenloser, heimatloser Ausländer, Asylberechtigter, so ist für ihn auch deutsches Recht anzuwenden,

EHE

wenn er im Bundesgebiet seinen Aufenthalt hat. Gleiches gilt für Flüchtlinge nach der Genfer Konvention, nicht aber für sonstige Flüchtlinge und Asylsuchende.

Soll eine deutsch-ausländische Ehe geschlossen werden, ist also neben dem deutschen auch das nationale Recht der ausländischen Partner zu berücksichtigen, damit die Eheschließung auch in deren Herkunftsland gültig ist. Die Standesbeamten prüfen, ob die Verlobten nach ihrem jeweiligen Recht die Ehe schließen dürfen.

Voraussetzungen für die Eheschließung deutscher Staatsangehöriger in Deutschland sind, dass sie unverheiratet, volljährig, geschäftsfähig und mit dem Verlobten nicht im 1. oder 2. Grad verwandt sind.

Bei ausländischen Verlobten können nach deren Heimatrecht andere Voraussetzungen für eine Eheschließung von Bedeutung sein: zum Beispiel ist in Staaten, die ein islamisches Familienrecht haben (Iran, Saudi-Arabien), die Eheschließung nur unter Muslimen erlaubt. Hiernach muss sich die/der deutsche Verlobte zum Islam bekennen, damit die Ehe auch im Heimatland des/der ausländischen Verlobten gültig ist.

In anderen islamisch geprägten Ländern ist nur die Heirat zwischen Menschen, die einer sogenannten Buchreligion angehören (Muslime, Christen, Juden) möglich, nicht jedoch zwischen Muslimen und Personen, die keiner der oben genannten Religionen angehören. Eine solche Eheschließung würde in dem jeweiligen Land nicht anerkannt werden.

Trotzdem wäre eine Eheschließung in der Bundesrepublik Deutschland möglich, da ein Ehehindernis der Religionsverschiedenheit in Deutschland gegen Art. 6 EGBGB (ordre public) verstoßen würde. Allerdings käme es dann zu einer sogenannten hinkenden Ehe. Die Ehe würde ihre rechtlichen Wirkungen in fast allen Ländern außer im Heimatland des ausländischen Ehepartners entfalten. Mit anderen Worten, das Paar würde im Heimatland des Ehepartners nicht als verheiratet gelten. Dies könnte sich schon bei Besuchen dort auswirken, da das Paar z. B. nicht gemeinsam im Hotelzimmer übernachten darf. Kinder aus diesen Ehen wären folglich in diesem Staat nicht mit dem entsprechenden Elternteil verwandt und könnten keine Rechte aus ehelicher Geburt in Anspruch nehmen.

Kapitel 4

Exkurs: Ehe zu aufenthaltsrechtlichen Zwecken (Zweckehe/»Scheinehe«)

Bereits im Beratungsgespräch prüft das Standesamt, ob mit der Eheschließung ausschließlich ehefremde Zwecke, also eine »Scheinehe«, verfolgt werden. Eine eindeutige Definition dieser Zwecke ist in den Gesetzestexten nicht zu finden. Der Begriff »Scheinehe« ist schon insoweit irreführend und unrichtig, da die Ehe, selbst wenn es eine Zweckehe ist, rechtswirksam ist. Sie ist ggf. aufhebbar. Das Standesamt soll bereits vor der Eheschließung prüfen, ob die Verlobten sich einig sind, keine eheliche Lebensgemeinschaft nach § 1353 Abs. 1 BGB begründen zu wollen. Allein die Erfordernis, dass sich die Verlobten einig sein müssen, müßte bereits die allermeisten vom Standesamt verdächtigten Paare ausschließen (siehe standesamtliche Kriterien zur Prüfung einer Zweckehe unten). Hat ein Standesbeamter keine übereinstimmende Erklärung oder einen sonstigen zwingenden Beweis, dass die Partner sich über eine Zweckehe einig sind, so müßte er die Eheschließung vornehmen. Dies wird in der Praxis leider nicht überall so gehandhabt. Viele Standesämter greifen in dieser Situation eher zu der Möglichkeit eines sog. Vorlageverfahrens. Sie sichern sich bei Zweifeln über das Vorliegen einer Zweckehe dadurch ab, dass sie den Fall zur Entscheidung dem zuständigen Amtsgericht vorlegen. Eigentlich ist dies auch eine Ablehnung der Eheschließung, die nur bei offenkundig nicht gewollter ehelicher Lebensgemeinschaft der Verlobten zulässig wäre.

Die Beurteilung, ob eine eheliche Lebensgemeinschaft gewollt ist, ist von den jeweiligen Standesbeamten vorzunehmen. Diese hängt maßgeblich von ihren persönlichen und beruflichen Erfahrungen und Haltungen ab. Es drängt sich die Frage auf, wann es offenkundig ist, dass eine Ehe aufhebbar wäre, und wann folglich die Standesämter Verdachtsmomenten nachgehen müssen. § 5 Abs. 4 des Personenstandsgesetzes lautet wie folgt: »Bestehen konkrete Anhaltspunkte dafür, dass die zu schließende Ehe nach § 1314 Abs. 2 Nr. 5 des Bürgerlichen Gesetzbuchs aufhebbar wäre, so kann der Standesbeamte die Verlobten in dem hierzu erforderlichen Umfang einzeln oder gemeinsam befragen und ihnen die Beibringung geeigneter Nachweise aufgeben; notfalls kann er auch eine eidesstattliche Versicherung über Tatsachen verlangen, die für das Vorliegen oder Nichtvorliegen von Aufhebungsgründen von Bedeutung sind.« Der Standesbeamte darf keine Fragen zur Intimsphäre stellen und auch keine Hausbesuche bei den Verlobten vornehmen.

EHE

In der Praxis machen Paare, bei denen ein Teil ein Aufenthaltsrecht in der Bundesrepublik hat, immer wieder die Erfahrung, dass sie vom Standesamt zumindest mißtrauisch beäugt werden und sich mit dem Verdacht der Zweckehe konfrontiert sehen.

In Fachzeitschriften für Standesbeamte finden sich Hinweise, wann Nachforschungen geboten sind. Hiernach ist eine nähere Prüfung insbesondere dann angezeigt, wenn

- der ausländische Verlobte kein gesichertes Aufenthaltsrecht hat, sondern nur im Besitz einer Aufenthaltsgestattung für Asylbewerber, einer Aufenthaltsbewilligung, Aufenthaltsbefugnis ohne Bleiberecht oder einer Duldung ist oder sich illegal im Bundesgebiet aufhält;
- gegen den ausländischen Verlobten bereits aufenthaltsbeendende Maßnahmen angeordnet wurden;
- die Verlobten sich nur schwer oder gar nicht in einer für beide verständlichen Sprache verständigen können;
- die Verlobten widersprüchliche Angaben hinsichtlich ihres jeweiligen Partners machen (Personalien, Umstände des Kennenlernens, andere persönliche Informationen);
- zwischen den Verlobten ein außergewöhnlicher Altersunterschied besteht;
- der physische Zustand des aufenthaltsberechtigten Verlobten auf Drogenabhängigkeit oder Gefügigmachung schließen läßt;
- der Verlobte, der durch die Ehe ein Aufenthaltsrecht erwirbt, schon mehrfach für kurze Zeit verheiratet war; insbesondere eine Vorehe hatte, die sich als »Scheinehe« herausgestellt hat;
- die Verlobten die Eheschließung besonders dringlich machen;
- der ausländische Verlobte häufig seinen Aufenthalt gewechselt hat;
- für die Eingehung der Ehe ein Geldbetrag an den aufenthaltsberechtigten Verlobten gezahlt wird, wobei die in bestimmten Staaten übliche Zahlung einer Mitgift (Morgengabe) außer Betracht bleibt.

Das Vorliegen eines dieser Kriterien allein soll nicht ausreichen, um einen Verdacht zu begründen, dass eine Zweckehe beabsichtigt ist. Erst ein Zusammentreffen mehrerer der genannten Kriterien soll Nachforschungen rechtfertigen.

Hierbei können Standesämter die Amtshilfe anderer Behörden in Anspruch nehmen (z. B. Sozialamt oder Ausländerbehörde). Damit ist eine Verknüpfung von Daten und Zusammenhängen möglich, so dass nach

Kapitel 4

Auffassung unseres Verbandes der Datenschutz nicht mehr gewahrt ist. Allein aus diesem Grund ist die Befragung und Ausforschung heiratswilliger Paare einzustellen. Die Erklärung der Verlobten gegenüber den Standesbeamten, dass sie die Ehe eingehen wollen, muss zum Nachweis des ernsthaften Ehewillens genügen.

Kommt ein Standesbeamter zu der Überzeugung, dass die Ehevoraussetzungen nicht gegeben sind, so muss er die Anmeldung zur Eheschließung ablehnen und die Ablehnung begründen. Das betroffene Paar erhält hierüber eine schriftliche Mitteilung mit Rechtsbelehrung. Es kann dann beim örtlichen Amtsgericht Widerspruch gegen diesen Bescheid einlegen. Das Amtsgericht weist entweder das Standesamt an, die Trauung vorzubereiten und durchzuführen, oder es bestätigt die Entscheidung des Standesamtes. Gegen diese Entscheidung kann das Paar Beschwerde beim Landgericht einlegen.

Dokumente zur Eheschließung
Deutsche Verlobte benötigen zur Anmeldung der Eheschließung in Deutschland einen gültigen Personalausweis *(*oder einen Staatsangehörigkeitsnachweis), eine Geburtsurkunde und eine Meldebestätigung. Bestand schon einmal eine Vorehe, muss das rechtskräftige Scheidungsurteil vorgelegt werden. Bei Witwe(r)n muss die Sterbeurkunde des verstorbenen Ehegatten vorgelegt werden.

Ausländische Verlobte benötigen ebenfalls eine Geburtsurkunde/Abstammungsurkunde, einen Reisepass, aus dem die Identität und die Staatsangehörigkeit hervorgeht, eine Melde- bzw. Aufenthaltsbestätigung und darüber hinaus, sofern das Heimatrecht dieses Dokument kennt, ein Ehefähigkeitszeugnis (näheres siehe unten). Die ausländischen Dokumente müssen übersetzt sein. Je nach dem aus welchem Land die jeweilige Urkunde kommt, wird sie entweder formfrei (also ohne jeden weiteren Beglaubigungsakt), mit Haager Apostille versehen oder mit Legalisation der deutschen Auslandsvertretung des betreffenden Landes anerkannt.
Formfrei werden die Urkunden aus Staaten des CIEC-Übereinkommens akzeptiert. Die Vertragsstaaten des CIEC sind ausschließlich europäische Länder, aber auch die Türkei.

Mit den folgenden Staaten hat die Bundesrepublik Deutschland bilaterale völkerrechtliche Verträge im Bereich Personenstandswesen bzw. Beglaubigung von Urkunden abgeschlossen: Belgien, Dänemark, Frank-

EHE

reich, Griechenland, Italien, Luxemburg, Österreich, Schweiz.

Mit Apostille werden Papiere aus den Staaten des Haager Übereinkommens zur Befreiung ausländischer öffentlicher Urkunden von der Legalisation vom 05. Oktober 1961 anerkannt. Viele europäische und amerikanische Staaten, Australien und einige asiatische Staaten (z. B. Japan, China) haben dieses Übereinkommen unterzeichnet.

Urkunden aus allen anderen Staaten müssen durch deutsche Auslandsvertretungen (Botschaften, Konsulate) legalisiert werden.

Da die deutschen Auslandsvertretungen in einigen Staaten die Echtheit dortiger Dokumente grundsätzlich anzweifeln, gibt es dort nicht einmal mehr die Möglichkeit der Legalisation. Da aber inländische Behörden, wie z. B. die Standesämter, die Echtheit und die Inhalte der Dokumente prüfen müssen, können sie im Wege der Amtshilfe eine Überprüfung der Urkunden durch die Auslandsvertretung verlangen. Auf Grundlage der Ermittlungen sogenannter Vertrauensanwälte in den betreffenden Staaten gibt die Auslandsvertretung dann eine Stellungnahme gegenüber der Standesbehörde ab. Dieses Verfahren ist sehr zeit- und kostenintensiv. Die Kosten sind von den Verlobten zu tragen. Das Verfahren kann bis zu 1½ Jahre dauern. Manchmal ist mit der Prüfung der Unterlagen auch eine persönliche Befragung verbunden.

Betroffen sind gegenwärtig folgende Staaten: Äquatorialguinea, Aserbaidschan, Bangladesh, Benin, Côte d'Ivoire, Dominikanische Republik, Dschibuti, Gambia, Ghana, Guinea, Guinea-Bissau, Haiti, Indien, Kambodscha, Kamerun, Kenia, Kongo (Demokratische Republik), Kongo (Republik), Laos, Liberia, Mongolei, Nepal, Nigeria, Pakistan, Philippinen, Ruanda, Senegal, Sierra Leone, Sri Lanka, Togo, Tschad, Uganda, Usbekistan, Vietnam, Zentralafrikanische Republik.

Wenn Sie den Eindruck haben, dass Sie hingehalten werden oder Unzumutbares von Ihnen verlangt wird, können Sie sich an das Auswärtige Amt, Unterabteilung für Konsularfragen, in Berlin wenden und dort um Intervention bitten.

Die iaf-Beratungsstellen haben Interesse an Ihren Erfahrungen.

Wichtig!
Alle Dokumente, die zu einer Eheschließung vorgelegt werden müssen, dürfen nicht älter als sechs, in manchen Bundesländern nicht älter als drei Monate sein!

Die Meldebescheinigung darf nicht älter als acht Tage sein und sollte

KAPITEL 4

daher erst dann beschafft werden, wenn alle anderen Unterlagen vollständig vorliegen.

Ehefähigkeitszeugnis
Wer hinsichtlich der Voraussetzungen zur Eheschließung ausländischem Recht unterliegt, darf eine Ehe in der Bundesrepublik erst dann eingehen, wenn die innere Behörde seines Heimatlandes ein Ehefähigkeitszeugnis ausgestellt hat. Hierin wird bescheinigt, dass der Eheschließung nach dem Recht dieses Staates kein Ehehindernis entgegensteht (§ 1309 Abs. 1 BGB). In dem Ehefähigkeitszeugnis müssen beide Verlobte namentlich genannt sein, auch der Verlobte, der nicht die Staatsangehörigkeit des Staates besitzt, der das Ehefähigkeitszeugnis ausstellt. Haben beide Verlobte die gleiche Staatsbürgerschaft, so genügt ein gemeinsames Zeugnis, auch wenn für sie verschiedene Behörden zuständig sind.

Grundsätzlich muss das Ehefähigkeitszeugnis von der inneren Behörde eines Landes ausgestellt werden. Nach Änderung des § 1309 BGB im Jahr 1998 können einige Staaten auch andere Instanzen (z. B. Konsulate) mit der Ausstellung des Ehefähigkeitszeugnisses beauftragen. An die Beglaubigung ausländischer Dokumente werden je nach Staat unterschiedliche Anforderungen gestellt.

Im Rahmen des CIEC-Abkommens (siehe oben) werden in einigen Staaten auch mehrsprachige Ehefähigkeitszeugnisse erstellt, die in Deutschland formfrei (also ohne jeden weiteren Beglaubigungsakt) anerkannt werden. Vertragsstaaten dieses Übereinkommens vom 05. 09. 1980 (Ausstellung mehrsprachiger Ehefähigkeitszeugnisse) sind: Deutschland, Italien, Luxemburg, Niederlande, Österreich, Portugal, Schweiz, Spanien, Türkei.

Im weiteren können die Standesämter auch bei Ehefähigkeitszeugnissen Beglaubigungsvermerke, Legalisationen oder Apostillen verlangen. Wie sich das im konkreten Fall verhält, sollte beim zuständigen Standesamt erfragt werden. Da diese Vorgaben im stetigen Wandel sind, kann eine Aussage für ein betreffendes Land schnell von der Wirklichkeit überholt werden.

Befreiung von der Beibringung des Ehefähigkeitszeugnisses
Angehörige von Staaten, die ein Ehefähigkeitszeugnis nicht erteilen, benötigen zur Eheschließung stets die Befreiung von der Beibringung des Ehefähigkeitszeugnisses durch den Präsidenten des zuständigen Oberlandesgerichts. Dazu ist eine Ledigkeitsbescheinigung vorzulegen, die

von der Heimatbehörde ausgestellt wird. Auch Geschiedene erhalten in der Regel eine Ledigkeitsbescheinigung, wenn das Heimatland von der Scheidung in Kenntnis gesetzt wurde. Dies ist vor allem für ausländische Verlobte von Bedeutung, die bereits eine Vorehe in der Bundesrepublik führten und ein deutsches Scheidungsurteil haben. Sie müssen wissen, dass das deutsche Scheidungsurteil allein nicht ausreicht für eine erneute Eheschließung im Bundesgebiet. Vielmehr muss die Scheidung auch im Heimatland des ausländischen Verlobten anerkannt sein. Dieses Anerkennungsverfahren kann längere Zeit in Anspruch nehmen. Erst nach der Anerkennung besteht kein Ehehindernis mehr für eine erneute Eheschließung, und die innere Behörde des Heimatstaates kann eine entsprechende Bescheinigung ausstellen.

Die Ledigkeitsbescheinigung muss von einer vorgesetzten Behörde im Heimatland beglaubigt und von der deutschen Auslandsvertretung legalisiert werden. Dieses Verfahren ist oft kosten- und zeitintensiv. Die zu legalisierenden Dokumente können entweder per Post geschickt oder durch Freunde/Verwandte, die dazu bevollmächtigt sein müssen, bei der deutschen Botschaft vorgelegt werden. Dies gilt nur für Staaten, in denen deutsche Auslandsvertretungen noch legalisieren.

Es gibt Staaten, die auch keine Ledigkeitsbescheinigung ausstellen. Dann ist auf eine andere Art und Weise nachzuweisen, dass keine Ehe besteht. Dies ist zum Beispiel durch eidesstattliche Versicherungen der Eltern und Geschwister oder durch die/den ausländische/n Verlobte/n selbst möglich. Auch andere Dokumente, die nicht beigebracht werden können, können durch eidesstattliche Versicherungen ersetzt werden. Das deutsche Rechtssystem erkennt diese Ersatzmöglichkeit an, auch wenn in der Praxis immer seltener davon Gebrauch gemacht wird. Betroffen sind zum Beispiel Flüchtlinge und Asylbewerber/-innen, deren Heimatbehörden sich weigern, Dokumente, die für die Eheschließung erforderlich sind, auszustellen. Auch in Fällen, in denen aufgrund von Kriegswirren es nicht möglich ist, diese Dokumente zu beschaffen, kann das Standesamt anstatt des geforderten Dokumentes auch eine eidesstattliche Versicherung des/der Verlobten oder anderer Zeugen, die den Sachverhalt (Ledigkeit zum Beispiel) bestätigen können, verlangen.

Die Befreiung vom Ehefähigkeitszeugnis wird nur erteilt, wenn die geplante Ehe nach dem Heimatrecht der/des ausländischen Verlobten gestattet ist. Ausnahmen werden dann gemacht, wenn ein Ehehindernis des ausländischen Rechts gegen den deutschen *ordre public* verstößt,

Kapitel 4

d.h. gegen wesentliche Grundsätze des deutschen Rechts, insbesondere gegen Grundrechte.

Anmeldung der Eheschließung/Beitrittserklärung

Das Aufgebot zur Eheschließung ist durch die Anmeldung der Eheschließung ersetzt worden. Zuständig ist hierfür das Standesamt am ersten Wohnsitz eines der beiden Verlobten. Erst wenn alle für die Eheschließung erforderlichen Unterlagen, vom Oberlandesgericht geprüft, dem Standesamt wieder vorliegen, kann die Trauung vorgenommen werden. Dies ist übrigens auch in jedem anderen Standesamt in der Bundesrepublik möglich. Dazu muss das Standesamt, das die Anmeldung entgegengenommen hat, die Unterlagen weiterreichen. Erfahrungsgemäß ist ein kurzfristiger Heiratstermin in vielen Großstädten kaum zu bekommen. Deshalb können binationale Paare, die unter Zeitdruck stehen, versuchen auf eine kleinere Kommune auszuweichen.

Bei im Ausland lebenden, nichtdeutschen Verlobten muss die Eheschließung vor einem deutschen Standesamt vom Ausland her angemeldet werden. Hierfür gibt es keine bundeseinheitliche Regelung. Im folgenden wird lediglich der Sachverhalt, wie er in § 10 der Personenstandsverordnung festgehalten ist, wiedergegeben.

Zunächst müssen deutsche Verlobte vor dem Standesamt des ersten Wohnsitzes erklären, dass sie heiraten möchten, der/die ausländische Verlobte jedoch im Ausland lebt. Das Standesamt verlangt in diesen Fällen eine Beitrittserklärung des nicht anwesenden Verlobten. Dies ist eine Erklärung darüber, dass er/sie mit der Anmeldung der Eheschließung durch den anderen Verlobten einverstanden ist. Sie wird in der Regel auf einem eigens dafür vorbereiteten Formular unterzeichnet, das nicht bundeseinheitlich ist. Falls die Standesämter keine entsprechenden Formulare kennen, genügt auch eine einfache schriftliche Erklärung des/der ausländischen Verlobten, die nicht beglaubigt sein muss.

Die Beitrittserklärung geht zusammen mit allen für die Anmeldung der Eheschließung erforderlichen Unterlagen an das Standesamt oder die deutschen Verlobten zurück. Die deutschen Verlobten können dann unter Vorlage dieser Unterlagen und ihrer eigenen Dokumente die Eheschließung anmelden.

EHE

Wichtig!
Bei einer Eheschließung via Beitrittserklärung wird zusätzlich oft eine Anmeldung im Heimatland des/der ausländischen Verlobten verlangt, um sicher zu stellen, dass keine Ehehindernisse bestehen. Der/die ausländische Verlobte muss diese Anmeldung bei seinem/ihrem Standesamt vornehmen und erhält darüber einen Registerauszug, der mit allen anderen Unterlagen zusammen an das deutsche Standesamt oder die/den deutsche/n Verlobte/n geschickt wird.

Das hiesige Standesamt prüft dann die Unterlagen und gibt sie, falls kein Ehefähigkeitszeugnis beigebracht werden kann, an das zuständige Oberlandesgericht (OLG) weiter. Dieses stellt nach nochmaliger Prüfung eine Bescheinigung aus, die dann zum Zwecke der Visumserteilung an die Botschaft/das Konsulat ins Ausland geschickt wird. Erfahrungsgemäß nimmt dieses Verfahren eine längere Zeit in Anspruch.

Standesbeamt/-innen können verlangen, dass die Beitrittserklärungen über den Kurierdienst des Auswärtigen Amtes an die Deutsche Botschaft im Heimatland der ausländischen Verlobten und wieder zurück geschickt werden. Es ist auch möglich, dass die Unterschrift auf der Beitrittserklärung von der deutschen Botschaft beglaubigt werden muss. Es empfiehlt sich daher, im Einzelfall das zuständige Standesamt zu befragen.

Eheschließung bei illegalem Aufenthalt

Eheschließungen bei illegalem Aufenthalt sind kaum möglich, da die Standesämter verpflichtet sind, einen illegalen Aufenthalt der Ausländerbehörde unverzüglich zu melden (§ 76 Abs. 2 Ausländergesetz). Erfahrungsgemäß kommt es in solchen Fällen häufig vor, dass eheschließungswillige Ausländer/-innen auf dem Standesamt verhaftet und abgeschoben werden.

Mit Hilfe von Anwälten kann vor dem Besuch des Standesamtes versucht werden, bei der Ausländerbehörde eine Duldung bis zur Eheschließung zu erhalten. Nur wenn diese erteilt wird, kann sich der/die ausländische Verlobte polizeilich anmelden und die erforderliche Meldebestätigung vorlegen.

Wichtig!
Die Ausländerbehörden sind nicht verpflichtet, eine Duldung zu erteilen, und tun dies erfahrungsgemäß auch nur dann, wenn die Eheschließung

Kapitel 4

kurz bevorsteht, also zumindest die Anmeldung der Eheschließung bereits erfolgt ist. Ausländerbehörden sind meist nicht bereit, eine Duldung bis zur Eheschließung zu erteilen, wenn ein langer illegaler Aufenthalt vorliegt. Das Aufdecken der Illegalität beinhaltet also auch immer das Risiko, ausgewiesen und/oder abgeschoben zu werden. Trotzdem führt kein Weg daran vorbei, mit der Ausländerbehörde zu verhandeln. Ein illegaler Aufenthalt verhindert grundsätzlich die Erteilung einer Aufenthaltserlaubnis nach der Eheschließung. Betroffene müssen vielmehr nach der Heirat ins Heimatland ausreisen, um von dort mit einem Visum zum Zwecke der Familienzusammenführung wieder einzureisen. Mit Hilfe von Anwälten können hier die Möglichkeiten ausgelotet werden, ob die Ausländerbehörde bereit ist, dem Visumsantrag vorab zuzustimmen (Vorabzustimmung), so dass der Aufenthalt im Herkunftsland nur sehr kurz dauern muss und es für den/die betreffende/n Antragsteller/-in größere Rechtssicherheit gibt, dass ihm/ihr das Visum nach der Ausreise auch erteilt wird.

Namensführung

Das deutsche Namensrecht hat sich in den letzten Jahren erheblich gewandelt. Der Zwang zum gemeinsamen Familiennamen entfiel nach der Reform, die am 01.04.1994 in Kraft getreten ist. Gemäß § 1355 Bürgerliches Gesetzbuch (BGB) kann nun jeder Ehegatte den Nachnamen behalten, den er zum Zeitpunkt der Eheschließung führte.

Entscheiden sich die Eheleute für einen gemeinsamen Familiennamen, so können sie entweder den Geburtsnamen der Ehefrau oder des Ehemannes wählen sowie künftig auch den durch Ehenamenswahl erworbenen Namen aus einer früheren Ehe. Dies hat das Bundesverfassungsgericht im Februar 2004 festgestellt. Der Gesetzgeber hat bis zum 31.03.2005 das Gesetz entsprechend zu ändern. Auch für »Altfälle«, also Ehen, die vor Veröffentlichung des Verfassungsgerichtsurteils geschlossen wurden, muss es laut der Entscheidung des Gerichts eine besondere Lösung geben.

Die Namenswahl soll bei der Eheschließung erfolgen, kann aber auch ohne Frist nachgeholt werden. Allerdings muss die Namenswahl dann öffentlich beglaubigt werden. Derjenige, der seinen Nachnamen aufgibt, kann seinen Geburtsnamen oder den zur Zeit der Eheschließung geführten Namen dem Ehenamen voranstellen oder anfügen.

Binationale Paare haben darüber hinaus gemäß Art. 10 EGBGB auch die Möglichkeit, für ihre Namensführung an Stelle des deutschen Namensrechts das Recht der ausländischen Partner/-innen zu wählen.

Der Familienname des Kindes bestimmt sich gemäß § 1616 BGB bei deutschen Eltern nach deren Ehenamen. Haben die sorgeberechtigten Eltern keinen gemeinsamen Ehenamen gewählt, so müssen sie gegenüber dem Standesbeamten den Namen eines Elternteils zum Geburtsnamen des Kindes bestimmen. Können sie sich nicht einigen, überträgt das Familiengericht einem Elternteil das Bestimmungsrecht. Eine einmal getroffene Wahl gilt auch für weitere Kinder.

Haben die Eltern nicht die gleiche Staatsangehörigkeit, so können sie vor der Beurkundung der Geburt gegenüber dem Standesbeamten ebenfalls eine Rechtswahl treffen. Sie können ungeachtet der Tatsache, dass das Kind (auch) die deutsche Staatsangehörigkeit hat, seinen künftigen Familiennamen gemäß Art. 10 Abs. 3 EGBGB dem Namensrecht des ausländischen Elternteils unterstellen. Dies bedeutet zum Beispiel für Spanier/-innen oder Südamerikaner/-innen, dass ihr Kind einen Doppelnamen, gebildet aus den Namen seiner Eltern, bekommen kann. Dies ist eine Neuerung gegenüber dem früheren Recht, das für den Namen eines deutschen Kindes stets deutsches Recht vorsah.

Dies ist übrigens die einzige Möglichkeit, dem Kind einen Doppelnamen, gebildet aus den unterschiedlichen Nachnamen seiner Eltern, zu geben. Bei deutschen Kindern, deren deutsche Eltern keinen gemeinsamen Familiennamen führen, hat sich der Gesetzgeber gegen die vom Bundesverfassungsgericht (Entscheidung vom 05.03.1991) für die Übergangszeit bis zur gesetzlichen Neuregelung eingeräumte Möglichkeit eines Doppelnamens entschieden.

Weitere Besonderheiten sind zu beachten, wenn die Eltern den Ehenamen erst später bestimmen.

Familienbuch

Bei einer Eheschließung in Deutschland legt die Standesbehörde automatisch ein Familienbuch an. Hier werden alle Personenstandsdaten erfaßt wie Eheschließung des Paares, Name des Ehepaares, Geburtsdaten und Namen von Kindern. Dieses Familienbuch wird fortlaufend durch das Standesamt am ersten Wohnsitz des Ehemannes geführt. Heirats- und

Kapitel 4

Geburtsurkunden sind Auszüge aus diesem Familienbuch.

Für Ehepaare, die außerhalb des Bundesgebietes geheiratet haben, konnte kein Familienbuch angelegt werden. Hierauf weisen Standesämter hin und auch darauf, nachträglich eines zu beantragen (siehe unten »Eheschließung im Ausland«).

Das Familienstammbuch, das bei einer Eheschließung gekauft werden kann, enthält zwar die Auszüge aus dem Familienbuch, ist aber nicht mit dem Familienbuch als Personenstandsregister zu verwechseln.

Religiöse Zeremonien

Paare, denen es wichtig ist, neben der standesamtlichen Eheschließung auch eine religiöse Trauung vornehmen zu lassen, können dies tun, auch wenn beide unterschiedlichen Religionen angehören.

Sowohl die katholische als auch die evangelische Kirche in der Bundesrepublik Deutschland erlaubt die Heirat sowohl von konfessionsverschiedenen Ehepartnern (z. B. zwischen evangelischen und katholischen Christen) wie auch von religionsverschiedenen Partnern (z. B. zwischen einer Christin und einem Muslim oder einem Hindu usw.). Während bei der Trauung in der evangelischen Kirche in einem Traugespräch geklärt werden muss, dass
- beide Partner gewillt sind, eine monogame Ehe auf Lebenszeit zu führen;
- der nichtchristliche Partner erklärt, den evangelischen Gatten nicht in der Ausübung seines Glaubens zu behindern;
- keine Absprache über eine nichtchristliche Kindererziehung getroffen ist;
- der nichtchristliche Partner den Wunsch nach einer kirchlichen Handlung ausdrücklich billigt,

knüpft die katholische Kirche an die Trauung größere kirchenrechtliche und moralische Verpflichtungen. Beide Partner/-innen sollen – ohne dass der nicht-christliche seine Religion aufgeben muss – an einem Brautunterricht vor der Trauung teilnehmen. Desweiteren muss sich die katholische Christin oder der katholische Christ verpflichten, die gemeinsamen Kinder im katholischen Glauben zu erziehen.

Es ist durchaus möglich, dass nach einer kirchlichen Trauungszeremonie auch noch eine andere religiöse Zeremonie vorgenommen wird. So steht z. B. einem muslimischen Zeremoniell nichts im Wege, wenn das Paar dies wünscht. Bei der islamischen Eheschließung in einer Moschee kommt es häufig vor, dass damit auch der Übertritt zum Islam erfolgt. Natürlich besteht die Möglichkeit, eine islamische Zeremonie zu bekommen, auch ohne zum Islam zu konvertieren. Dies muss mit dem entsprechenden Imam geklärt werden.

Zum Islam zu konvertieren ist für Christ/-innen relativ einfach. Der Imam in der Moschee verlangt das Ablegen des Glaubensbekenntnisses. In den Augen der muslimischen Gemeinschaft sind Kinder, die muslimische Väter haben, automatisch Muslime. Sie werden in die Religion hineingeboren und können die Religion auch nicht per Austritt ablegen.

Der Übertritt in eine christliche Kirche setzt in der Regel den Besuch von Lehrstunden und die Taufe voraus. Der Übertritt zu anderen Religionsgemeinschaften – wie z. B. Judentum oder Hinduismus – ist nur sehr schwer oder gar nicht möglich.

Folgende Stellen können weitere Informationen erteilen:

CIBEDO
Christlich-islamische Begegnungs- und Dokumentationsstelle
www.cibedo.de

Zentralrat der Muslime in Deutschland
www.islam.de

Griechisch-Orthodoxe Metropolie von Deutschland
www.orthodoxie.de

Russisch-Orthodoxe Kirche
www.r-o-k.de

Zentralrat der Juden in Deutschland
www.zentralratdjuden.de

Der Nationale Geistige Rat der Baha'i in Deutschland e.V.
www.bahai.de

Kapitel 4

Eheschließung im Ausland

Wegen des hohen bürokratischen und zeitlichen Aufwandes, den die Erlangung ausländischer Dokumente für eine Eheschließung in der Bundesrepublik erfordert, oder weil die fehlende Aufenthaltsgenehmigung des/der ausländischen Verlobten eine Eheschließung in Deutschland nicht ermöglicht, weichen viele Paare auf eine Eheschließung im Ausland aus.

Grundsätzlich ist dies auch möglich. Eheschließungen im Ausland sind in der Bundesrepublik gültig und anerkannt, wenn sie entsprechend dem Recht des Eheschließungsortes wirksam geschlossen worden sind.

Dementsprechend ist ein Anerkennungsverfahren für eine im Ausland geschlossene Ehe in der Bundesrepublik nicht notwendig. Allerdings verlangen die deutschen Behörden in der Regel, dass die Heiratsurkunde von der deutschen Auslandsvertretung legalisiert ist. Das soll den Behörden im Inland die Prüfung der Frage, ob die Ehe ortsüblich wirksam geschlossen wurde, ersparen. Die deutsche Auslandsvertretung ist wegen der Ortsnähe viel eher in der Lage zu überprüfen, ob das Ortsrecht bei der Eheschließung eingehalten und die zuständige Person die Eheschließung vorgenommen hat. Mit ihrem Legalisierungsvermerk versehen, ist die Eheschließung mit der Vorlage der ausländischen Heiratsurkunde nachweisbar und entsprechend kann beim Einwohnermeldeamt der Familienstand und eventuell die Steuerklasse geändert werden.

Gegenüber dem deutschen Standesamt kann nach der Eheschließung eine Erklärung über den Familiennamen abgegeben werden (siehe oben). Oft empfehlen Standesbeamte dann das Anlegen eines Familienbuches. Dieses kann bei deutsch-ausländischen Eheschließungen, die im Ausland vorgenommen worden sind, beim Standesamt des Wohnorts beantragt werden. Dazu ist es allerdings notwendig, sämtliche ausländischen Urkunden in übersetzter und legalisierter Form zu beschaffen, die auch für eine Eheschließung in der Bundesrepublik notwendig sind. Die Anlage eines Familienbuches ist nicht zwingend erforderlich. Ein Vorteil kann darin bestehen, dass deutsche Urkunden ausgestellt werden (z. B. eine internationale Heiratsurkunde). Normalerweise reicht die übersetzte und legalisierte ausländische Heiratsurkunde als Nachweis für die Eheschließung aus.

Bei einer Eheschließung in einem Land der Europäischen Union wird in der Regel eine internationale Heiratsurkunde ausgestellt, die auch den Formerfordernissen der Bundesrepublik entspricht.

EHE

Wichtig!
Deutsche Auslandsvertretungen können in der Regel keine Trauungen vornehmen. Dies ist nur bei einer ausdrücklichen Ermächtigung möglich und kommt auch nur für deutsch-deutsche Paare in Frage. Ähnliches gilt auch für ausländische Botschaften und Konsulate in der Bundesrepublik. Sollten diese berechtigt sein, Trauungen durchzuführen, so müssen beide Ehewilligen eine fremde Staatsangehörigkeit haben. Ist ein Partner Deutscher, so ist eine gültige Eheschließung nur auf dem Standesamt möglich.

Ausreise zur Eheschließung und Wiedereinreise nach Deutschland

Bevor sich ein Paar zu einer Eheschließung in einem anderen Land außerhalb Deutschlands und des Herkunftslandes des/der ausländischen Verlobten entschließt, sollte geprüft werden, ob er/sie für das betreffende Land visumspflichtig ist und ob die Wiedereinreise in die Bundesrepublik nach erfolgter Eheschließung problemlos möglich ist.

Dies ist dann der Fall, wenn der/die ausländische Verlobte im Besitz einer Aufenthaltsgenehmigung für Deutschland ist, zum Beispiel als Student/-in oder als Arbeitnehmer/-in im Bundesgebiet lebend.

Ausländer und Ausländerinnen, die mit einer Duldung im Bundesgebiet leben, können nach einer Ausreise nicht wieder in die Bundesrepublik einreisen. Gleiches gilt für Asylbewerber und Asylbewerberinnen mit einer Aufenthaltsgestattung. Sie gefährden durch eine Ausreise die Möglichkeit einer sofortigen Wiedereinreise.

Selbst wenn Geduldete oder Asylbewerber/-innen es schaffen sollten, in einem Nachbarstaat Deutschlands zu heiraten, müßten sie anschließend in ihr Herkunftsland reisen, um dort bei der deutschen Auslandsvertretung ein Einreisevisum zur Familienzusammenführung zu beantragen (vgl. die Ausführungen in dem Kapitel: »Aufenthalt in Deutschland«).

Wichtig!
Paare, die wegen einer bevorstehenden Aufenthaltsbeendigung oder einem unsicheren Aufenthalt im Ausland heiraten wollen bzw. müssen, können dies meistens nur in dem Herkunftsland des/der ausländischen Verlobten tun. Viele andere Staaten kommen wegen der Visumspflicht

Kapitel 4

und wegen der Bestimmungen zur Wiedereinreise in die Bundesrepublik nicht in Frage.

Allerdings ist erfahrungsgemäß nach einer Heirat im Herkunftsland der/des ausländischen Verlobten nicht mit einer sofortigen Rückreise nach Deutschland zu rechnen. Vielmehr schließt sich an die Eheschließung ein bürokratisches Verfahren in der deutschen Auslandsvertretung mit dem Antrag auf Einreise zwecks Familienzusammenführung an, das in westafrikanischen Ländern wie Nigeria oder in Staaten wie Pakistan und Indien mehrere Monate und manchmal sogar bis zu zwei Jahren dauert. Die deutschen Auslandsvertretungen überprüfen dabei alle ausländischen Dokumente auf ihre Glaubwürdigkeit, setzen sogenannte Vertrauensanwälte hierfür ein und befragen das Paar intensiv über die Gründe ihrer Partnerwahl (siehe auch »Aufenthalt in Deutschland«).

Dokumente zur Eheschließung

Es ist sinnvoll, sich bei der Behörde im Ausland, die die Trauung vornehmen wird, direkt zu erkundigen oder aber bei der deutschen Auslandsvertretung vor Ort, welche Dokumente für eine Eheschließung notwendig sind.

Erfahrungsgemäß benötigen deutsche Verlobte einen gültigen Pass, innerhalb der EU genügt auch ein Personalausweis, eine Geburtsurkunde und eventuell ein Ehefähigkeitszeugnis. Falls eine Vorehe bestand, ist meist die Vorlage der rechtskräftigen Scheidungsurkunde übersetzt in die jeweilige Landessprache erforderlich.

Ein Ehefähigkeitszeugnis muss beim Standesamt des Wohnsitzes in der Bundesrepublik beantragt werden. Da ein Ehefähigkeitszeugnis für die Heirat mit einem bestimmten Partner ausgestellt wird, ist für den Antrag die Geburtsurkunde und die Ledigkeitsbescheinigung des/der ausländischen Verlobten – und zwar durch die deutsche Botschaft des jeweiligen Herkunftslandes legalisiert – notwendig. Der Antrag ist anschließend von beiden Verlobten zu unterschreiben.

Verfügt der/die deutsche Verlobte nicht mehr über einen Wohnsitz im Bundesgebiet, so ist für die Ausstellung eines Ehefähigkeitszeugnisses das Standesamt des letzten Aufenthaltsortes im Inland zuständig. Die deutsche Botschaft im Ausland darf keine Ehefähigkeitszeugnisse ausstellen.

Ausländische Verlobte sollten auf jeden Fall den Kontakt zu der jeweiligen Behörde, bei der die Ehe geschlossen werden soll, suchen und direkt die erforderlichen Unterlagen erfragen.

Wichtig!
Für jene Paare, die sich gerade wegen der Schwierigkeiten bei der Beibringung legalisierter ausländischer Dokumente für eine Heirat im Ausland entschlossen haben, kommt nur ein Land in Frage, das für die Eheschließung kein Ehefähigkeitszeugnis fordert.

Eheschließung in Dänemark

Besonders Dänemark hat bei binationalen Paaren – nach wie vor – den Ruf, ein Heiratsparadies zu sein. Bedingt durch die geografische Nähe zur Bundesrepublik wird der Blick dorthin bereits bei den ersten behördlichen Schwierigkeiten gelenkt. Dabei kommt Dänemark nicht für jedes Paar in Frage, sondern hauptsächlich für jene, die über einen nachweislich erlaubten Aufenthalt in der Bundesrepublik verfügen. Für diese Personengruppe kann eine Eheschließung in Dänemark einfacher sein als in der Bundesrepublik, weil in Dänemark für die Eheschließung dänisches Recht gilt und hiernach ein Ehefähigkeitszeugnis in der Regel nicht verlangt wird.

Inzwischen gibt es in Deutschland auch dänische Firmen, die die Organisation der Eheschließung in Dänemark anbieten. Über die Qualität dieser Angebote kann hier nichts gesagt werden. Kostengünstiger wird es aber sein, sich um die Heiratsunterlagen und die Unterkunft selbst zu bemühen.

Für eine Eheschließung in Dänemark ist in erster Linie das dänische Ehegesetz maßgebend. Es ist sehr offen gehalten und wird letztlich von den jeweiligen Kommunen interpretiert. Daher gibt es zum Teil Unterschiede von Ort zu Ort, z. B. hinsichtlich der notwendigen Dauer der polizeilichen Meldung in Dänemark, der Vorlage einer Geburtsurkunde oder der Handhabung eidesstattlicher Erklärungen. Weitere Informationen:

Dänische Kommunal – Cooperative
Beratungs- und Servicestelle für Eheschließungen in Dänemark
kostenfreie telefonische Beratung unter 06134-26907
www.heiraten-onllne.de/navmain.htm

Kapitel 4

Weitere ausführliche Informationen auf der Website dänischer Generalkonsulate mit Adressen von Standesämtern in Dänemark:
www.dankonmuc.de/de/Konsular/Heiraten_in_DK/de-heiraten-t.htm

Nachfolgend geben wir einen kurzen Überblick über die wichtigsten Bestimmungen. Es muss eine polizeiliche Meldung am Ort der Eheschließung von mindestens einer Woche vorliegen. Weiterhin wird ein gültiger Pass mit einer Aufenthaltsbescheinigung der Bundesrepublik Deutschland benötigt, auch eine Geburtsurkunde wird gefordert.

Personen, die in Deutschland nicht polizeilich gemeldet sind – weil sie noch im Heimatland leben – und keine entsprechende Bescheinigung zur Vorlage beim Standesamt beibringen können, müssen eine Ledigkeitsbescheinigung aus ihrem Heimatort oder von der Botschaft ihres Heimatlandes vorlegen. Hierfür empfiehlt es sich, persönlich eine dänische Auslandsvertretung aufzusuchen, um genau zu klären, in welcher Form die Ledigkeit nachzuweisen ist und ob zum Beispiel Beglaubigungen oder Legalisierungen notwendig sind.

Dänische Behörden können auch direkt kontaktiert werden, wenn eine Heirat geplant ist. Kleine Kommunen an der deutsch-dänischen Grenze sind auf deutsch-ausländische Paare eingestellt. Dort wird auch deutsch gesprochen und es werden deutschsprachige Merkblätter verschickt, z.B. die Kommune Tonder:

Kommune Tonder
Kongevej 57
DK-6270 Tonder/Dänemark
Telefon: 0045-74721810

Lebenspartnerschaft

Die Wirkungen der Lebenspartnerschaft sind in den §§ 2 bis 11 Lebenspartnerschaftsgesetz (LPartG) geregelt. Die Lebenspartner/innen sind sich gegenseitig zu Fürsorge und Unterstützung verpflichtet und tragen Verantwortung füreinander.

LEBENSPARTNERSCHAFT

Anders als die Verpflichtung zur ehelichen Lebensgemeinschaft (§ 1353 BGB) gibt es für Lebenspartner/innen keine Verpflichtung zur lebenspartnerschaftlichen Gemeinschaft; d. h. unter anderem, dass der Gesetzgeber von vornherein auch die Möglichkeit, dass die Lebenspartner/-innen nicht häuslich zusammenleben, vorausgesetzt hat. Sie sind sich lediglich zur gemeinsamen Lebensgestaltung verpflichtet, was loser als eine Lebensgemeinschaft zu bewerten ist. Dies bedeutet allerdings nicht, dass Ausländerbehörden bei ausländischen Lebenspartnern/innen keine häusliche Gemeinschaft zur Erteilung der Aufenthaltserlaubnis verlangen. Im Regelfall erwarten sie dies genau wie bei Ehepaaren. Allerdings haben Lebenspartner/-innen im Falle des Getrenntlebens ein weiteres Argument gegen die Annahme einer »Scheinpartnerschaft«. Sie können zumindet darauf hinweisen, dass es der Lebenspartnerschaft nicht von vornherein innewohnt, in Lebensgemeinschaft zu leben.

Rechtliche Grundlagen

Für die Begründung einer Lebenspartnerschaft in Deutschland sind insbesondere die Vorschriften des Lebenspartnerschaftsgesetzes maßgeblich, die aber an vielen Stellen auf die familienrechtlichen Vorschriften im Bürgerlichen Gesetzbuch (BGB) verweisen. Für Lebenspartnerschaften mit Auslandsberührung ist zudem das Einführungsgesetz zum Bürgerlichen Gesetzbuch (EGBGB) maßgeblich. Hier sind Fälle mit Bezug zu mehr als einer Rechtsordnung geregelt. Es wird bestimmt, welches nationale Recht auf den betreffenden Fall Anwendung findet. Jedes Land verfügt über ein eigenes Internationales Privatrecht (IPR). Beim Aufeinandertreffen unterschiedlicher Regelungen im IPR zweier Staaten kann es zu sehr komplexen Rechtsfragen kommen.

Für binationale Lebenspartnerschaften in Deutschland ist im Wesentlichen Art. 17 b EGBGB von Bedeutung. Danach ist für die Begründung der Lebenspartnerschaft die allgemeinen und die güterrechtlichen Wirkungen sowie für die Auflösung (Beendigung) das Recht des registerführenden Staates zuständig. D. h. es gilt in diesen Fragen immer das Recht des Staates, wo sich die Lebenspartner haben eintragen lassen. Für den Fall einer Begründung der Lebenspartnerschaft bei einer deutschen (Standes-)Behörde ist Deutschland der registerführende Staat, und es gilt somit deutsches Recht (siehe auch »welches Recht gilt für binationale Familien?«).

Kapitel 4

Nur beim gesetzlichen Erbrecht und beim Unterhaltsrecht ist das Recht nach den allgemeinen Vorschriften anzuwenden, also wie bei Eheleuten (siehe oben).

Das Rechtsinstitut der eingetragenen Lebenspartnerschaft ist zwar noch selten, in Europa und einigen anderen Staaten gibt es aber durchaus dem Lebenspartnerschaftgesetz ähnliche Regelungen. Sind die selben Lebenspartner in mehreren Staaten eine Lebenspartnerschaft eingegangen, so richten sich die oben beschriebenen Wirkungen nach der zuletzt begründeten Lebenspartnerschaft.

Die Wirkungen einer im Ausland geschlossenen Lebenspartnerschaft gehen in Deutschland nicht weiter, als dies das deutsche Lebenspartnerschaftsrecht vorsieht. Dies wird gegenwärtig bei der Frage einer gemeinsamen Adoption besonders deutlich. Diese ist z. B. nach deutschem Recht nicht möglich, wohingegen andere Länder dies ausdrücklich zulassen. Eine erfolgte gemeinsame Adoption wäre dann nach deutschem Recht im Zweifel ein hinkendes Rechtsverhältnis, d. h., es würde in Deutschland nicht anerkannt.

Vermögensstand

Der Vermögensstand ist der Güterstand für eingetragene Lebenspartnerschaften. Anders als Eheleute müssen sich Lebenspartner/-innen bei Begründung der Lebenspartnerschaft hinsichtlich ihres Vermögensstandes erklärt haben. Diese Regelung hat den Vorteil, dass Lebenspartner anders als Eheleute vor dem Eingehen der vielen rechtlichen Verpflichtungen gezwungen sind, darüber nachzudenken, und sich zumindest für die Frage nach dem Vermögensstand entscheiden müssen. Sie müssen entweder gegenüber der zuständigen Behörde erklären, dass sie die Ausgleichsgemeinschaft vereinbart haben oder dass sie einen Lebenspartnerschaftsvertrag geschlossen haben. Bei einer Ausgleichsgemeinschaft wird wie bei der ehelichen Zugewinngemeinschaft auf Antrag – zumeist bei Beendigung der Lebenspartnerschaft – der während der Ehe erwirtschaftete Vermögensüberschuß zwischen den Lebenspartnern ausgeglichen (siehe hierzu oben »Güterstand«). Für die Ausgleichsgemeinschaft genügt eigentlich nur die (mündliche) Erklärung des Vermögenstandes. Einer schriftlichen Ausfertigung der Vereinbarung über die Ausgleichsgemeinschaft bedarf es nach dem Lebenspartnerschaftsgesetz

Zum 1.1.2005 wurde das Lebenspartnerschaftsrecht, wonach gleichgeschlechtliche Paare seit 2001 eine Lebenspartnerschaft begründen können, in wesentlichen Teilen geändert. Zum Redaktionsschluss der vorliegenden Auflage unseres Ratgebers war es völlig unklar, ob und wann etwaige Änderungen kommen würden. Nachfolgende Hinweise sind daher notwendig geworden:

1. Seit 1.1.2005 sind die Regelungen zum Vermögensstand (Güterstand), zum Unterhalt und zu Trennung und Aufhebung der Lebenspartnerschaft grundlegend verändert worden. Ferner wurde für Lebenspartner ebenfalls ein Versorgungsausgleich für den Fall der Aufhebung der Lebenspartnerschaft eingerichtet.

    Für Lebenspartnerschaften, die nach dem 1.1.2005 begründet wurden bzw. werden gilt nunmehr – wie für Eheleute (vgl. hierzu S.111), dass sie durch Begründung der Lebenspartnerschaft automatisch in der sogenannten Zugewinngemeinschaft leben. Insoweit sind die Ausführungen auf S. 86/87 zum Vermögensstand überholt.

    Auch beim Unterhaltsrecht und dem Versorgungsausgleich kann im Wesentlichen auf die rechtlichen Bedingungen für Eheleute (vgl. hierzu S. 108/109) verwiesen werden.

    Ein Lebenspartnerschaftsvertrag ist nach wie vor möglich. Durch diesen können Lebenspartner/-innen wie Eheleute durch einen Ehevertrag bestimmte gesetzliche Regelungen des Unterhalts, des Güterstands sowie des Versorgungsausgleichs vertraglich abändern.

    Schließlich sind durch die Rechtsänderung zum 1.1.2005 die Trennungs- und Aufhebungsmodalitäten ebenfalls denen von Ehepaaren angeglichen worden (vgl. hierzu S.93 ff.) so dass die Ausführungen auf S. 112 ff. gleichfalls überholt sind.

2. Für bereits vor dem 1.1.2005 bestehende Lebenspartnerschaften hat der Gesetzgeber beim Unterhaltsrecht, beim Güterrecht sowie beim Versorgungsausgleich bis zum 31.12.2005 befristete Wahlmöglichkeiten eingeräumt.

Anmerkung: Es hat weitere Änderungen im Lebenspartnerschaftsrecht gegeben, die für den/ die einzelne/n wichtig sein können, z.B. hinsichtlich der Versorgung für Hinterbliebene, die jedoch in diesem Rahmen nicht aufgeführt werden können. Es ist allen Betroffenen anzuraten, sich eine umfassende Beratung einzuholen.

Weitere Informationen unter:
http://bundesrecht.juris.de/bundesrecht/lpartg/index.html
http://www.juris.de

November 2005

nicht. Zur rechtlichen Sicherheit der beiden Partner ist aber auch bei der Wahl einer Ausgleichsgemeinschaft zu raten, eine schriftliche Vereinbarung – zu Beweiszwecken – zu treffen. Ist nämlich eine Ausgleichsgemeinschaft nicht wirksam vereinbart worden (Beweisfrage), so gilt nach § 6 Abs. 3 LPartG die Vermögenstrennung. Dies hat im Zweifel die unerwünschte Folge, dass ein/e Partner/-in keinen Vermögensausgleich erhält, obwohl er/sie davon ausging.

Für den Fall, dass das Paar keine Ausgleichsgemeinschaft will, können und müssen die Partner den abweichenden Vermögensstand (z. B. Vermögenstrennung, modifizierte Ausgleichsgemeinschaft) bei der Anmeldung der Begründung der Lebenspartnerschaft durch Vorlage eines Lebenspartnerschaftsvertrages nachweisen.

Die Partner sollten sich hier ausreichend Informationen bei kompetenten Rechtsanwälten und Notaren einholen. Leider kommt es immer wieder vor, dass auch familienrechtlich versierte Juristen Ehe und Lebenspartnerschaft allzu vorschnell gleich behandeln, was dem Rechtsgefühl von Lebenspartner/-innen sicherlich gut tut, aber oftmals zu rechtlich falschen Ergebnissen führt.

Lebenspartnerschaftsvertrag

Auch im Lebenspartnerschaftsvertrag können die Lebenspartner/-innen – ähnlich wie Ehepaare im Ehevertrag – die Wirkungen ihrer Lebenspartnerschaft durch vom Gesetz abweichende Regelungen bis zu einem bestimmten Grad selbst bestimmen. Nur in den Bereichen, in denen es zwingende gesetzliche Vorschriften gibt, wie z. B. beim Unterhalt für Getrenntlebende, sind auch die Möglichkeiten einer vertraglichen Regelung erschöpft.

Neben dem Vermögensstand können in einem Lebenspartnerschaftsvertrag auch Regelungen zum nachpartnerschaftlichen Unterhalt und weitere getroffen werden. Ein Ausschluss des Versorgungsausgleichs erübrigt sich, da es für eingetragene Lebenspartner derzeit keinen Versorgungsausgleich gibt.

Ein Lebenspartnerschaftsvertrag kann auch mit einem Erbvertrag verbunden werden. Auch wenn die Lebenspartnerschaft selbst nicht durch ein deutsches Konsulat im Ausland begründet werden darf, so kann der Lebenspartnerschaftsvertrag auch auf einem deutschen Konsulat geschlossen werden.

KAPITEL 4

Begründung einer Lebenspartnerschaft

Die näheren Einzelheiten zu den Voraussetzungen der Begründung einer Lebenspartnerschaft, der zuständigen Behörde, den Kosten etc. sind in jedem Bundesland gesondert durch ein Ausführungsgesetz geregelt. Lebenspartnerschaftsbegründungen erfolgen gem. § 1 LPartG vor der dafür zuständigen Behörde; dies ist in vielen Kommunen das Standesamt, aber nicht überall, denn dies ist in den einzelnen Bundesländern unterschiedlich geregelt.

In einigen Bundesländern sind die Kreisverwaltungen zuständig. In anderen Bundesländern (z. B. Hessen) bestimmen die Gemeinden wiederum selbst, wo die Lebenspartnerschaftsbegrüngung vorgenommen werden darf. Häufig haben die Kommunen dann doch wieder das zuständige Standesamt bestimmt. Einzig in Bayern wird die Begründung einer Lebenspartnerschaft durch Notare vorgenommen. Allerdings kann dies dennoch im Standesamt stattfinden, wie das Beispiel München zeigt. Hier können die Paare mit dem Notar das städtische Standesamt für die Begründung nutzen (detaillierte Angaben darüber, in welchem Bundesland welche Behörde zuständig ist, finden sich im iaf-Ratgeber »homo migrans«).

Zuständig ist in den Bundesländern, in denen das Standesamt dafür bestimmt wurde, das Standesamt des Hauptwohnsitzes einer der Partner. Sind diese Hauptwohnsitze in unterschiedlichen Städten, so dürfen die Partner wählen.

Für Länder, die selbst keine Lebenspartnerschaft kennen, gilt: Lebt der/die ausländische Lebenspartner/-in im Ausland so hat dieses Paar in der Regel nur die Möglichkeit, die Begründung einer Lebenspartnerschaft in Deutschland vorzunehmen. Das heißt, es muss parallel zur Beibringung der Dokumente zur Begründung der Lebenspartnerschaft auch ein entsprechendes Visum bei der zuständigen Auslandsvertretung beantragt werden.

Die Praxis der Visumserteilung ist unterschiedlich. Es kommt vor, dass das Visum erst erteilt wird, wenn der Termin zur Begründung feststeht. Es kommt aber auch vor, dass das Visum bereits vorher erteilt wird, wenn alle anderen Voraussetzungen für den anschließenden Familiennachzug vorliegen.

LEBENSPARTNERSCHAFT

Voraussetzungen zur Begründung einer Lebenspartnerschaft

Eine Lebenspartnerschaft dürfen nur zwei volljährige Personen gleichen Geschlechts begründen, die die unbedingte und unbefristete Erklärung abgeben, eine Partnerschaft auf Lebenszeit begründen zu wollen, und die nicht in gerader Linie miteinander verwandt sind und auch keine (Halb) Geschwister sind. Zudem dürfen sie nicht noch verheiratet sein oder in einer anderen Lebenspartnerschaft leben.

Im Unterschied zu Modellen der Lebenspartnerschaft anderer Staaten dürfen in Deutschland beide Lebenspartner/-innen ausländischer Staatsangehörigkeit sein.

Auf die sexuelle Orientierung der Partner kommt es nicht an, so dass eine Lebenspartnerschaft zwischen zwei heterosexuell orientierten Männern oder Frauen zumindest denkbar wäre. Allerdings dürfte bei offenkundiger Heterosexualität beider Partner seitens des Standesamtes oder der Ausländerbehörde sehr schnell der Vorwurf einer Zweckpartnerschaft aus aufenthaltsrechtlichen Gründen erhoben werden. Die Volljährigkeit bei ausländischen Partner/-innen richtet sich gem. § 7 EGBGB nach dem jeweiligen Heimatrecht.

Schließlich gilt auch für Lebenspartnerschaften, dass sie nicht ausschließlich aus zweckfremden Erwägungen (»Scheinpartnerschaften«) geschlossen werden dürfen. Sind sich die Lebenspartner/-innen folglich bei der Begründung darüber einig, keine lebenspartnerschaftlichen Verpflichtungen nach § 2 LPartG (zu denen keine häusliche Lebensgemeinschaft gehört) einzugehen, ist die Lebenspartnerschaft nicht wirksam eingegangen worden. Sie ist anders als eine Ehe auch nicht nachträglich heilbar. Auf die Unwirksamkeit können sich die Lebenspartner selbst, aber auch Dritte (z. B. das Standesamt) berufen.

Im Ergebnis ist die Lebenspartnerschaft somit bei nachträglicher Kenntnis darüber, dass es sich um eine Zweckpartnerschaft gehandelt hat, unwirksam begründet. Sie muss nicht einmal aufgehoben werden. Dies verstärkt im Ergebnis noch mehr die Tendenz, im Streit den Partner oder die Partnerin bei der Ausländerbehörde zu denunzieren.

Dokumente

Die einzelnen für die Begründung einer Lebenspartnerschaft notwendigen Dokumente sind ebenfalls in den einzelnen Ausführungsgesetzen der Bundesländer geregelt. Es läßt sich aber überschlägig sagen, dass die für

Kapitel 4

eine Eheschließung notwendigen Dokumente (siehe oben) auch für die Begründung einer Lebenspartnerschaft vorliegen müssen. Auch hinsichtlich der Form, in welcher diese vorgelegt werden müssen, ist auf die Ausführungen zur Eheschließung zu verweisen.

Eine wesentliche Ausnahme ist allerdings, dass für die Begründung einer Lebenspartnerschaft kein Ehefähigkeitszeugnis benötigt wird. Es handelt sich nicht um eine Ehe, deshalb allein macht ein solches Erfordernis, das von den Behörden immer wieder mal gefordert wird, keinen Sinn. Lebenspartner/-innen haben es daher an dieser Stelle einmal einfacher, denn sie müssen lediglich eine Ledigkeitsbescheinigung vorlegen.

Anmeldung der Beitrittserklärung

Auch hinsichtlich der Anmeldung der Begründung einer Lebenspartnerschaft und der Möglichkeiten einer sogenannten Beitrittserklärung wird auf das Eheschließungsverfahren (siehe oben) verwiesen.

Namensführung

Hinsichtlich der Namensführung gilt im Grundsatz auch, was für Ehepaare gültig ist. Allerdings dürfte die Rechtswahl nach Art.10 EGBGB für gleichgeschlechtliche Lebenspartner/-innen regelmäßig wenig Sinn machen, da die allermeisten Staaten dieser Welt kein der Lebenspartnerschaft vergleichbares Institut kennen. Daher wird es in diesen Ländern auch kaum eine Möglichkeit geben, den Namen aufgrund einer Lebenspartnerschaft ändern zu lassen. Selbst der nach deutschem Recht gewählte Lebenspartnerschaftsname des deutschen Partners wird sicherlich von den Behörden des Herkunftslandes des ausländischen Partners/der ausländischen Partnerin nicht im Pass eingetragen werden. Insofern können sich viele binationale Lebenspartnerschaften nur für die Beibehaltung des jeweiligen Geburtsnamens oder für die Bestimmung des Namens der/des ausländischen Partner/in zum gemeinsamen Namen entscheiden.

Erfahrungen

Erfreulicherweise scheint der Umgang in der Praxis mit dem relativ neuen Familienstand der Lebenspartnerschaft keine größeren Schwierigkeiten aufzuwerfen. Es bleibt allerdings festzuhalten, dass entgegen der zum Teil völlig abweichenden Regelungen, Behörden dazu neigen, Lebenspartnerschaften wie Ehen zu behandeln. Dies beruht zumeist sogar darauf, dass Beamte von ihrer inneren Einstellung her nicht ungleich behandeln wollen. In der Tendenz sind einige Behörden sogar angenehm übervorsichtig, da sie sich nicht den Vorwurf der Lesben- und Schwulendiskriminierung einhandeln wollen.

Natürlich gibt es auch Behördenmitarbeiter/-innen, die ihre festgefahrenen Weltbilder von partnerschaftlichem oder auch homosexuellem Zusammenleben haben, und die dann, wenn »der« Lebenspartner eigentlich aussieht, wie »die Lebenspartnerin« schon einmal überreagieren und vorschnell eine Lebenspartnerschaftsbegründung ablehnen. Aber dies sind Ausnahmen.

Anders als bei heterosexuellen Paaren ist die Behördentoleranz bezüglich eines »zulässigen« Altersunterschiedes bei gleichgeschlechtlichen Paaren offenbar größer. Vielleicht wird hier aber schwulen und lesbischen Paaren nur etwas zugestanden, was bei heterosexuellen Paaren durchaus auch »normal« ist, nur nicht akzeptiert wird.

Von einigen evangelischen Landeskirchen ist bekannt, dass sie auch kirchliche Segnungen gleichgeschlechtlicher Paare in Anlehnung an eine kirchliche Trauung vornehmen. Von katholischen oder muslimischen Gemeinden haben wir darüber keine Informationen.

5. Kapitel
Trennung, Scheidung und Aufhebung von Lebenspartnerschaften

Wo geliebt wird, wird auch gestritten, sich getrennt und geschieden. Das ist bei Paaren unterschiedlicher Staatsangehörigkeit nicht anders als bei Paaren mit gleicher Nationalität oder auch bei gleichgeschlechtlichen Lebenspartnerschaften. Anders sind zum Teil die Rechtsvorschriften. Sie zu kennen kann dazu beitragen, diesen Teil einer Trennung und/oder Scheidung leichter zu gestalten. Um dabei eine realistische Einschätzung für den Einzelfall zu erhalten, ist eine Rechtsberatung bei einem Anwalt/ einer Anwältin unerlässlich.

Eine Trennung oder Scheidung ist immer eine persönliche Krise, die individuell zu meistern ist. Wir können in diesem Ratgeber keinen Weg durch das Labyrinth interkultureller Konflikte aufzeigen, aber wir können helfen, die rechtlichen von den persönlichen Problemen zu unterscheiden und dadurch Ängste und Unsicherheiten zu mindern. Diese entstehen schnell, wenn es darum geht, zu überlegen, aus welchen Gründen die Ehe bzw. die Lebensgemeinschaft nicht mehr fortgeführt werden kann. Die Gründe für ein Innehalten und dann womöglich für eine Trennung sind sehr vielschichtig, auch wenn die kulturelle Verschiedenheit bei binationalen Paaren als erstes angeführt wird. Sie überdecken oft die darunter liegenden Probleme, die ebenso schwer wiegen und ebenso verantwortlich dafür sein können, dass der zukünftige Weg kein gemeinsamer mehr ist.

Für viele binationale Paare kann dabei eine Welt einstürzen, insbesondere dann, wenn Familie und Freundeskreis mit der Partner/-innenwahl nicht einverstanden waren. Die Sorge, damit den Gegnern ihrer binationalen Verbindung scheinbar »Recht« zu geben, kann u. U. dazu führen, an etwas festzuhalten, was nicht mehr besteht bzw. unerträglich geworden ist.

Trennungszeit

Die Zeit der Trennung bietet dem Paar die Möglichkeit, Distanz zum aktuellen Geschehen zu bekommen und in Ruhe zu überdenken, ob der Ehe noch eine Chance gegeben werden soll. Im Normalfall hat das Paar hierfür ein Jahr Zeit. Erst dann kann ein Scheidungsantrag eingereicht werden. Vor Ablauf von einem Jahr ist dies nur in begründeten Einzelfällen möglich, z. B. wenn Gewalt, sexueller Missbrauch oder Straffälligkeit des Partners/der Partnerin vorliegen. Nach einem Trennungsjahr geht das Familiengericht von einer Zerrüttung der Ehe aus, so dass die Ehe geschieden werden kann. Widerspricht ein Ehegatte dieser Annahme, z. B. indem er/sie bestreitet, dass die Trennungszeit beendet ist, so wird spätestens nach drei Jahren vermutet, dass die Ehe zerrüttet ist, auch wenn ein Ehegatte immer noch an der Ehe festhalten will. Es geht dabei nicht um die Schuldfrage, sondern um die Zerrüttung, die an der Dauer der Trennungszeit gemessen wird.

Was bedeutet getrennt leben?

Trennung bedeutet die erkennbare Aufhebung der häuslichen Gemeinschaft und der ehelichen Lebensgemeinschaft. Oft wird sie durch den Auszug eines Ehepartners vollzogen oder aber durch das Getrenntleben in der Ehewohnung. Dann müssen die Lebensbereiche so aufgeteilt werden, dass jeder seinen persönlichen Bereich selbst regelt und keine gemeinsame Haushaltsführung mehr stattfindet, d. h. für den anderen wird die Wäsche nicht mehr gewaschen, es wird für den anderen nicht mehr gekocht und es findet keine gemeinsame Kassenführung statt (§ 1567 BGB).

Häufig ist es nur ein Ehegatte, der die Trennung herbeiführen will. Allein die bloße Absicht, sich zu trennen, ist nicht ausreichend. Vielmehr muss

TRENNUNGSZEIT

der Partner/die Partnerin über die Trennungsabsicht informiert und der Trennungszeitpunkt nach außen hin verdeutlicht werden.

* Um dies unmissverständlich klarzustellen, empfiehlt es sich, die Trennung schriftlich unter Zeugen mitzuteilen, damit der feste Termin der Trennungszeit nachweisbar ist. Auch während der Trennungszeit kann bereits ein Anwalt hinzugezogen werden. Spätestens für ein sich eventuell anschließendes gerichtliches Scheidungsverfahren besteht in Deutschland Anwaltszwang.

Entscheidet das Paar nach reiflicher Überlegung, die eheliche Lebens- und Wirtschaftsgemeinschaft wieder aufzunehmen, so ist auch die Aufhebung der Trennung deutlich zu machen. Dies geschieht meist durch die Rückkehr in die eheliche Wohnung, durch die gemeinsame Haushaltsführung und durch das Zusammenleben. Lebt und wirtschaftet das Paar mehr als drei Monate wieder zusammen, so wird in der Regel von einer Versöhnung ausgegangen. Gelegentliche Besuche oder auch einmaliger Geschlechtsverkehr sind keine ausreichenden Indizien für die Unterbrechung bzw. für die Aufhebung der Trennung (§ 1566 BGB).

Regelungen während der Trennungszeit

Können die Eheleute keine Vereinbarung über die Nutzung der Ehewohnung erzielen, so besteht die Möglichkeit, das Familiengericht hinzuzuziehen. Es kann beispielsweise durch ein Wohnungszuweisungsverfahren einem Partner die Ehewohnung unter Ausschluss des anderen übergeben, wenn erhebliche Gewaltanwendung nachzuweisen ist, oder die Modalitäten der Trennung in der Ehewohnung bestimmen.

Ehegatten sind sich während der Ehe zu gegenseitigem Unterhalt verpflichtet. Dies gehört zum Wesen einer Ehe. Während der Zeit des Getrenntlebens hat der Finanzkräftige den Bedürftigen mit Zahlungen zu unterstützen. Der bedürftige Ehegatte, meist der nicht berufstätige, hat einen Anspruch auf angemessene Zahlung, so dass der gewohnte Lebensstandard fortgeführt werden kann. Kann kein Einvernehmen über Höhe und Zahlung des Unterhalts hergestellt werden, so entscheidet das Gericht auf Antrag darüber. Diese Unterhaltsregelung gilt allerdings nur für die Zeit des Getrenntlebens.

Besteht auch nach der Scheidung Unterhaltsbedarf eines Ehegatten, so ist dieser im Rahmen der Scheidungsfolgenregelung zu bestimmen.

Kapitel 5

Urteile über Unterhalt für die Dauer des Getrenntlebens verlieren mit der rechtskräftigen Scheidung ihre Gültigkeit.

Ein Unterhaltsanspruch besteht allerdings nicht, wenn z. B. der Unterhaltsbegehrende schon während des Getrenntlebens oder auch nach der Scheidung mit einem neuen Partner in eheähnlicher Gemeinschaft lebt (§ 1579 BGB).

Die Trennungszeit ändert in der Regel nichts an der bisherigen Krankenvorsorge. Ist der unterhaltsberechtigte Ehegatte nicht selbst berufstätig und daher selbst versichert, bleibt er weiterhin bei seinem Ehegatten beitragsfrei mitversichert. Es empfiehlt sich jedoch, frühzeitig Kontakt zur Krankenkasse aufzunehmen und diese Frage auch im Scheidungsfall zu klären.

Mit der Scheidung wird der Versorgungsausgleich durchgeführt, d. h. die in der Ehe erworbenen Anwartschaften auf eine Alterssicherung oder Lebensversicherung auf Rentenbasis werden gegenseitig aufgerechnet und die Hälfte der Differenz dem Ehepartner gutgeschrieben, der über geringere Anwartschaften verfügt. Es erfolgt somit keine Auszahlung, sondern eine Gutschrift auf dem Rentenkonto (siehe auch »Scheidungsfolgen«). Dieser Ausgleich kann nur vorgenommen werden, wenn Anwartschaften bestehen. Migranten und Migrantinnen haben die Möglichkeit, sich eigene Anwartschaften auszahlen zu lassen und das Geld z. B. ins Ausland zu transferieren. Für solch eine Auszahlung ist die Zustimmung des Ehegatten nicht notwendig. So erfährt dieser meist erst davon, wenn es zu spät ist, d. h. bei der Scheidung, wenn der Versorgungsausgleich nicht durchgeführt werden kann. Um eine vorzeitige einseitige Auszahlung zu verhindern, sollte die Bundesversicherungsanstalt bzw. die Landesversicherungsanstalt über die Trennung und über die eventuell anstehende Scheidung und damit einen durchzuführenden Versorgungsausgleich informiert werden.

Die wohl schwierigste Situation haben Paare – nicht nur während der Trennungszeit – dann zu bewältigen, wenn sie Eltern sind. Manchmal wird erbittert um die Kinder gekämpft, wobei es nicht immer um das Wohl der Kinder geht. Kränkungen im Zusammenhang mit der Trennung lassen starke Emotionen hochkommen und führen oft dazu, Streitereien auf dem Rücken der Kinder auszutragen. Gerade der Elternteil, bei dem die Kinder nicht täglich wohnen, entwickelt Ängste, dass sich der Kontakt zu ihnen verschlechtern oder sich sogar verlieren könnte. Insbesondere binationale Familien müssen oft mit der Angst umgehen, dass der nichtdeutsche

Partner/die nichtdeutsche Partnerin die gemeinsamen Kinder in das Herkunftsland mitnehmen könnte. Drohungen dieser Art sind im Streit vielleicht schon oft gefallen, ob sie aber in die Tat umgesetzt werden, kann niemand vorhersehen. Deshalb sollten Drohungen stets ernst genommen und um Unterstützung beispielsweise bei Beratungsstellen nachgefragt werden. Die Sorge ließe sich eventuell dadurch mindern, dass sich die Eltern so früh wie möglich darüber einigen, wo die Kinder leben sollen und entsprechende Vereinbarungen über die Umgangsregelung treffen.

Grundsätzlich behalten seit der Reform des Kindschaftsrechts vom 01.07.1998 die Eltern auch nach einer Trennung gemeinsam die elterliche Sorge für ihre Kinder. Rechtlich gesehen bleibt also alles beim Alten. Die Eltern tragen weiterhin gemeinsam die Verantwortung für die Kinder. Wünscht ein Elternteil die alleinige elterliche Sorge für die Kinder, so ist ein entsprechender Antrag an das Familiengericht zu stellen. Das Familiengericht überträgt die alleinige elterliche Sorge nur dann, wenn äußerst wichtige Gründe vorliegen und wenn beim Weiterführen der gemeinsamen elterlichen Sorge das Wohl des Kindes gefährdet wäre. Sexueller Missbrauch durch einen Elternteil, nachgewiesene wiederholte grobe Vernachlässigung der Kinder oder eine befürchtete Kindesmitnahme ins Ausland können beispielsweise solche Gründe darstellen.

Bei Schwierigkeiten und Konflikten sollten Eltern Hilfe in Anspruch nehmen. Die erste Anlaufstelle ist stets das Jugendamt, das gegebenenfalls auch an geeignete Beratungsstellen verweist. Stellen sich Probleme bei der Durchführung des Umgangs ein oder ist eine Kindesmitnahme zu befürchten, so sieht die Kindschaftsrechtsreform die Möglichkeit eines begleiteten Umgangs vor (siehe auch den Abschnitt »Kinder«).

In einigen Fällen versuchen die Ehegatten, die eine Trennung und eine eventuelle Auflösung der Ehe nicht wollen, durch Drohung den Partner/die Partnerin zu halten. Ausländischen Partnern/-innen wird gedroht, eine Ausweisung ins Herkunftsland zu veranlassen. Vor allem Frauen halten deshalb oft länger als nötig in einer Ehe aus. Bei Anwälten oder auch bei Beratungsstellen können gezielt Informationen über die ausländerrechtlichen Konsequenzen einer Trennung und Scheidung eingeholt werden (siehe Kapitel: »Aufenthalt in Deutschland«).

Kapitel 5

Gewaltschutz

Am 1. 1. 2002 ist nach langjährigen Diskussionen das Gewaltschutzgesetz (GewSchG) in Kraft getreten. Mit diesem neuen Gesetz soll der zivilrechtliche Schutz vor Gewalttaten, Bedrohungen und Nachstellungen im privaten Umfeld verbessert und die Überlassung der gemeinsamen Wohnung bei Gewalttätigkeiten durch den Partner erleichtert werden.

Kontakt- und Näherungsverbot

Jede von Gewalttätigkeiten, Belästigungen, Bedrohungen und Nachstellungen (auch Telefonterror) betroffene Person kann einen Antrag beim Familiengericht stellen, um zu erreichen, dass der Täter oder die Täterin künftig jegliche Form der Belästigung unterlässt.

Bei einem Antrag nach dem GewSchG besteht kein Anwaltzwang. Der Antrag kann also von Betroffenen selbst vor dem Familiengericht gestellt werden. Bei Personen mit einem niedrigen Einkommen besteht ein Anspruch auf Prozesskostenhilfe, so dass die Kosten des Anwalts gegebenenfalls übernommen werden.

Die Angaben über die Belästigungen sollten sehr präzise und ausführlich formuliert werden. Ärztliche Atteste oder Angaben über Zeugen sind als Beweismittel sehr hilfreich. Wenn ein gerichtlicher Beschluss ergeht, wird darin genau ausgeführt, was der/die Täter/-in im Einzelnen zu unterlassen hat, zum Beispiel das Betreten bestimmter Orte oder sich der Person zu nähern. Möglich ist auch, jegliche Form der Kontaktaufnahme zu untersagen. Dazu kann neben der persönlichen Kontaktaufnahme die schriftliche oder telefonische oder auch das Senden einer SMS zählen.

Der gerichtliche Beschluss kann mit der Strafandrohung einer Freiheitsstrafe von bis zu einem Jahr oder einer Geldstrafe erfolgen. Das bedeutet, dass Täter/-innen bei einem Verstoß mit strafrechtlichen Konsequenzen zu rechnen haben. Ein Beschluss nach dem GewSchG ist immer befristet, die Fristen können aber verlängert werden.

GEWALTSCHUTZ

Überlassung der Wohnung

Bislang gab es nur für verheiratete Paare die Möglichkeit, bei Gewalttätigkeiten eines Partners die Überlassung der Wohnung zu beantragen. Das Gewaltschutzgesetz hingegen sieht für alle auf Dauer angelegten Lebensgemeinschaften diesen Weg vor. Vor allem wenn Kinder im Haushalt leben, sind die Voraussetzungen für eine Wohnungsüberlassung durch das GewSchG erleichtert worden.

Um weitere Gewalttätigkeiten in einer gemeinsam genutzten Wohnung zu vermeiden, kann die betroffene Person einen Antrag auf Überlassung der Wohnung vor dem Familiengericht stellen, am günstigsten mit Hilfe eines Anwaltes/einer Anwältin. Nach Möglichkeit sollten ärztliche Atteste vorgelegt oder Zeugen benannt werden.

Selbst wenn der/die Täter/-in der Eigentümer oder alleinige Mieter der Wohnung ist, kann das Gericht eine Überlassung der Wohnung beschließen. Die Überlassung erfolgt dann allerdings befristet auf sechs Monate. Dadurch bleibt zumindest ein wenig Zeit, nach einer anderen Wohnung zu suchen, und es entsteht eine Alternative zu einer Frauenhausunterbringung. Bei einer gemeinsamen Wohnung wird die Überlassung zunächst befristet, bis eine endgültige gerichtliche Regelung gefunden wird.

Bei der Antragstellung für die Überlassung der Wohnung gibt es eine wichtige Frist zu beachten: Die geschädigte Person muss innerhalb von drei Monaten nach der Tat schriftlich die Räumung der Wohnung durch den Täter verlangen. Ergeht ein Beschluss nach dem GewSchG auf Überlassung der Wohnung, hat sich der Täter strikt hieran zu halten.

Scheidung

Nach einem Jahr getrennt leben, kann das Paar den Scheidungsantrag stellen, wenn es nach wie vor der Meinung ist, dass es nicht mehr zusammenkommen wird. Für diesen Antrag ist ein Anwalt/eine Anwältin zwingend vorgeschrieben. Um einen auf das Familienrecht spezialisierte/n Anwalt/Anwältin zu finden, kann bei der örtlichen Anwaltskammer oder

Kapitel 5

auch bei Beratungsstellen unseres Verbandes nachgefragt werden. Oft ist es hilfreich, wenn der Anwalt/die Anwältin zusätzlich auch über Kenntnisse des Ausländerrechts verfügt, um über ausländerrechtliche Konsequenzen entsprechend beraten zu können.

Welches Gericht ist zuständig?

Der Scheidungsantrag ist an das Familiengericht des Ortes zu richten, in dem die Ehegatten ihren gemeinsamen gewöhnlichen Wohnsitz haben oder wo ein Elternteil mit den gemeinsamen minderjährigen Kindern lebt.

Hat der/die ausländische Ehepartner/-in Deutschland verlassen, ohne eine Anschrift zu hinterlassen, wird oft von deutschen Ehegatten befürchtet, dass eine Scheidung wegen Unzustellbarkeit nicht möglich ist. Es gibt trotzdem Möglichkeiten, die Scheidung in Deutschland durchzuführen. Hierfür muss der Scheidungsantrag öffentlich zugestellt werden, d. h. dass die Antragsschrift im Gerichtsgebäude ausgehängt und im Bundesanzeiger veröffentlicht wird. Voraussetzung hierfür ist, dass der/die Antragsteller/-in eidesstattlich versichert, dass er/sie die Adresse des Ehepartners nicht kennt und auch keine Möglichkeit hat, diese festzustellen. In einem solchen Fall verlangen die Gerichte häufig, dass bei Freunden und bei der Familie des Antragsgegners nachgeforscht wird.

Liegen die Voraussetzungen für die öffentliche Zustellung vor und der/die Antragsgegner/-in meldet sich nicht, findet das Verfahren ohne ihn/sie statt. Das Scheidungsurteil wird anschließend öffentlich zugestellt, um rechtskräftig zu werden.

Wurde die binationale Ehe im Ausland geführt und kehrt der/die deutsche Ehepartner/-in ins Bundesgebiet zurück, um die Scheidung zu beantragen, so ist zu prüfen, ob das deutsche Familiengericht für diesen Antrag noch zuständig ist. Das deutsche Gericht ist dann gehindert, die Scheidung auszusprechen, wenn bereits der/die ausländische Eheparter/-in im Ausland die Scheidung eingereicht hat und dieser Antrag dem anderen Ehegatten zugestellt wurde. Diese Regelung ergibt sich aus § 606 a ZPO (Zivilprozessordnung).

Seit dem 1. 3. 2001 greift diese nationale Regelung nicht mehr, wenn die Eheleute Unionsbürger sind oder sie die Ehe in einem Mitgliedstaat der Europäischen Union (mit Ausnahme Dänemarks und Sloweniens) führten. Dann hat das Gericht, somit auch das deutsche Gericht, die inter-

Scheidung

nationale Zuständigkeit für das Scheidungs- und Sorgerechtsverfahren nach der europäischen Verordnung Nr. 1347/2000, der Ehe-Verordnung oder kurz »Brüssel II«-Verordnung, zu bestimmen.

Diese Verordnung hebt auf den gewöhnlichen Aufenthalt des Paares ab, auf den Lebensmittelpunkt. Dort, wo die Eheleute sich auf Dauer niederließen, ist das örtliche Gericht zuständig.

Beispiel: Ein deutsch-französisches Paar führt seit vielen Jahren die Ehe in Frankreich. Für ein nun anstehendes Scheidungsverfahren ist folglich das französische Gericht zuständig.

Veränderungen können eintreten, wenn ein Ehegatte den Wohnsitz in ein anderes Land verlegt:

Verzieht der/die deutsche Ehepartner/-in nach Deutschland und reicht nach sechs Monaten gewöhnlichen Aufenthalts in Deutschland die Scheidung ein, so ist ein deutsches Gericht zuständig, auch wenn der Lebensmittelpunkt des Paares in Frankreich lag.

Verlegt jedoch der/die Deutsche seinen gewöhnlichen Aufenthalt in die Niederlande, so ist nach der Ehe-Verordnung erst nach 12 Monaten Aufenthalt ein niederländisches Gericht zuständig.

Diese Regelung sieht einen Vorteil für die eigenen Staatsbürger und Staatsbürgerinnen vor, da diese doppelt so schnell die Zuständigkeit in ihr Herkunftsland verlegen können. Ob dies in Einklang steht mit dem europäischen Diskriminierungsverbot, wird zurzeit vom Europäischen Gerichtshof in Luxemburg überprüft.

Weitere Differenzierungen berücksichtigen auch Drittstaatsangehörige. Die internationale Zuständigkeit kann auch dann an dem gewöhnlichen Aufenthalt des Ehepaares gegeben sein, wenn einer von beiden ins Ausland verzieht, der andere aber die Scheidung einreicht.

Beispiel: Die Eheleute (Frankreich-Togo) leben in Deutschland, der Ehemann verzieht nach Frankreich, und der in Deutschland Verbleibende reicht die Scheidung ein. Ein deutsches Gericht ist für diesen Antrag zuständig unabhängig von der Staatsangehörigkeit des in Deutschland Verbliebenen.

Die internationale Zuständigkeit liegt auch dann in einem Mitgliedstaat der EU vor, wenn die Eheleute beide dessen Staatsbürger sind.

Kapitel 5

Beispiel: Die Eheleute (beides Deutsche) leben und arbeiten als Entwicklungshelfer in einem afrikanischen Land. Für ihren Scheidungsantrag sind die deutschen Gerichte zuständig.

Die Brüssel-II-Verordnung ist ein komplexes Regelwerk, das an dieser Stelle nicht vollständig aufgeführt werden kann. Die vorstehenden Beispiele vermitteln einen Einblick und beziehen sich auf oft anzutreffende Fragen. Sie verdeutlichen, dass die Gerichte innerhalb Europas eine umfassende Prüfung nach nationalem Recht und entsprechend der europäischen Verordnung vornehmen müssen, um die internationale Zuständigkeit erst einmal zu ermitteln. Für den konkreten Einzelfall ist daher eine anwaltliche Beratung unabdingbar.

Welches Recht gilt für binationale Familien?

Bei binationalen Paaren kommt jeder Ehepartner aus einer anderen Rechtsordnung, wobei beide Rechtskreise unterschiedliche Auffassungen über die Rechte und Pflichten von Mann und Frau haben können. In fast allen Ländern gibt es ein »Internationales Privatrecht«. Es regelt, welches Recht in einer binationalen Ehe zur Anwendung kommt: das des Mannes oder das der Frau. Jedes Gericht geht von den Gesetzen des jeweils eigenen Landes aus. Ist es aufgrund seines eigenen Internationalen Privatrechts gehalten, ausländisches Recht anzuwenden, so ist ihm dies nur soweit möglich, wie Informationen über das ausländische Recht vorliegen, und nur soweit, wie das Gericht es versteht.

Rufen Paare unterschiedlicher Nationalität ein Familiengericht in Deutschland an, so sieht das deutsche Internationale Privatrecht für die in Deutschland lebenden Familien zur Frage, welches Recht angewendet werden soll, laut Art. 14 EGBGB (Einführungsgesetz zum Bürgerlichen Gesetzbuch) folgende Stufenregelung vor:

Erste Stufe: gemeinsame Staatsangehörigkeit (z. B. griechisch/griechisch, türkisch/türkisch usw.). Bei gleicher Staatsangehörigkeit gilt das gemein-

Welches Recht?

same Heimatrecht. Daraus folgt, dass ein deutsches Familiengericht bei einem griechischem Ehepaar für die Scheidung griechisches Recht anwenden muss; bei einem türkischen Ehepaar türkisches Scheidungsrecht.

Zweite Stufe: gemeinsamer gewöhnlicher Aufenthalt. Haben die Ehegatten keine gemeinsame Staatsangehörigkeit, so ist das Recht des Staates maßgebend, in welchem sie ihren gewöhnlichen Aufenthalt haben oder während der Ehe zuletzt gehabt haben, wenn einer von ihnen dort noch seinen gewöhnlichen Aufenthalt hat. Das bedeutet, dass bei Ehen, in denen zwei verschiedene Staatsangehörigkeiten vorliegen (z. B. deutsch/türkisch, türkisch/französisch) deutsches Recht angewendet wird, wenn die Familie in Deutschland zuletzt zusammen gelebt hat. Diese Regelung gilt seit der Reform des Internationalen Privatrechts im Jahre 1986.

Eine Ehe zwischen einer deutschen Frau und einem türkischen Mann oder zwischen einer brasilianischen Frau und einem deutschen Mann richtet sich somit nach deutschem Recht, wenn die Paare in Deutschland leben. Das bedeutet aber auch, dass zum Beispiel auf eine deutsch/türkische Ehe, die in der Türkei geführt wurde, türkisches Recht angewendet wird, auch dann, wenn die deutsche Frau nach Deutschland zurückkehrt und hier ein deutsches Gericht anruft.

Dritte Stufe: gemeinsame engste Verbundenheit. Haben die Ehegatten weder eine gemeinsame Staatsangehörigkeit noch einen gemeinsamen gewöhnlichen Aufenthalt, so gilt das Recht des Staates, dem die Ehegatten auf andere Weise gemeinsam am engsten verbunden sind. Zum Beispiel: In einer deutsch-österreichischen Ehe lebt der Mann in Salzburg, die Frau in Bad Reichenhall. Das Paar trifft sich am Wochenende jeweils bei dem einen oder bei dem anderen. Oder: Paare mit verschiedener Staatsangehörigkeit leben gemeinsam in einem Drittland, trennen sich dort und jeder kehrt in sein eigenes Herkunftsland zurück.

Entscheidend ist somit zumeist, wo die Ehe geführt wurde. Das auf diese Art ermittelte Recht gilt für Rechtsfragen, die während der Ehe auftreten (z. B. wie viel Haushaltsgeld eine Ehefrau verlangen kann oder ob ein Ehegatte für den anderen Rechtsgeschäfte abschließen kann etc.), aber auch für den Fall, dass ein Ehepaar sich trennt und scheiden lassen will. Das Recht, nach welchem die Scheidung durchgeführt wird, das sogenannte Scheidungsstatut, wird ebenso nach der oben genannten Stufenregelung bestimmt.

Kapitel 5

Bei gleicher Nationalität gilt daher das gemeinsame Heimatrecht der Ehegatten, selbst wenn ein Ehepartner nach der Eheschließung eine andere Staatsangehörigkeit angenommen hat. Im Falle unterschiedlicher Nationalität gilt der letzte gemeinsame gewöhnliche Aufenthalt (Art. 17 EGBGB). Kann die Ehe nach diesen Regeln nicht geschieden werden, so können deutsche Gerichte Ehepartner, die die Scheidung beantragen, nach deutschem Recht scheiden.

Oft ist es für den beratenden Anwalt schwierig, eine verbindliche Prognose abzugeben, nach welchem Recht die Scheidung ausgesprochen werden wird. Die Entscheidung hierüber trifft der Familienrichter.

Binationale Paare haben aber auch die Möglichkeit, durch einen notariellen Ehevertrag eine Rechtswahl zu treffen und folglich eines der beiden Heimatrechte für ihre Ehe zu wählen (siehe auch Abschnitt »Eheverträge«).

Wichtig!
Die Regelung der Scheidungsfolgen, zum Beispiel Unterhalt, Sorgerecht, Versorgungsausgleich richtet sich immer nach deutschem Recht.

Nichtigkeit und Aufhebung der Ehe

Hin und wieder erreichen uns Anfragen, in denen Menschen erklären, dass sich die erst kürzlich geschlossene Ehe als Irrtum herausstellte, z. B. weil der Angeheiratete unrichtige Angaben über seine Vergangenheit machte oder bereits eine Ehefrau im Herkunftsland hat, mit der er traditionell verheiratet ist. Dann steht schnell die Frage im Raum, ob diese Ehe für nichtig erklärt werden kann. Dies ist nicht möglich. Selbst wenn sie nur für sehr kurze Zeit bestand, ist eine Ehe nur durch eine Scheidung zu beenden.

Neben der Scheidung gibt es die Aufhebung der Ehe als zweite Möglichkeit zur Beendigung einer Ehe in besonderen Fällen (§§ 1313 ff. BGB).

Nichtigkeit und Aufhebung der Ehe

Nach § 1314 BGB kann eine Ehe aufgehoben werden, wenn die Ehe wegen bestehender Hindernisse bzw. Verbote nicht hätte geschlossen werden dürfen, z. B. wenn ein Verlobter bereits verheiratet ist (§ 1306 BGB) oder ein enges Verwandtschaftsverhältnis zwischen den Verlobten besteht (§ 1307 BGB).

Weiterhin kann die Ehe aufgehoben werden, wenn z. B. ein Ehegatte arglistig getäuscht wurde und vorsätzlich erbliche oder sonstige erhebliche Krankheiten wie Aids oder Tuberkulose verschwieg oder sich bei der Eheschließung im Zustande der Bewusstlosigkeit oder vorübergehender Störung der Geistestätigkeit befand oder durch Drohung zur Ehe gedrängt worden ist etc. Neu in das Eheschließungsrechtsgesetz wurde 1998 zusätzlich als Grund aufgenommen, wenn beide Ehegatten sich bei der Eheschließung darüber einig waren, keine eheliche Lebensgemeinschaft aufnehmen zu wollen.

Die Umschreibung dieses neuen Aufhebungsgrundes ist zwar neutral gefasst, aber schon die Diskussionen im Vorfeld zur Novellierung des Gesetzes und die Begründung des Gesetzgebers zur Aufnahme dieser Regelung zielt deutlich auf sogenannte Scheinehen zur Erlangung eines Aufenthaltsrechts ab. Insofern ist diese Regelung vorrangig für binationale Paare und Migrantenpaare von Bedeutung, denn nur ihnen kann unterstellt werden, die Ehe nur zur Erlangung der Aufenthaltsgenehmigung eingegangen zu sein. Im Streit mit Behörden und in der Rechtsprechung geht es vor allem um die inhaltliche Auslegung des Begriffes der ehelichen Lebensgemeinschaft, der von dem Gesetzgeber nicht bestimmt wurde, sondern dies vielmehr den Individuen, den Ehepaaren, überlässt.

Den Antrag auf Aufhebung kann einer der Ehegatten stellen oder eine Behörde, die durch Rechtsverordnung der Innenministerien der Bundesländer bestimmt wurde. In den meisten Ländern ist diese Aufgabe an die Regierungspräsidien bzw. Bezirksregierungen delegiert. Unser Verband lehnt eine Aufhebung durch Behörden grundsätzlich ab, da sich damit staatliche Behörden Eingriffsmöglichkeiten in die Privatsphäre von Menschen verschaffen können.

Kapitel 5
Güterrechtliche Besonderheiten bei binationalen Ehen

Der Güterstand richtet sich bei binationalen Ehepaaren nach Art. 15 EGBGB (Einführungsgesetz zum Bürgerlichen Gesetzbuch) nach dem Recht des gemeinsamen gewöhnlichen Aufenthalts zum Zeitpunkt der Eheschließung. Diese Regelung gilt seit der Reform des Internationalen Privatrechts (IPR) im Jahr 1986. Vor dieser Reform wurde stets an die Staatsangehörigkeit des Ehemannes angeknüpft. Damit galt das Familienrecht des ausländischen Ehemannes auch für deutsche Frauen in Deutschland. Für viele Ehen bedeutete dies, dass ihr gesetzlicher Güterstand die Gütertrennung war.

Den meisten Ehepaaren war dies unbekannt. Sie nahmen zumeist an, dass für sie der in Deutschland gesetzlich festgelegte Güterstand der Zugewinngemeinschaft gilt. Doch erst mit der Reform des IPR, die an den Aufenthaltsort der Eheleute anknüpfte, änderte sich der gesetzliche Güterstand für die in Deutschland lebenden binationalen Ehepaare in die Zugewinngemeinschaft. Das Reformgesetz schuf für die sogenannten Altehen – Ehen, die vor dem 9. 4. 1983 geschlossen wurden – eine komplizierte Übergangsregelung:

- Bei Heirat vor dem 1. 4. 1953 (zu diesem Zeitpunkt stellte das Bundesverfassungsgericht fest, dass alle gegen den Grundsatz der Gleichberechtigung verstoßenden Gesetze außer Kraft treten) richtet sich das Güterrecht nach den alten Vorschriften, also nach dem Heimatrecht des Ehemannes.
- Bei Heirat nach dem 31. 3. 1953 und vor dem 9. 4. 1983 (zu diesem Zeitpunkt stellte das Bundesverfassungsgericht fest, dass die Anwendung des Heimatrechtes des Ehemannes verfassungswidrig ist) müssen aufeinander folgend zwei unterschiedliche Regelungen angewandt werden. Die güterrechtlichen Wirkungen dieser Ehen bestimmen sich für den Zeitraum bis zum 08.04.1983 in erster Linie nach dem Heimatrecht des Ehemannes zum Zeitpunkt der Eheschließung, wenn sich die Ehegatten nicht durch ausdrückliche oder stillschweigende Rechtswahl einem anderen Recht unterstellt haben. Für die Zeit ab dem 9. 4. 1983 gilt dann für diese Ehen das Recht des gewöhnlichen Aufenthalts,

GÜTERRECHTLICHE BESONDERHEITEN

was also bedeuten kann, dass sich der Güterstand von der Gütertrennung zur Zugewinngemeinschaft ändert.

Bei binationalen Ehen, für die bis zum 8. 4. 1983 Gütertrennung galt und anschließend Zugewinngemeinschaft, erfasst der Ausgleich das gesamte Vermögen der Ehegatten, auch soweit es unter dem früheren Güterstand der Gütertrennung erworben wurde. Als Anfangsstichtag für den Zugewinnausgleich gilt hier nicht der Zeitpunkt der Eheschließung, sondern der 9. 4. 1983. Das zu diesem Tag vorhandene Vermögen gilt als Anfangsvermögen, welches vom Endvermögen am Tag der Zustellung des Scheidungsantrags abzuziehen ist, um den Zugewinn der Ehe zu errechnen.

Für nach dem 9. 4. 1983 geschlossene Ehen sind die güterrechtlichen Wirkungen nach Art. 15 EGBGB neuer Fassung zu beurteilen. Es kommt somit auf das Recht des gemeinsamen gewöhnlichen Aufenthalts zum Zeitpunkt der Eheschließung an.

Beispiel: Susanne heiratet Hassan in der Türkei. Hassan arbeitet zu diesem Zeitpunkt bei einer großen Firma in Ankara, und Susanne nimmt an einem Austauschprogramm für Studentinnen teil. Sie lebt bereits seit einem Jahr in Ankara. Nach der Eheschließung gehen sie gemeinsam in die Bundesrepublik und begründen einen Wohnsitz in München.

Nach zehn Jahren trennen sich die beiden und beabsichtigen sich scheiden zu lassen. Nun erfahren sie bei ihrem Anwalt, dass sich der Güterstand für ihre Ehe nach türkischem Recht richtet. Beide hatten zum Zeitpunkt der Eheschließung ihren Lebensmittelpunkt in der Türkei. Dort haben sie folglich ihren gemeinsamen gewöhnlichen Aufenthalt.

Ein Ehepaar kann für sich von vornherein Klarheit herstellen, indem es von der Möglichkeit Gebrauch macht, in einem Ehevertrag eine Rechtswahl zu vereinbaren. Es kann dabei, bezogen auf unser Beispiel, zwischen dem deutschen und dem türkischen Recht wählen.

KAPITEL 5

Scheidungsfolgen

Zusammen mit der Scheidung wird der Versorgungsausgleich automatisch geregelt. Weitere Scheidungsfolgen wie elterliche Sorge, Ehegatten- und Kindesunterhalt, Güterrecht (z. B. Zugewinnausgleich), Ehewohnung und Hausrat werden nur geregelt, wenn ein Ehegatte dies beantragt.

Wird ein Antrag auf die Übertragung der alleinigen elterlichen Sorge gestellt, kann entweder im Zuge des Scheidungsverfahrens oder in einem separaten Verfahren darüber entschieden werden. Wird kein Antrag auf die alleinige elterliche Sorge gestellt, müssen dennoch im Rahmen der Scheidung die Eltern zu dieser Frage angehört werden. Das Gericht informiert das Jugendamt über einen anhängigen Scheidungsantrag. Beide, das Gericht und das Jugendamt, haben die Pflicht die Eltern über Beratungsmöglichkeiten zu Sorge-, Rechts- und Umgangsfragen zu informieren.

Versorgungsausgleich

Der Versorgungsausgleich ist regelmäßig mit der Ehescheidung durchzuführen, es sei denn, die Ehegatten haben ihn in einem Ehevertrag ausdrücklich ausgeschlossen oder es wird beantragt, ihn z. B. wegen Unbilligkeit auszuschließen. Mit dem Versorgungsausgleich werden die in der Ehe erworbenen Anwartschaften auf eine Alterssicherung, wie Sozialversicherungsrenten, Pensionen, Betriebsrenten oder Lebensversicherungen auf Rentenbasis, gegeneinander aufgerechnet. Durch richterlichen Beschluss erhält derjenige Ehegatte, der während der Ehe geringere Rentenanwartschaften eingezahlt hat, die Hälfte der Differenz zwischen seinen und den erworbenen Anwartschaften des anderen. Dieser Betrag wird in der Regel dem Rentenkonto gutgeschrieben. Es gibt also keine Auszahlungen. Wichtig zu wissen ist, dass sich der Versorgungsausgleich nur auf die während der Ehe erworbenen Anwartschaften bezieht und nicht auf vorher erworbene Ansprüche. Frauen, die während der Ehe nicht gearbeitet haben, können über die Kindererziehungszeiten eine Rentenanwartschaft erlangen. Zusammen mit den Rentenanwartschaften des Ehemannes, die mit der Scheidung übertragen werden, erhalten viele Frauen erstmals einen eigenen Rentenanspruch.

Scheidungsfolgen

Beispiel: Die Rentenanwartschaft des Ehemannes während der Ehezeit beträgt 200 €, die der Frau 50 € aus der Kindererziehungszeit. Daraus ergibt sich ein Wertunterschied von 150 €. Dieser Betrag wird halbiert auf 75 € und dem Rentenkonto der Frau gutgeschrieben, da sie die geringeren Anwartschaften hat. Das Rentenkonto der Frau weist nun einen Betrag von 125 € auf. Dem Mann wird der Betrag von 75 € abgezogen, so dass er ebenfalls 125 € hat.

Der Versorgungsausgleich nimmt häufig viel Zeit in Anspruch, weil die Rentenbiographien der Beteiligten ab der Vollendung des 16. Lebensjahrs beim Rentenversicherungsträger zu klären sind. Kommt zudem der ausländische Ehepartner/die ausländische Ehepartnerin aus einem Land, mit dem die Bundesrepublik ein Sozialversicherungsabkommen unterschrieben hat, wie zum Beispiel aus Italien, dem ehemaligen Jugoslawien, der Türkei oder Griechenland, so sind auch die ausländischen Versorgungsanwartschaften festzustellen und einzubeziehen. Solche Verfahren sind besonders zeitintensiv und dauern nicht selten zwei bis drei Jahre.

Besteht Interesse seitens des Ehepaares das Scheidungsverfahren zu beschleunigen, so gibt es die Möglichkeit, die Abtrennung des Versorgungsausgleichs von dem Scheidungsverfahren zu beantragen. Allerdings muss diesem Anliegen das Familiengericht zustimmen.

Ehegattenunterhalt

Beim Ehegattenunterhalt wird zwischen dem Unterhalt für die Zeit des Getrenntlebens und dem Unterhalt ab Rechtskraft der Scheidung unterschieden. Ein Urteil über den Unterhalt während der Trennungszeit verliert folglich mit der rechtskräftigen Scheidung seine Gültigkeit. Für den nachehelichen Unterhalt muss ein neues Unterhaltsurteil erwirkt werden. Im Gegensatz zum Trennungsunterhalt wird nun erwartet, dass beide Ehegatten durch Erwerbstätigkeit für sich selbst sorgen. Nur minderjährige Kinder und Volljährige, die noch in Ausbildung sind, haben immer einen Unterhaltsanspruch gegen ihre Eltern.

Anspruch auf Unterhalt hat nur der Ehegatte, der bedürftig ist, z. B. wenn gemeinsame Kinder der Pflege und Erziehung bedürfen oder wenn nach einer intensiven Suche keine Arbeitsstelle gefunden wurde. Der Unterhalt kann ausgeschlossen werden, wenn der/die Unterhaltsfor-

Kapitel 5

dernde z. B. eine andere Partnerschaft eingeht und mit dem/der neuen Partner/-in zusammenlebt. In jedem Fall entfällt der Unterhaltsanspruch, wenn erneut geheiratet wird.

Eine Verpflichtung, Unterhalt zu zahlen, hat nur derjenige, der seinen eigenen Unterhalt nicht gefährdet. Auch wenn der/die Unterhaltsberechtigte ins Ausland verzieht, besteht die Verpflichtung fort. Allerdings kann es möglich sein, dass die Höhe des Unterhaltes den Lebenshaltungskosten in dem entsprechenden Land angepasst wird.

Kindesunterhalt für Minderjährige

Kinder haben einen eigenen Anspruch auf Unterhalt gegenüber beiden Elternteilen. Der Elternteil, bei dem die Kinder leben, entrichtet durch die Versorgung und Betreuung des Nachwuchses einen sogenannten Naturalunterhalt. Daher ist der andere Elternteil gefordert, einen sogenannten Barunterhalt zu entrichten. Das gilt auch, wenn die Eltern gemeinsam die elterliche Sorge ausüben. Die Festsetzung des Kindesunterhalts richtet sich nach den Einkommensverhältnissen des barunterhaltspflichtigen Elternteils.

Bei den Berechnungen wird kein Unterschied zwischen ehelichen und nichtehelichen Kindern gemacht. Außerdem ist der Kindesunterhalt rückwirkend ab dem Zeitpunkt zu zahlen, zu dem der Barunterhaltspflichtige aufgefordert wurde, über seine Einkommensverhältnisse Auskunft zu erteilen. Deshalb ist es wichtig, solche Forderungen an den Ehegatten schriftlich zu verfassen. Zudem wurden die Möglichkeiten, im Unterhaltsprozess Auskunft über das Einkommen des Barunterhaltspflichtigen zu erhalten, verbessert. Das Gericht kann jetzt selbst Auskünfte bei Arbeitgebern, Finanzämtern und Sozialversicherungsträgern einholen, wenn entsprechende Aufforderungen nicht befolgt wurden.

Kommt der Barunterhaltspflichtige seinen Zahlungen nicht nach, so besteht die Möglichkeit für Kinder bis zu 12 Jahren beim örtlichen Jugendamt Unterhaltsvorschuss zu beantragen. Das Jugendamt ist dann bemüht, den Betrag beim Unterhaltspflichtigen einzuholen.

Auch wenn der Unterhaltspflichtige im Ausland lebt, bleibt die Verpflichtung zur Zahlung bestehen. Der im Inland verbliebene Elternteil kann sich bei Schwierigkeiten an das örtliche Jugendamt wenden und um Unterstützung nachfragen.

SCHEIDUNGSFOLGEN

Ehewohnung

Erzielt das Ehepaar im Trennungsjahr keine Einigung hinsichtlich der weiteren Nutzung der Ehewohnung, entscheidet im Rahmen der Scheidung auf Antrag das Familiengericht hierüber. Der Richter beurteilt die familiäre Situation, berücksichtigt schutzwürdige Interessen der Parteien und der Kinder am Verbleib in der Wohnung. Dabei spielen das Alter der Ehegatten und der Kinder, die Entfernung zur Arbeitsstelle, zur Schule oder die wirtschaftliche Situation eine Rolle, ebenso ob Eigenleistungen in die Wohnung/in das Haus eingebracht wurden etc.

Die Chancen auf eine Zuweisung der Ehewohnung für die Zeit nach der Scheidung sind gut, wenn sie von einem Ehegatten für sich und die Kinder beantragt wird. Der Richter oder die Richterin kann z. B. veranlassen, den Mietvertrag zugunsten eines Ehegatten abzuändern. Ist ein Ehegatte Alleineigentümer einer Eigentumswohnung, so ist es möglich, dass das Familiengericht ein Mietverhältnis zwischen den Ehegatten begründet, weil z. B. der Auszug für den anderen Ehegatten, der Nichteigentümer ist, eine schwere Beeinträchtigung darstellt, insbesondere wenn Kinder involviert sind. Die Nutzung der Eigentumswohnung könnte auch zeitlich befristet erfolgen, z. B. bis ein Schulwechsel ansteht. Das Gericht ist nicht ermächtigt direkt in Eigentumsverhältnisse einzugreifen und diese auf einen anderen zu übertragen. Für die Nutzung der Wohnung wird dann ein Mietzins festgelegt.

Zugewinnausgleich

Zum Zeitpunkt der Scheidung findet eine Auseinandersetzung des Vermögens des Ehepaares statt. Es ist nun wichtig festzustellen, welchen Güterstand diese Ehe hat (siehe auch den Abschnitt »Güterrechtliche Besonderheiten bei binationalen Ehen«).

Wurde der Güterstand nicht in einem Ehevertrag festgelegt, gilt bei vielen binationalen Paaren der nach deutschem Familienrecht gesetzliche Güterstand, die Zugewinngemeinschaft. Diese Regelung besagt, dass jeder Ehegatte sein Vermögen behält, das er in die Ehe mitgebracht hat. Auch wenn ein Ehegatte während der Ehe geerbt hat, so gehört ihm allein das Vermögen. Der Ehepartner partizipiert nicht an dem Erbe, auch wenn dies vielfach vermutet wird. Geschenke gehören ebenfalls dem, der sie

Kapitel 5

bekam, und damit in sein alleiniges Vermögen.

Bei der Scheidung wird der Zugewinn – der Vermögenszuwachs – ermittelt, der während der Ehe von beiden Ehepartnern erworben wurde. Hierfür wird das Anfangs- und Endvermögen beider Ehegatten gegenübergestellt, und derjenige, der während der Ehe mehr hinzugewonnen hat, gibt die Hälfte des Überschusses an den anderen ab. Um den Zugewinnausgleich errechnen zu können, besteht ein gesetzlicher Anspruch jedes Ehegatten gegen den anderen auf Auskunft über sein Endvermögen. Häufig ist es allerdings schwierig festzustellen, welches Vermögen die Ehegatten am Anfang hatten, vor allem wenn die Ehe über viele Jahre andauerte. Bei der Berechnung des Endvermögens gilt als Stichtag der Tag, an dem der Scheidungsantrag dem anderen zugestellt und damit rechtshängig wurde und nicht der Tag der Trennung. Bei einer längeren Trennungszeit können sich daher Vermögensverschiebungen ergeben haben, von denen der andere nichts weiß und an denen er nicht beteiligt war. Wenn Schulden bei einem Ehegatten vorhanden sind, so mindern diese den Zugewinn. Er kann aber nie negativ sein, da es keine Beteiligung an den Schulden des/der Eheparter/-in gibt. Das Familiengericht kann auf Antrag anordnen, dass der Zugewinn nicht in Geld ausgezahlt wird, sondern Vermögensgegenstände übertragen werden.

Trennung und Aufhebung eingetragener Lebenspartnerschaften

Was für Ehegatten die Scheidung ist, ist für eingetragene Lebenspartnerschaften die Aufhebung. Leider hat sich der Gesetzgeber keinen besseren Begriff ausgedacht, denn es gibt auch bei Ehen die Möglichkeit ihrer Aufhebung. Die Eheaufhebung hat aber mit der hier gemeinten Aufhebung der Lebenspartnerschaft nichts zu tun.

Die Trennung ist bei Lebenspartnerschaften formal im Regelfall leichter als bei Ehegatten, zumal Lebenspartner/-innen keine Verpflichtung zur häuslichen Gemeinschaft haben. Allerdings ist die gesetzliche Aufhebung einer Lebenspartnerschaft eindeutig schwieriger als eine Scheidung.

Trennung und Aufhebung

Bei Lebenspartnern wird gemäß §15 Lebenspartnerschaftsgesetz (LPartG) die Lebenspartnerschaft aufgehoben, wenn beide Partner oder Partnerinnen erklärt haben, dass sie die Lebenspartnerschaft nicht fortsetzen wollen und seit dieser Erklärung, die öffentlich (notariell) beurkundet sein muss, ein Jahr vergangen ist (einverständliche Aufhebung). Gleiches gilt für die einseitige Aufhebung, wenn also nur ein/e Lebenspartner/-in die Aufhebung will. Allerdings müssen dann drei Jahre seit der Zustellung der Aufhebungserklärung vergangen sein.

Daneben gibt es noch die Härtefallaufhebung, die – ähnlich wie die Härtefallscheidung – ohne Frist vorgenommen werden kann, wenn die Fortsetzung der Lebenspartnerschaft für den/die Antragsteller/-in aus Gründen, die in der Person des anderen Lebenspartners liegen eine unzumutbare Härte wäre. Eine streitige Aufhebung der Lebenspartnerschaft nach einem Jahr – analog der streitigen Scheidung nach einem Jahr unter Nachweis der Zerrüttung – gibt es für Lebenspartner nicht.

Das heißt für Lebenspartner, die einseitig – also nicht einverständlich – die Aufhebung begehren, dass sie regelmäßig drei Jahre von der Zustellung der Aufhebungserklärung an warten müssen, bis ein Aufhebungsantrag gestellt werden kann.

Eine Trennungszeit wie bei Ehegatten gibt es nicht, dafür eine rigide Wartefrist. Das heißt in der Konsequenz sogar, dass Lebenspartner/-innen, die ihre Lebenspartnerschaft aufheben lassen wollen, trotz Abgabe der beurkundeten Aufhebungserklärung weiterhin zusammenleben können – auch als Paar. Dies wäre für die Aufhebung unschädlich, da es keine Trennungszeit und auch keine Zerrüttungsprüfung gibt.

Die lange Wartefrist bei einseitigem Aufhebungsbegehren wirft gerade bei binationalen Lebenspartnerschaften besondere Fragen auf. Lebt nämlich der oder die Lebenspartner/-in nach Scheitern der Lebenspartnerschaft wieder im Ausland, so kann durch Zustellungserfordernisse, die schon manch deutsch-ausländisches Scheidungsverfahren unendlich in die Länge ziehen, die Aufhebung ohne zusätzliche Komplikationen sechs bis sieben Jahre ab dem Zeitpunkt der einseitigen Aufhebungserklärung dauern. In dieser Zeit kann der/die aufhebungswillige Lebenspartner/-in keine neue Lebenspartnerschaft eingehen. Ob eine solche Regelung nicht gegen das verfassungsrechtliche Verhältnismäßigkeitgebot verstößt, wäre in entsprechenden Verfahren zu prüfen.

Die Aufhebungserklärung ist widerrufbar, allerdings muss der Widerruf auch öffentlich beurkundet werden. Die Erklärungen dürfen nicht unter

KAPITEL 5

einer Bedingung oder Zeitbestimmung abgegeben werden.
Um die langen Fristen ggf. zu umgehen, können Voraberklärungen gegeben werden. Die Lebenspartner/-innen suchen in gewissen Abständen den Notar auf, um eine solche Erklärung abzugeben und sie bei Bedarf bei Gericht einzureichen. Allerdings werden Notare wahrscheinlich ihre Mitwirkung versagen, wenn deutlich wird, dass es sich um keine ernsthaft beabsichtigte Aufhebungserklärung handelt, sondern um eine vorsorgliche. Für binationale Paare sind solche Erklärungen nicht zu empfehlen, da diese die ausländischen Partner/-innen erpressbar machen können: Sie könnten gegenüber der Ausländerbehörde als Nachweis einer nicht mehr bestehenden lebenspartnerschaftlichen Gemeinschaft benutzt werden.

Die Aufhebung unterliegt wie die Scheidung dem Anwaltszwang. Der Aufhebungsantrag muss beim Familiengericht gestellt werden. Der Streitwert für die Aufhebung wird wie bei Ehescheidungen über das dreifache Nettoeinkommen beider Lebenspartner errechnet. Die Kosten des Verfahrens sind – wie bei Eheleuten – im Regelfall gegeneinander aufzuheben, d. h. jeder trägt seine eigenen Anwaltskosten und die Hälfte der Gerichtskosten.

Erfahrungen zeigen, dass Gerichte und Anwälte die Lebenspartnerschaften aus Unkenntnis wie eine Ehe behandeln. Um unnötige Probleme zu vermeiden, sollten spezialisierte Anwälte oder Anwältinnen aufgesucht werden.

Internationale Gültigkeit von Gerichtsentscheidungen

Binationale Ehepaare lassen sich oftmals auch außerhalb der Bundesrepublik scheiden, entweder weil sich der letzte gemeinsame eheliche Wohnsitz dort befand oder weil dort die Scheidung kostengünstiger durchzuführen ist. Daher stellt sich vermehrt die Frage, ob gerichtliche Entscheidungen auch über nationale Grenzen hinaus rechtswirksam sind.

INTERNATIONALE GÜLTIGKEIT VON GERICHTSENTSCHEIDUNGEN

Anerkennung ausländischer Scheidungsurteile in Deutschland

Ein ausländisches Scheidungsurteil ist nicht ohne weiteres in Deutschland gültig, sondern bedarf der Anerkennung eines Landesjustizministeriums. Ein Ehegatte, in der Regel der inländische, stellt einen entsprechenden Antrag an das Justizministerium des Bundeslandes, in dem er seinen Wohnsitz hat. Das Justizministerium des Landes prüft nach § 328 Zivilprozessordnung (ZPO), ob die Voraussetzungen für die Anerkennung vorliegen. Das ausländische Gericht muss auch nach deutschen Vorschriften für das Scheidungsverfahren zuständig gewesen sein. Entscheidend ist dabei, dass das Scheidungsverfahren im Ausland rechtshängig war, bevor in Deutschland die Rechtshängigkeit eintrat. Dies wird daran festgemacht, wo der Scheidungsantrag zuerst zugestellt wurde.

Eine weitere wichtige Voraussetzung ist, dass der/die Beklagte bzw. Antragsgegner/-in ordnungsgemäß von dem Verfahren in Kenntnis gesetzt wurde und dass die Anerkennung des Urteils zu einem Ergebnis führt, das mit den wesentlichen Grundsätzen des deutschen Rechts, insbesondere dem Grundgesetz, vereinbar ist.

Anerkannt wird nur der Ausspruch der Scheidung, nicht die Scheidungsfolgen, wie z. B. die Regelung der elterlichen Sorge, der Ehegatten- und der Kindesunterhalt, der Versorgungsausgleich oder der Zugewinn. Diese Folgesachen können auch nach einer Scheidung im Ausland im Bundesgebiet geltend gemacht und in einem gesonderten Verfahren verhandelt werden.

Anerkennung deutscher Scheidungsurteile im Ausland

Umgekehrt erhebt sich natürlich auch die Frage, ob im Herkunftsland des ausländischen Ehegatten das Scheidungsurteil eines deutschen Gerichtes anerkannt wird. Da solch ein Verfahren in den einzelnen Ländern unterschiedlich gehandhabt wird, sollten konkrete Informationen eingeholt werden. In einigen Ländern genügt die Registrierung, in anderen ist ein förmliches Verfahren durchzuführen. Schwierigkeiten mit der Anerkennung kann es bei der einverständlichen Scheidung nach deutschem Recht geben, wenn die andere Rechtsordnung nur eine Scheidung aus Verschulden kennt. Für die Anerkennung eines deutschen Scheidungsurteils im Ausland wäre dann von Bedeutung, dass der Tatbestand und

Kapitel 5

die Gründe für die Scheidung im Scheidungsurteil aufgeführt werden. Deutsche Familiengerichte verzichten insbesondere bei einvernehmlichen Scheidungen oft auf diese Angaben. Die Überprüfung eines solchen Urteils ist der ausländischen Behörde dann nicht möglich, so dass eine Anerkennung im Ausland schon daran scheitern kann.

Weiterhin sollte darauf geachtet werden, dass ein Sachverhalt im Scheidungsantrag vorgetragen wird, der auch nach dem Recht des ausländischen Ehegatten eine Scheidung begründen würde. In vielen Ländern sind Gründe für eine Scheidung vorzubringen, z. B. Ehebruch, böswilliges Verlassen usw.; die bloße Zerrüttung der Ehe, die nach deutschem Recht genügt, ist oft nicht ausreichend, um eine Anerkennung im Ausland zu erreichen.

Besonderheiten in den Mitgliedstaaten der Europäischen Union

Die Zusammenarbeit und das Zusammenwachsen der Mitgliedstaaten in der Europäischen Union sind fortgeschritten und umfassen schon lange nicht mehr nur den Wirtschaftsbereich. Insbesondere in den letzten Jahren wurden zunehmend familienrechtliche Aspekte auf europäischer Ebene geregelt.

Seit dem 1. März 2001 ist die Verordnung (EG) Nr. 1347/2000 in Kraft, die in Fachkreisen auch als Brüssel II-Verordnung bekannt ist. Sie bezieht sich auf die gegenseitige Anerkennung und Vollstreckung von Entscheidungen in Ehesachen. Damit werden gerichtliche Urteile und Beschlüsse wie z. B. ein Scheidungsurteil gegenseitig anerkannt, ohne dass es eines besonderen Anerkennungsverfahrens bedarf. Ein französisches Scheidungsurteil beispielsweise hat uneingeschränkte Geltung, wenn es in einem verfassungsrechtlichen Verfahren zustande gekommen und in Kraft getreten ist. Selbst ein im Rahmen einer Scheidung ergangener Beschluss über die elterliche Sorge für gemeinsame und gemeinsam adoptierte Kinder ist automatisch auch in den anderen EU-Staaten anerkannt und vollstreckbar, ohne ein gesondertes Verfahren anzustrengen. Diese Verordnung umfasst nur Sorgerechtsbeschlüsse, die im Rahmen der Scheidung erfolgt sind. Jene, die in einem isolierten Verfahren – z. B. nach einer erfolgten Scheidung – ergehen, fallen nicht unter diese Bestimmung. Zum 1. März 2005 jedoch tritt Brüssel II a in Kraft und sieht die gegenseitige Anerkennung und Vollstreckung auch von Sorgerechts- und Umgangsentscheidungen vor, die nicht im Verbund eines Scheidungsverfahrens geurteilt wurden. Damit wird eine weitere familienrechtliche Vereinheitlichung in der Europäischen Union vorgenommen.

Mediation

Eine andere Möglichkeit für Paare, ihre Konflikte zu regeln, ist die Mediation. Ein neutraler Dritter – ein/e Vermittler/-in oder Mediator/-in – unterstützt das Ehepaar in dem Bemühen, konstruktiv miteinander im Gespräch zu bleiben und auf dieser Grundlage bestehende Konflikte miteinander zu besprechen. Mit dieser Methode wurden besonders in den USA gute Erfolge erzielt.

Auch Scheidungswillige können mit dieser Methode in eigener Regie ihre Konflikte außergerichtlich regeln und die notwendigen Vereinbarungen bezüglich der Vermögensaufteilung, der Unterhaltszahlungen und des Kindesumgangs miteinander und selbstverantwortlich verhandeln. Die dabei entstandenen Absprachen können anschließend durch einen Anwalt als einvernehmliche Scheidung bei Gericht beantragt werden.

Bikulturellen Paaren bietet die Mediation die Chance, den Besonderheiten ihrer familiären Beziehungen Rechnung zu tragen und eigene maßgeschneiderte Regelungen zu finden, z. B. beim grenzüberschreitenden Kindesumgang, beim Erhalt der bikulturellen Identität der Kinder oder auch bei der finanziellen Absicherung anderer Familienmitglieder.

Die Voraussetzung für einen erfolgreichen Verlauf der Mediation ist die Bereitschaft beider Ehegatten, sich in einem angeleiteten Gespräch zu öffnen, miteinander über die Konflikte zu reden mit dem Ziel, gemeinsam nach Lösungen zu suchen. Schwierig kann sich dieser Prozess gestalten, wenn ein ausgeprägtes Machtgefälle besteht, z. B. in finanzieller Hinsicht, das einen der Ehegatten in Abhängigkeit belässt und dadurch ein gleichberechtigtes Aushandeln von Vereinbarungen erschwert bzw. unmöglich macht.

Die Kosten für das Mediationsverfahren müssen privat getragen werden. Hierfür können keine staatlichen Zuschüsse beantragt werden.

Kapitel 5

Aber nicht erst im Falle von Trennung und Scheidung kann Mediation binationalen Familien dabei helfen, ihre eigene Familienkultur mit selbstgewählten Regeln und Arrangements zu erschaffen.

Mediation ist ein Weg:
- selbstbestimmt die notwendigen Regelungen zu treffen;
- einen destruktiven Streit vor Gericht zu vermeiden;
- eine faire Lösung für beide Seiten anzustreben;
- trotz Trennung verantwortliche Eltern zu bleiben.

Kinder

Kinder können leicht einer der Hauptkonfliktpunkte bei einer Trennung oder Scheidung werden. Während Paare ohne gemeinsame Kinder sich trennen und scheiden lassen können, ohne möglicherweise je wieder ein Wort miteinander zu wechseln, müssen Paare mit Kindern nach der Trennung eine neue Ebene finden, um im Interesse der Kinder miteinander zu kooperieren und einvernehmliche Regelungen zu finden. In der akuten Trennungssituation ist das nicht gerade leicht. Viele Paare trennen sich ja gerade deswegen, weil sie für viele Konfliktpunkte keine einvernehmlichen Lösungen mehr finden, weil es Vertrauensbrüche gibt und eine Verständigung kaum oder gar nicht mehr möglich ist.

Eltern haben in allen Fragen der Partnerschaft, Trennung und Scheidung sowie bei Fragen zur elterlichen Sorge und zum Umgang einen gesetzlich verankerten Rechtsanspruch auf Beratung und Unterstützung. Sie können sich mit ihren Fragen und Problemen an das zuständige Jugendamt oder an örtliche Beratungsstellen wenden. Auch Kinder haben ein Recht auf Beratung und Hilfe.

Die elterliche Sorge

Die elterliche Sorge umfasst die Personensorge für das minderjährige Kind und die Vermögenssorge. Dazu gehört auch die Durchsetzung von Unterhaltsansprüchen des Kindes (§ 1626 BGB). Die Personensorge umfasst die Pflicht und das Recht der Eltern, ihr Kind zu versorgen, zu beaufsichtigen und zu erziehen, seinen Aufenthalt zu bestimmen sowie den Kontakt des Kindes mit dritten Personen zu regeln. Die elterliche Sorge bedeutet auch die gesetzliche Vertretung des Kindes.

Seit der Kindschaftsrechtsreform 1998 bleiben auch nach einer Trennung oder Scheidung zunächst beide Eltern weiterhin gemeinsam sorgeberechtigt. Nur wenn ein Elternteil ausdrücklich einen Antrag auf Regelung der elterlichen Sorge stellt, wird vor Gericht darüber verhandelt.

Die alleinige elterliche Sorge kann von einem Elternteil im Verbund mit der Scheidung oder in einem getrennten Verfahren, z. B. auch noch nach bereits erfolgter Scheidung, beantragt werden. Dem Antrag auf die alleinige elterliche Sorge ist vom Familiengericht allerdings nur dann stattzugeben, wenn entweder der andere Elternteil zustimmt oder wenn »zu erwarten ist, dass die Aufhebung der gemeinsamen Sorge und Übertragung auf den Antragsteller dem Wohl des Kindes am besten entspricht« (§ 1671 Abs. 2 BGB).

Für Eltern, die nicht miteinander verheiratet sind, jedoch die gemeinsame elterliche Sorge für ihr Kind erklärt haben, gelten in Sorgerechts- und auch in Umgangsfragen die gleichen Regelungen wie für miteinander verheiratete Eltern.

Wurde einem Elternteil während der Trennungszeit die alleinige elterliche Sorge übertragen, so gilt diese Entscheidung auch über die Scheidung hinaus, es sei denn, das Gericht hat ausdrücklich die Entscheidung nur für die Zeit des Getrenntlebens getroffen. In diesem Fall muss bei der Scheidung wieder über das Sorgerecht gesprochen und entschieden werden.

Einem Antrag auf Alleinsorge ist stattzugeben, wenn entweder der andere Elternteil zustimmt und das Kind ab dem 14. Lebensjahr nicht widerspricht oder wenn dies dem Kindeswohl am besten entspricht. Im Streitfall entscheidet das Familiengericht, ob einem Antrag auf Alleinsorge stattgegeben wird oder nicht. Der Elternteil, der einen solchen Antrag stellt, muss daher Gründe vortragen, warum die alleinige Sorge dem Wohl des Kindes besser dient als die Beibehaltung des gemeinsamen Sorgerechts. Solche Gründe können beispielsweise sein, wenn der andere Elternteil nicht willig oder fähig ist zu kooperieren, wenn es zu Gewaltanwendungen zwischen den Eltern oder gegen das Kind kommt, wenn eine Kindesentführung angedroht wird bzw. begründet befürchtet werden muss.

Die Gründe und Argumente müssen durch die Schilderung von Vorfällen und Ereignissen sehr konkret belegt und bewiesen werden.

Wird von keinem Elternteil ein Antrag auf Alleinsorge gestellt, so ist in dieser Frage keine Entscheidung vom Familiengericht zu treffen, allerdings muss im Scheidungsantrag das Gericht darüber informiert werden, wenn Kinder von der Scheidung betroffen sind. Das Gericht muss die Eltern zur elterlichen Sorge anhören und auf Beratungsmöglichkeiten hinweisen. Außerdem informiert das Gericht das Jugendamt, das wiederum seinerseits den Eltern ein Beratungsangebot unterbreitet. Die Annahme des Beratungsangebotes liegt in der Entscheidung der Eltern.

Wenn allerdings ein Sorgerechtsverfahren läuft, schaltet das Familiengericht das Jugendamt ein mit der Bitte um eine Stellungnahme. In Gesprächen mit den Eltern klärt das Jugendamt, welche Regelungen im Interesse der Kinder sind, und informiert das Familiengericht über das Ergebnis.

Sowohl das Familiengericht als auch die Jugendämter sind verpflichtet, Kinder altersgemäß in die Entscheidungsprozesse mit einzubeziehen. Bis zum Alter von 14 Jahren sollen sie angehört werden, ab diesem Alter müssen sie angehört werden.

Die gemeinsame elterliche Sorge

Üben Eltern nach einer Trennung oder Scheidung weiterhin die gemeinsame elterliche Sorge aus, so müssen sie sich in allen Fragen, die für die Entwicklung und den weiteren Lebensweg des Kindes von grundsätzlicher Bedeutung sind, abstimmen. Dies sind zum Beispiel die Schulwahl, religiöse Orientierung, grundsätzliche Fragen der Gesundheitsversorgung, größere Operationen, Vermögensfragen. Der Elternteil, bei dem das Kind lebt, hat allerdings die Alleinentscheidungsbefugnis in allen Angelegenheiten des alltäglichen Lebens, wie der alltäglichen Betreuung und Versorgung. Der Elternteil, den das Kind regelmäßig besucht, bei dem es die Ferien verbringt, kann in dieser Zeit ebenfalls über Alltagsfragen, wie

KINDER

Schlafenszeiten oder mit wem das Kind zusammentrifft, allein entscheiden.

Können sich gemeinsam sorgeberechtigte Eltern über einzelne Fragen nicht einigen, besteht die Möglichkeit das Gericht anzurufen. Wenn auch hier die Vermittlungsbemühungen scheitern, kann das Familiengericht einem Elternteil bezüglich eines Konfliktthemas die Alleinentscheidungsbefugnis übertragen. Im Ergebnis kann das z. B. heißen, ein Elternteil darf alleine in Gesundheitsfragen entscheiden, ansonsten üben die Eltern weiterhin gemeinsam die elterliche Sorge aus.

Besonderheiten bei binationalen Familien

Ein häufiges Konfliktthema bei binationalen Familien ist z. B. der Wunsch eines Elternteils, das gemeinsame Kind zu einer Besuchsreise mit ins Heimatland zu nehmen. Wenn die Trennung sehr strittig war bestehen auf Seiten des deutschen Elternteils oft viele Vorbehalte, z. B. dass das Kind nicht ausreichend versorgt und betreut wird, dass Klima oder hygienische Bedingungen dem Kind schaden könnten. Aber auch die Angst, dass das Kind vielleicht nicht mehr nach Deutschland zurückgebracht werden könnte, führen in aller Regel dazu, dass ein solcher Heimaturlaub kategorisch abgelehnt wird.

Tatsächlich darf ein Elternteil das Kind nur dann auf eine ausgedehnte Reise mitnehmen, wenn der andere Elternteil zustimmt oder wenn – im Streitfall – im familiengerichtlichen Verfahren dem betreffenden Elternteil dies eingeräumt wurde.

Bei einem Umzug ins Ausland gilt in gleicher Weise, dass dies nur dann möglich ist, wenn der andere Elternteil zustimmt bzw. wenn der Elternteil, der das Kind mitnimmt, alleine sorgeberechtigt ist. Nimmt ein Elternteil bei bestehender gemeinsamer elterlicher Sorge ein Kind gegen den Willen des anderen Elternteils mit ins Ausland, ist dies eine Kindesentführung, die strafrechtliche und zivilrechtliche Konsequenzen nach sich ziehen kann (siehe Abschnitt »Kindesentführung«).

Kapitel 5

Das Umgangsrecht

Kinder haben das Recht auf Umgang mit dem von ihm getrennt lebenden Elternteil. Dies ist ein elementares Recht eines jeden Kindes und im Regelfall auch ein grundlegendes emotionales Bedürfnis sowie eine wichtige Voraussetzung für eine gesunde Entwicklung.

Umgangskontakte sollen in erster Linie den Fortbestand der Beziehung zwischen dem Kind und dem getrennt lebenden Elternteil sichern. Sie vermitteln dem Kind ein Stück Kontinuität und Stabilität, sie helfen ihm die Trennung zu verarbeiten und ein stimmiges Bild seiner veränderten Familie zu entwickeln – mit Eltern, die zwar getrennt voneinander leben, die jedoch weiterhin seine Familie sind. Umgangskontakte geben Kindern die Möglichkeit ein eigenes Bild vom getrennten Elternteil zu entwickeln, verhindern Idealisierungen oder Horrorbilder. Sie geben dem Kind die Gelegenheit, sich auch in der Auseinandersetzung mit diesem Elternteil zu reiben und zu entwickeln.

Der Umgang ist der Bereich, in dem die getrennten Partner und die gemeinsamen Kinder langfristig Berührungspunkte haben, in dem sie sich auseinandersetzen und Regelungen finden müssen und in dem es daher immer wieder zu Konflikten kommen kann.

Die Reform des Kindschaftsrechts von 1998 stellte die Bedeutung und Verantwortung beider Eltern für die Kinder heraus. In der gesetzlichen Formulierung heißt es:»Das Kind hat das Recht auf Umgang mit jedem Elternteil; jeder Elternteil ist zum Umgang mit dem Kind verpflichtet und berechtigt« (§ 1684 BGB Abs. 1). Eltern wird somit nicht nur ein Recht auf Umgang eingeräumt, sondern ausdrücklich die Verpflichtung dazu. Zugleich wurde das Umgangsrecht als ein eigenes Recht auf Seiten des Kindes anerkannt.

Können sich Eltern über die Regelung des Umgangs nicht einigen, haben sie die Möglichkeit, das Familiengericht anzurufen. Wie in Sorgerechtsverfahren schaltet das Familiengericht das Jugendamt ein, welches die Eltern einerseits berät, andererseits eine Stellungnahme für das Familiengericht anfertigt. Sind die Eltern sehr zerstritten und hat das Gericht den Eindruck, dass die Eltern die Interessen ihres Kindes nicht gut vertreten können, weil z. B. die Interessen eines Elternteils mit den Interessen des Kindes kollidieren, kann das Gericht dem Kind einen eigenen Verfahrenspfleger zuordnen (Anwalt des Kindes).

KINDER

Ein Umgangsrecht können auch andere Personen beanspruchen, zu denen das Kind eine Beziehung hat, wie Großeltern, Geschwister oder z. B. auch ein eingetragener Lebenspartner oder der/die Partner/-in eines Elternteils, mit dem das Kind früher in häuslicher Gemeinschaft gelebt hat. In strittigen Fällen kann dieser Personenkreis ein Umgangsrecht vor dem Familiengericht jedoch nur dann durchsetzen, wenn der Umgang dem Wohl des Kindes dient.

Da nicht mehr zwischen ehelichen und nichtehelichen Kindern unterschieden wird, haben Väter nichtehelicher Kinder die gleichen Rechte und Pflichten in Bezug auf den Umgang wie die Väter von ehelichen Kindern.

Für ausländische Elternteile kann sich die Bedeutung des Umgangs auch ausländerrechtlich positiv auswirken. Zwar besteht der Rechtsanspruch auf Aufenthalt nur für jene, die im Besitz der Personensorge für ein deutsches Kind sind, aber auch für Umgangskontakte mit einem deutschen Kind kann die Ausländerbehörde eine Aufenthaltserlaubnis erteilen.

Kindesentführung durch einen Elternteil

Kindesentführung, Kindesmitnahme, Kindesentzug – die unterschiedlichen Begriffe sind der Versuch, sprachlich zu unterscheiden zwischen einer Entführung durch einen fremden Täter – einem hochkriminellen Akt – und der Tat eines Elternteils, der im Zusammenhang mit familiären Krisen und Konflikten das gemeinsame Kind ins Ausland bringt. Eine Kindesmitnahme oder ein Kindesentzug durch einen Elternteil ist und bleibt zugleich eine Kindesentführung, die auch strafrechtliche Konsequenzen nach sich ziehen kann. Da sich die folgenden Ausführungen nur mit Kindesentführungen innerhalb der Familie befassen, werden die Begriffe Kindesentführung, Kindesmitnahme und Kindesentzug weitgehend synonym benutzt.

Wann liegt eine Kindesentführung vor?

Eine Kindesmitnahme ist eine Sorgerechtsverletzung. Sie liegt vor, wenn ein Elternteil, der nicht im Besitz der alleinigen elterlichen Sorge oder des Aufenthaltsbestimmungsrechtes ist, das gemeinsame Kind gegen den Willen des anderen Elternteils ins Ausland bringt. Gemeinsam sorgebe-

Kapitel 5

rechtigte Elternteile müssen gemeinsam über den Aufenthaltsort des Kindes entscheiden, d. h. dass auch ein Elternteil, der zwar im Besitz der elterlichen Sorge ist – aber eben gemeinsam mit dem anderen Elternteil – nicht das Recht hat mit dem Kind seinen Aufenthaltsort ins Ausland zu verlegen, selbst wenn das Kind normalerweise bei ihm/ihr lebt. Es handelt sich im Übrigen auch um eine Kindesentführung, wenn ein Kind nach einem vereinbarten Besuch im Ausland nicht zurückgeschickt wird.

Wann kann es dazu kommen?

Ängste vor einer Kindesentführung oder die Androhung derselben sind in vielen binationalen Familien in Krisen und schwerwiegenden Konfliktsituationen anzutreffen. Die Spannbreite erstreckt sich von ganz unterschwelligen, vagen Befürchtungen bzw. entsprechenden Andeutungen bis hin zu panischer Angst bzw. deutlichen Drohungen.

Erfahrungen zeigen, dass Ängste vor einer Kindesentführung oder deren Androhung vor allem in Zusammenhang mit Trennungen und Scheidungen auftreten, zumeist im Vorfeld oder in einer akuten Trennungssituation, aber auch noch nach bereits lange zurückliegender Trennung. Hintergrund sind in der Regel eskalierte Konflikte und der Versuch, über das Kind Druck auf den/die Partner/-in auszuüben, um bestimmte Ziele zu erreichen, z. B. die Trennung zu verhindern bzw. rückgängig zu machen. Auf Seiten eines ausländischen Elternteils kann aber auch das Gefühl, ausgegrenzt zu werden und in Deutschland nicht zu seinem Recht zu kommen, Anlass sein, an eine Kindesmitnahme zu denken.

Es können aber auch andere Motive eine Rolle spielen, wie z. B. das Ziel Unterhaltszahlungen für ein Kind und den früheren Partner zu verhindern oder etwa die Übersiedlung der gesamten Familie ins Heimatland des Partners/der Partnerin zu erzwingen.

Die Angst vor einer Kindesmitnahme hat ihre Wurzeln in den tatsächlichen Konflikten in der Familie. Sie wird zudem gefördert durch Vorurteile und stereotype Bilder, die in unserer Gesellschaft sehr verbreitet und in unseren Köpfen fest verankert sind. »Moslems entführen ihre Kinder«, ist eines dieser Bilder, die nicht zuletzt durch die medienwirksame Aufbereitung tragischer Einzelfälle ausgeformt und zementiert werden. Auch die besorgte Frage der Freundin: Hast du denn gar keine Angst, dass er deine Kinder entführen könnte?, kann Ängste schüren, unabhängig vom tat-

KINDER

sächlichen Verhalten des anderen Elternteils.

Eine Rolle spielt vielfach auch, dass ausländische Elternteile befürchten – und dies leider nicht zu Unrecht –, dass sie in Deutschland ihre Anliegen und Interessen nicht so wirksam vertreten können wie deutsche Elternteile. Erfahrungen aus vielen Beratungsfällen bestätigen, dass sich Sprachprobleme, interkulturell unterschiedliche Sichtweisen und Problemlösungsmuster sowie Schwierigkeiten im Umgang mit dem hiesigen Rechtssystem und den Beratungsmöglichkeiten nachteilig für ausländische Elternteile auswirken. Auch deutsche Elternteile, die aus dem Ausland ein Kind mitnehmen, haben in der Regel im Vorfeld befürchtet, im jeweiligen Land als Ausländer/-in schlechtere Chancen zu haben und der Übermacht oder den besseren Beziehungen des inländischen Elternteils nicht gewachsen zu sein.

Kindesentführungen passieren in Krisen, sie sind jedoch selten reine Affekthandlungen, sondern meist mehr oder weniger gut geplante Taten. Elternteile, die ihre Kinder mitnehmen, befinden sich oft in einer psychischen Ausnahmesituation. Sie haben keine Strategie mit der Trennung umzugehen oder sehen keine Zukunftsperspektive. Manchmal geht es um den Besitz der Kinder als gerechten Ausgleich für den Verlust der Familie oder als Strafe für den- bzw. diejenige, der/die die Trennung und damit die Auflösung der Familie wollte.

Im Vorfeld abzuschätzen, ob Ängste vor einer Kindesmitnahme gerechtfertig sind und ob tatsächlich eine Gefahr besteht, ist im Einzelfall nur sehr schwer möglich. Es gibt Fälle, in denen ein ausländischer Elternteil schon viele Jahre in Deutschland lebt, arbeitet und beteuert, keinesfalls das Kind mitnehmen zu wollen – dies dann aber schließlich doch tut. In anderen Fällen mag ein Elternteil damit drohen, die Tat aber nie wirklich in die Realität umsetzen, sondern in erster Linie Zugeständnisse vom anderen Partner erpressen wollen.

Bei Ängsten oder der Drohung mit Kindesmitnahme ist eine möglichst differenzierte Betrachtung notwendig. Zum Schutz des Kindes kann tatsächlich zunächst eine Einschränkung des Umgangs nötig sein, allerdings kann dies genau dazu führen, was verhindert werden soll. Dem ausländischen Elternteil wird durch die Einschränkung des Kontakts zum Kind seine Ohnmacht vor Augen geführt und das Gefühl vermittelt, für das Kind bedeutungslos zu sein. Hierdurch können die Konflikte eskalieren.

Langfristig kann ein Schutz vor einer Kindesmitnahme jedoch nur darin liegen, dass beide Elternteile die Trennung überwinden, dass jeder für

KAPITEL 5

sich eine stabile Zukunftsperspektive entwickelt – und die Bereitschaft zu einem Minimum an gegenseitiger Akzeptanz und Kooperation zum Wohle des gemeinsamen Kindes.

Vorbeugende Maßnahmen

Bei begründeter Angst vor einer Kindesmitnahme können einige Vorsichtsmaßnahmen und rechtliche Mittel ergriffen werden, um die Mitnahme des Kindes möglichst zu verhindern. Einen sicheren Schutz bieten diese Maßnahmen jedoch nicht:
- Pässe und Geburtsurkunden der Kinder an einem sicheren Ort deponieren.
- Die alleinige elterliche Sorge beim zuständigen Familiengericht beantragen, zumindest aber das Aufenthaltsbestimmungsrecht im Wege einer einstweiligen Anordnung.
- Registrierung der Kinder bei den Grenzbehörden beantragen, um die Ausreise zu verhindern. Voraussetzung ist ein familiengerichtlicher Beschluss, in dem einem Elternteil die elterliche Sorge bzw. zumindest das Aufenthaltsbestimmungsrecht zuerkannt wurde. Außerdem muss dieser Beschluss ausdrücklich die Bitte zur Registrierung der Kinder bei den Grenzbehörden enthalten. Um einen solchen Beschluss zu erwirken, muss die Bedrohung glaubhaft gemacht werden können. Der Beschluss des Familiengerichtes muss an die Generaldirektion des Bundesgrenzschutzes in Koblenz weitergegeben werden. Nur wenn Gefahr im Verzug, das Kind also gerade verschwunden ist, kann mit Hilfe der Polizei, des Jugendamtes, einer Beratungsstelle oder auch durch den Sorgeberechtigten selbst die Aufnahme der Daten bei den Grenzschutzbehörden veranlasst werden. Am sinnvollsten ist es in solchen Fällen, sich sofort an die Polizei zu wenden. Manchmal ist es notwendig, die Polizei ausdrücklich darauf hinzuweisen und darauf zu drängen, den Bundesgrenzschutz sofort zu unterrichten.
- Kindergarten und Schulen informieren, dass die Kinder nicht vom anderen Elternteil abgeholt werden dürfen. Voraussetzung dafür ist, dass dem betreuenden Elternteil zumindest das Aufenthaltsbestimmungsrecht übertragen wurde.

KINDER

Das Haager Übereinkommen über die zivilrechtlichen Aspekte internationaler Kindesentführungen (HKÜ)

Seit Anfang 1990 ist Deutschland Vertragsstaat zweier internationaler Abkommen, die Regelungen und Verfahrenswege vorsehen, um widerrechtlich ins Ausland mitgenommene Kinder oder dort zurückbehaltene Kinder an den Ort ihres gewöhnlichen Aufenthaltes zurückzubringen.

Das wichtigste Übereinkommen ist das Haager Übereinkommen über die zivilrechtlichen Aspekte internationaler Kindesentführungen (HKÜ), das von der Haager Konferenz entwickelt und bereits am 25. 10. 1980 verabschiedet, in Deutschland aber erst am 1. 12. 1990 in Kraft gesetzt wurde. Das zweite Übereinkommen ist das Europäische Sorgerechtsübereinkommen (ESÜ), auf das allerdings bei der Rückführung von Kindern weit weniger zurückgegriffen wird, weil es in der Anwendung kompliziert ist. Das ESÜ wurde am 20. 5. 1980 verabschiedet und ist in Deutschland seit dem 1. 2.1991 in Kraft.

Der Grundgedanke beider Übereinkommen ist, dass Entscheidungen, die das Wohl der Kinder betreffen, insbesondere Entscheidungen über das Sorgerecht oder Fragen einer Umgangsregelung, bei einer Trennung der Eltern in dem Land gefällt werden müssen, in dem das Kind seinen gewöhnlichen Aufenthalt hat. Beide Übereinkommen haben zum Ziel, die Rückführung widerrechtlich ins Ausland verbrachter bzw. dort zurückgehaltener Kinder zu erwirken. Die in einem Vertragsstaat geltende Sorgerechtsregelung ist in den anderen Staaten zu beachten. Eltern, die sich über Sorge- oder Umgangsregelungen streiten, müssen dies in dem Land tun, in dem das Kind normalerweise lebt.

In allen Ländern, die das HKÜ bzw. das ESÜ unterzeichnet haben, wurden eigene Behörden benannt, an die sich betroffene Elternteile wenden können, um einen Antrag auf Rückführung des Kindes zu stellen. In Deutschland ist diese Behörde beim Generalbundesanwalt in Bonn angesiedelt. Die genaue Bezeichnung lautet: Zentrale Behörde nach dem Sorgerechtübereinkommens-Ausführungsgesetz.

Anschrift:
Zentrale Behörde
Adenauerallee 99-103
53113 Bonn
fon 0228-410-40 / fax 0228-410-50 50
fon 01888-410-40 / fax 01888-410 50 50

KAPITEL 5

Das HKÜ ist zurzeit in Deutschland und in mehr als 60 weiteren Staaten in Kraft. Hierzu gehören die europäischen Staaten, die Türkei sowie die USA, Australien, Neuseeland und einige südamerikanische Länder. Kein Staat des islamischen Rechtskreises gehört zu den Unterzeichnern.

Die aktuelle Länderliste sowie weitere Informationen können auf der Homepage des Bundeszentralregisters eingesehen werden:
www.bundeszentralregister.de

Weitere detaillierte Informationen zu dem Übereinkommen und einzelnen Ländern finden sich auf der Internetseite der Haager Konferenz:
www.hcch.net/e/status/stat26e.html.

6. Kapitel
Aufenthalt in Deutschland

Im heutigen Bundesgebiet leben mehr als sieben Millionen Menschen, die nicht die deutsche Staatsbürgerschaft haben. Diese Personengruppe der Ausländer/-innen ist in keiner Weise eine homogene Gruppe, auch wenn der Begriff dies suggeriert. Sie unterscheidet sich hinsichtlich des Geschlechts, der ethnischen und/oder nationalen Herkunft und in Bezug auf die soziale Zugehörigkeit.

Unterschiede spiegeln sich auch in den rechtlichen Grundlagen und Beurteilungen wider. Dies bedeutet, dass die in der Bundesrepublik lebenden Ausländer und Ausländerinnen keinen einheitlichen, für alle gleichermaßen geltenden Rechtsstatus besitzen. Es ist deshalb bei der rechtlichen Beurteilung ihres Aufenthaltstatus zuerst zu unterscheiden, ob es sich um Angehörige von Mitgliedstaaten der Europäischen Union (EU) handelt oder um Angehörige von Staaten außerhalb der Europäischen Union, den Drittstaatern.

Bürgerinnen und Bürger der Europäischen Union

Unionsbürger/-innen genießen innerhalb der Europäischen Union Freizügigkeit. Sie dürfen frei und ungehindert in jedes Mitgliedsland ein- und ausreisen, sich niederlassen und arbeiten. Dies gilt zunächst für Arbeitnehmer/-innen und Selbstständige sowie für ihre jeweiligen Familienangehörigen. Aber auch Student/-innen, Rentner und Rentnerinnen sowie andere Nichterwerbstätige haben mit ihren Familienangehörigen diese Rechte. Voraussetzung ist lediglich, dass sie über ausreichende Mittel

Kapitel 6

zum Lebensunterhalt verfügen und eine Krankenversicherung nachweisen.

Mit dem Zusammenwachsen der europäischen Staaten zu einer Union erhalten die Bürger/-innen dieser Staaten nicht nur die Freizügigkeitsrechte, sondern sie werden zunehmend den eigenen Bürgern in dem jeweiligen Mitgliedstaat rechtlich gleichgestellt, so dass zwischen Deutschen in Deutschland und Unionsbürgern in Deutschland rechtlich gesehen eine große Annäherung geschieht. Viele rechtliche Bestimmungen in den Mitgliedstaaten werden mittlerweile auf europäischer Ebene geregelt und bedürfen nur noch der Umsetzung in nationales Recht.

In diesem Kapitel sind daher die Regelungen für den Aufenthalt der Unionsbürger/-innen in Deutschland gesondert aufgeführt. Sie richten sich nach dem zurzeit gültigen Aufenthaltsgesetz/EWG (zukünftig: Freizügigkeitsgesetz/EU).

Drittstaaterinnen und Drittstaater

Die Rechtsgrundlage der in Deutschland lebenden Ausländer/-innen, die aus Ländern außerhalb der Europäischen Union kommen, richtet sich nach dem jetzigen Ausländergesetz (zukünftig: Aufenthaltsgesetz). Aber auch diese Personengruppe ist keine einheitliche. Es ist zu unterscheiden, ob es sich um Studenten, Arbeitnehmer und/oder deren Familienangehörige handelt oder um Künstler, Experten, Touristen mit oder ohne Visumspflicht, Stationierungskräften, ausländische Ehegatten Deutscher etc.

Das Ausländergesetz ist ein Bundesgesetz und somit in allen Bundesländern gültig. Um diesen Gesetzestext umsetzen zu können, erhalten die Behörden vom Gesetzgeber Durchführungsbestimmungen und Verwaltungsvorschriften. Weiterhin bestehen Ermessensspielräume, die z.B. die Bundesländer durch Erlasse regeln können oder auch in Teilbereichen den jeweiligen Ausländerbehörden eingeräumt wird. Daher kommt es vor, dass bei gleichem Sachverhalt unterschiedlich entschieden wird.

Aufenthalt und Lebensplanung der Drittstaater/-innen werden von diesem Sondergesetz gestaltet. Hiervon sind auch die ausländischen Partner Deutscher, soweit sie Drittstaater/-innen sind, und die gemeinsamen Kinder betroffen. Das Ausländergesetz beeinflusst den Zeitpunkt der Eheschließung oder der Trennung.

Aufenthalt in Deutschland

Ein einheitliches Ausländergesetz gab es in Deutschland erstmalig 1938 mit der Reichs-Ausländerpolizeiverordnung (APVO) vom 22. 8. 1938. Sie regelte den Zugang und vor allem den Ausschluss von Menschen anderer Nationalität im Sinne der nationalsozialistischen Rassenideologie. Mit dem Aufbau einer rechtsstaatlichen Ordnung nach dem Zweiten Weltkrieg musste zwangsläufig auch die APVO Veränderungen erfahren, ideologische Begrifflichkeiten wurden herausgenommen. Erst 1965 wurde ein neues Ausländergesetz verabschiedet, das nach wie vor den dauerhaften Zuzug von Ausländern verhindern sollte und vorwiegend einen polizei- und ordnungsrechtlichen Charakter hatte.

Das Ausländergesetz wurde 1990 grundlegend reformiert und ist seit dem 1. 1. 1991 in Kraft. Es behielt trotz zahlreicher Proteste und massiver Kritik unterschiedlicher gesellschaftlicher Gruppen den polizei- und ordnungsrechtlichen Charakter seines Vorgängers. Auch zahlreiche Novellierungen konnten hieran nichts ändern. Die stattgefundene Einwanderung nach Deutschland fand somit keine rechtliche Entsprechung.

Das Zuwanderungsgesetz

Eines der wichtigsten Gesetzesvorhaben der rot-grünen Regierungskoalition in Berlin ist das Zuwanderungsgesetz. Es versprach der Tatsache Rechnung zu tragen, dass Zuwanderung nach Deutschland über Jahrzehnte erfolgte und zukünftig nach wirtschaftlichen und humanitären Gesichtspunkten zu steuern ist. Es sollte deshalb neu gestaltet und vereinfacht werden sowie mehrere bisher gesonderte Gesetzesbereiche, z. B. die Regelung für EU-Bürger, in einem einheitlichen Gesetz zusammenfügen. Die Bundesregierung verkündete dieses Werk im Juni 2002 als »Gesetz zur Steuerung und Begrenzung der Zuwanderung und zur Regelung des Aufenthalts und der Integration von Unionsbürgern und Ausländern (Zuwanderungsgesetz)«. Dieser Gesetzentwurf wurde von massiven politischen und emotionalen Diskussionen und Kritiken auf seinem Weg begleitet. Das Gesetz wurde im Bundesrat verabschiedet, allerdings erklärte das Bundesverfassungsgericht am 18.12. 2002 das Gesetz für nichtig wegen eines Verfassungsverstoßes bei der Zustimmung im Bundesrat. Erneut wurde das Gesetz im Januar 2003 im Bundestag eingebracht, dort im Mai 2003 verabschiedet, jedoch im Juni 2003 im Bundesrat abgelehnt. Danach wurde der Vermittlungsausschuss angerufen,

Kapitel 6

der um eine Einigung bemüht war, jedoch keine erzielte. Das Gesetz schien den parteipolitischen Machtinteressen untergeordnet zu werden. Im Mai 2004 gab es einen erneuten Vorstoß der beiden großen Parteien, sich miteinander zu einigen. Der Vermittlungsausschuss entwickelte einen neuen Vorschlag und verkündete ihn am 17. Juni 2004.

Der Bundesrat hat dem Gesetz am 9. 7. 2004 zugestimmt. Das Gesetz wird nunmehr am 1. 1. 2005 zwar in Kraft treten, es fehlen aber die für die Anwendung und Umsetzung eines Gesetzes wichtigsten Grundlagen: die Verwaltungsvorschriften oder zumindest die Durchführungsbestimmungen. Der Gesetzestext allein bietet viele Interpretationsmöglichkeiten, jedoch keinerlei Informationen für das Verwaltungshandeln. Aber gerade die Verwaltungspraxis gestaltet die Lebenssituation der Paare und Familien und gibt wichtige Hinweise für ihre persönlichen Entscheidungen. Jedoch wird sich die Situation für binationale Paare und Familien zumindest nach dem Wortlaut des Zuwanderungsgesetzes nicht grundlegend ändern, so dass wir wohl auch zukünftig von der Fortschreibung der jetzigen Verwaltungspraxis ausgehen dürfen.

Uns war es daher nur möglich, für die aktuelle Auflage dieses Ratgebers auf die zurzeit gültige Rechtslage einzugehen. Diese ist bekannt und erlaubt uns, den Leser/-innen einen Einblick gerade in das Verwaltungshandeln zu geben. Wir beziehen uns in den rechtlichen Ausführungen folglich auf das im Januar 1991 in Kraft getretene Ausländergesetz sowie auf das Aufenthaltsgesetz/EWG. Gegebenenfalls verweisen wir im Text oder auch in einem gesonderten Teil auf Änderungen durch das Zuwanderungsgesetz.

Teil 1: Aufenthalt nach dem Ausländergesetz

Einreise nach Deutschland

Bis auf wenige Ausnahmen benötigen Drittstaater/-innen zur Einreise in das Bundesgebiet ein Visum, einen Sichtvermerk. Das Visum wird bei den deutschen Auslandsvertretungen (Botschaft, Konsulat) beantragt. Für die

Aufenthalt nach dem Ausländergesetz

Bearbeitung des Visums erfolgt eine Routineanfrage beim Ausländerzentralregister beim Bundesverwaltungsamt in Köln. Das Ausländerzentralregister hat Millionen Daten von Migranten/-innen gespeichert, zum Beispiel Ein- und Ausreisen, Vorstrafen, Asylanträge, Vorehen, Einreisesperren etc. und ist damit eine der größten Datensammlungen der Bundesrepublik. Liegen Einreisehindernisse vor, so lehnt die deutsche Auslandsvertretung den Visumsantrag ab und muss diese Ablehnung nicht begründen (§ 66 AuslG). Gegen die Ablehnung können der/die Antragsteller/-in vom Ausland aus klagen. Diese Klage ist beim Verwaltungsgericht in Berlin (Sitz der Bundesregierung) einzureichen. Allerdings vergeht sehr viel Zeit, oft zwei Jahre, ehe es zu einer Verhandlung kommt.

Ergibt die Anfrage an das Ausländerzentralregister keinen Hinweis auf Einreisehindernisse, kann ein Einreisevisum erteilt werden.

Einreise zu Besuchszwecken

Ist ein Besuch in Deutschland geplant, so ist ein Visum bei der deutschen Auslandsvertretung im Herkunftsland zu beantragen. Dort sollte nachgefragt werden, welche Unterlagen für die Bearbeitung eines Einreisevisums notwendig sind. Vorzulegen ist in jedem Fall eine Verpflichtungserklärung nach § 84 AuslG von dem Gastgeber/der Gastgeberin in Deutschland und der Abschluss einer Reisekrankenversicherung.

Die Gastgeber verpflichten sich mit dieser Erklärung für alle Kosten aufzukommen, die im Rahmen des Touristenaufenthalts entstehen. Hierzu zählen zum Beispiel Kosten für Unterbringung und Verpflegung, auch Kosten für ärztliche Behandlungen, die durch die Reisekrankenversicherung nicht abgedeckt sind. Die Verpflichtungserklärung wird gegenüber den Ausländerbehörden oder auch im Rathaus (z. B. Einwohnermeldestelle) unterzeichnet.

Dabei prüfen die Behörden die Bonität, die Zahlungsfähigkeit, des Gastgebers und der Gastgeberin. Hierfür sind Nachweise über die Höhe des monatlichen Einkommens, über die Größe und die Kosten der Wohnung vorzulegen. Weiterhin ist anzugeben, gegenüber wie viel Personen Unterhaltsverpflichtung besteht. Die monatlichen Aufwendungen werden dem Einkommen gegenübergestellt und anhand einer Tabelle berechnet, ob und wie viele Personen aus dem Ausland eingeladen werden dürfen. Familien mit einem geringen Einkommen, Arbeitslose oder Stu-

Kapitel 6

denten können folglich keinen Besuch, auch keinen Besuch von Familienangehörigen, aus dem Ausland im Bundesgebiet empfangen.

Doch mit dem Nachweis der Bonität der Einladenden sind längst nicht alle Hürden bei der Beantragung eines Touristenvisums überwunden. Besonderes Augenmerk legen die deutschen Auslandsvertretungen darauf, dass die Antragsteller/-innen ihre Rückkehrbereitschaft glaubhaft machen. Nachweise von Grundbesitz oder einer festen Arbeitsstelle können hierzu dienen, ebenso die Tatsache, dass allein gereist wird ohne Ehegatten und Kinder.

Trotzdem werden Touristenvisa immer wieder abgelehnt. Es gibt keinen Rechtsanspruch auf Erteilung dieses Visums, die deutschen Botschaften und Konsulate entscheiden nach ihrem Ermessen. Gegen die Ablehnung eines Touristenvisums kann beim Verwaltungsgericht in Berlin Klage eingereicht werden.

Wird das Einreisevisum erteilt, so ist dies seit dem 26. 3. 1995 stets ein Schengen-Visum, mit dem auch andere Schengen-Staaten besucht werden können, da seit dem 26. 3. 1995 die Grenzkontrollen an den Binnengrenzen dieser Staaten eingestellt wurden. Das bedeutet aber auch, dass eine deutsche Auslandsvertretung über Besuchsaufenthalte in den anderen Schengen-Staaten mitentscheidet und ebenso Einreisesperren dieser Staaten berücksichtigt, soweit diese im SIS (Schengener Informationssystem) sichtbar sind.

Beispiel: Ein marokkanischer Staatsbürger hielt sich nicht legal in Frankreich auf. Deutschland hatte er noch nie besucht. In Marokko lernte er eine deutsche Frau kennen, die er besuchen möchte. Er beantragt ein Touristenvisum bei der deutschen Botschaft in Marokko. Nach deutschem Recht steht der Visumserteilung nichts entgegen, eine Abfrage beim SIS ergab eine Einreiseverweigerung Frankreichs, folglich verweigerte die deutsche Botschaft die Ausstellung des Visums. Erst wenn Frankreich diese Einreisesperre aufhebt, kann das Visum erteilt werden.

Ein Schengen-Visum kann für eine oder mehrere Einreisen ausgestellt werden, wobei der ununterbrochene Gesamtaufenthalt ab Einreisedatum nicht mehr als drei Monate im Halbjahr betragen darf. Seine Verlängerung ist nach dem Schengener Durchführungsübereinkommen nicht vorgesehen, aber auch nicht ausdrücklich ausgeschlossen. In Deutschland kann es bis zu einer Gesamtgültigkeitsdauer von sechs Monaten verlängert werden. Mit der Verlängerung wird es aber zu einem nationalen

AUFENTHALT NACH DEM AUSLÄNDERGESETZ

Visum und ist nur noch in Deutschland gültig und damit nicht mehr im gesamten Schengen-Bereich.

Es gibt Staatsangehörige einiger bestimmter Länder, die für einen touristischen Aufenthalt bis zu drei Monaten kein Visum benötigen. Die Liste dieser sogenannten Positivstaaten ist in der Anlage I zu der Verordnung zur Durchführung des Ausländergesetzes (DVAuslG) aufgeführt. Auskünfte hierüber erteilen die Ausländerbehörden und/oder die deutschen Auslandsvertretungen. Die visafreie Einreise erlaubt und berechtigt jedoch nicht zur Wohnsitz- oder Arbeitsaufnahme in Deutschland.

Einreise zur Eheschließung

Entscheidet sich ein binationales Paar für eine Eheschließung in Deutschland, und möchte hier anschließend den gemeinsamen Wohnsitz begründen, so ist dieses Vorhaben stets vor der Einreise gegenüber der deutschen Auslandsvertretung im Herkunftsland anzuzeigen. Dies gilt auch für Angehörige der sogenannten Positivstaaten, die für einen touristischen Aufenthalt nicht visumpflichtig sind.

Die Verlobten aus den Drittstaaten beantragen bei der deutschen Auslandsvertretung ein Einreisevisum zur Eheschließung und lassen sich darüber informieren, welche Dokumente und Unterlagen zur Bearbeitung erforderlich sind. Viele Botschaften und Konsulate Deutschlands haben eigens hierfür ein Merkblatt erstellt.

Auch für die Bearbeitung des Visums zur Eheschließung benötigt die deutsche Auslandsvertretung die Verpflichtungserklärung des/der Verlobten aus Deutschland. Kann diese Erklärung wegen fehlender eigener finanzieller Mittel nicht abgegeben werden, wäre mit der deutschen Behörde auszuhandeln, ob Eltern oder andere Familienangehörige die Bürgschaft übernehmen könnten. Auch Ersparnisse und/oder Bankguthaben können unter Umständen berücksichtigt werden.

Im Rahmen des Verfahrens muss die deutsche Auslandsvertretung die Ausländerbehörde im Bundesgebiet hinzuziehen und ihre Zustimmung zur Einreise einholen, da diese für die Erteilung der Aufenthaltserlaubnis nach der Eheschließung zuständig ist. Folglich nimmt die deutsche Auslandsvertretung mit der Ausländerbehörde an dem Ort Kontakt auf, an dem anschließend der Wohnsitz genommen wird. Parallel sollte der/die

Kapitel 6

Verlobte in Deutschland das örtliche Standesamt aufsuchen und die Eheschließung vorbereiten (siehe auch Abschnitt »Eheschließung«). Damit wird die Ernsthaftigkeit, miteinander die Ehe eingehen zu wollen, untermauert. Die Ausländerbehörde informiert sich meist beim Standesamt über den aktuellen Stand der Ehevorbereitung und steht in engem Kontakt mit der Auslandsvertretung. Wünscht das Standesamt die Überprüfung der ausländischen Dokumente, wird diese mit Hilfe von sogenannten Vertrauensanwälten von der deutschen Botschaft in dem betreffenden Land durchgeführt. Die Kosten für dieses Verfahren sind von dem/der Antragsteller/-in zu übernehmen. Nach erfolgreicher Prüfung legalisiert die Botschaft die Urkunden. Das Einreisevisum kann erteilt werden, sobald die Zustimmung der Ausländerbehörde vorliegt. Mit diesem Visum können ausländische Verlobte einreisen, heiraten und anschließend die Aufenthaltserlaubnis erhalten.

Wird die Erteilung des Visums abgelehnt, so kann hiergegen Widerspruch eingelegt und anschließend beim Verwaltungsgericht in Berlin Klage erhoben werden. Antragsteller/-innen haben keinen Rechtsanspruch auf Erteilung eines Visums zur Eheschließung mit Deutschen oder mit Asylberechtigten. Die Entscheidung über diese Visumsart liegt wie beim Touristenvisum im Ermessen der Auslandsvertretung. Ein Rechtsanspruch auf Erteilung des Einreisevisums besteht erst nach Eheschließung im Rahmen des Ehegattennachzugs.

Tourist/-innen, die sich während des Besuchs in Deutschland entschieden zu heiraten, sollten darauf achten, dass die Eheschließung zu dem Zeitraum erfolgt, in dem sie sich legal aufhalten. Nur dann kann nach der Heirat mit Deutschen oder Asylberechtigten der Antrag auf Aufenthaltserlaubnis gestellt und nach Prüfung der erforderlichen Voraussetzungen auch erteilt werden.

Wollen im Bundesgebiet lebende Drittstaater/-innen ihre Verlobten heiraten, die ebenfalls aus einem Drittstaat kommen, so sind noch zusätzlich aufenthaltsrechtliche Voraussetzungen zu erfüllen. Die Verlobten im Bundesgebiet müssen im Besitz einer Aufenthaltsberechtigung sein, die unbefristete Aufenthaltserlaubnis ist nur dann ausreichend, wenn sie im Bundesgebiet geboren oder als Minderjährige eingereist sind und sich seit acht Jahren rechtmäßig im Bundesgebiet aufhalten (§ 18 AuslG). Erfahrungsgemäß lassen Ausländerbehörden dann eine Ausnahme zu und akzeptieren auch die unbefristete Aufenthaltserlaubnis, wenn die Voraussetzungen für die Aufenthaltsberechtigung vorliegen.

AUFENTHALT NACH DEM AUSLÄNDERGESETZ

Familienzusammenführung

Das Ausländergesetz versteht unter Familie in erster Linie die Kernfamilie, bestehend aus den miteinander verheirateten Eltern und ihren leiblichen Kindern. Diese haben je nach Aufenthaltsstatus des in Deutschland lebenden Familienangehörigen einen Rechtsanspruch miteinander in Deutschland leben zu können. Nachfolgend unterscheiden wir zwischen Ehegatten- und Kindernachzug.

Ausländische Großeltern der Kinder oder auch andere Verwandte können nur in bestimmten Ausnahmesituationen bei ihren Familienangehörigen in Deutschland leben. Sie sind im Ausländergesetz als »sonstige Familienangehörige« bezeichnet (§ 22 AuslG).

Ehegattennachzug

Drittstaater/-innen stellen bei der deutschen Auslandsvertretung in ihrem Herkunftsland den Antrag auf ein Visum zum Zweck der Familienzusammenführung nach Deutschland, wenn sie die Ehe mit ihrer/ihrem deutschen Ehepartner/-in in Deutschland führen wollen. Solch ein Antrag ist ebenso erforderlich, wenn der/die Ehepartner/-in als Asylberechtigte/r in Deutschland oder selbst Drittstaater/-in ist und mit einem verfestigten Aufenthaltsstatus in Deutschland lebt. Diesem Antrag ist die Heiratsurkunde als Nachweis für die Familienzugehörigkeit sowie der Reisepass als Identitätsnachweis beizulegen. Ob die deutsche Auslandsvertretung weitere Dokumente und Unterlagen für die Bearbeitung dieses Antrags benötigt, sollte am besten direkt erfragt werden.

Wie beim Eheschließungsvisum sieht das Verfahren auch beim Ehegattennachzug vor, dass die deutsche Auslandsvertretung mit der Ausländerbehörde im Inland Kontakt aufnimmt und diese um ihre Zustimmung zur Visumerteilung bittet. Nicht selten wird dabei von dem Paar verlangt, den Nachweis darüber zu erbringen, dass der Ehepartner oder die Ehepartnerin in Deutschland über ausreichenden Wohnraum verfügt und ohne Sozialhilfebezug den Lebensunterhalt für die Familie sichern kann. Weder der Wohnraum- noch der Finanznachweis sind von Deutschen oder Asylberechtigten zu verlangen. Ihre Ehefrauen und Ehemänner haben einen Rechtsanspruch auf ein Eheleben in Deutschland unabhängig von der wirtschaftlichen Situation des Ehepaares. Trotzdem fordern Behörden oftmals diese Nachweise ein und machen ihre Zustimmung für

Kapitel 6

den Zuzug hiervon abhängig. Betroffene Paare können hiergegen Widerspruch einlegen und gegebenenfalls den Rechtsweg beschreiten.

Die Nachweise über die finanzielle Lebenslage sind allerdings von Drittstaater/-innen zu erbringen, die sich rechtmäßig und auf Dauer in Deutschland niedergelassen haben. Der Ehegattennachzug zu dieser Personengruppe kann daher nur dann erfolgen, wenn ausreichender Wohnraum vorhanden und der Lebensunterhalt ohne Sozialhilfebezug gesichert ist. Ähnlich wie beim Eheschließungsvisum sind zusätzliche aufenthaltsrechtliche Voraussetzungen zu erfüllen. Die in Deutschland lebenden Ehegatten müssen im Besitz einer Aufenthaltsberechtigung sein oder bei der erstmaligen Beantragung der Aufenthaltserlaubnis bereits miteinander verheiratet gewesen sein und die Ehe auch angegeben haben. Wurden die hier lebenden Ehegatten im Bundesgebiet geboren oder reisten sie als Minderjährige ein, so ist eine unbefristete Aufenthaltserlaubnis für den Nachzug ausreichend. Sie müssen allerdings volljährig sein und sich seit acht Jahren rechtmäßig im Bundesgebiet aufhalten.

Ausnahmeregelungen sind möglich, betreffen aber nur die Gruppe der Drittstaater/-innen, die im Bundesgebiet geboren wurden oder bereits als Minderjährige eingereist sind. Das Einreisevisum für den Ehegatten oder die Ehegattin wird auch dann erteilt, wenn sie ihren Lebensunterhalt ohne öffentliche Mittel sichern können oder die öffentlichen Mittel auf einer Beitragszahlung (zum Beispiel Arbeitslosengeld I) beruhen oder wenn sie den Lebensunterhalt durch Inanspruchnahme von Stipendien und Ausbildungsbeihilfen bestreiten können. Ausnahmen sind auch dann möglich, wenn sie sich seit fünf Jahren rechtmäßig im Bundesgebiet aufhalten und aus der Ehe ein Kind hervorgegangen ist oder die Ehefrau schwanger ist.

Der Ehegattennachzug gestaltet sich schwierig, wenn ein Einreisehindernis vorliegt. Ein Einreisehindernis wäre zum Beispiel eine Einreisesperre, die Folge einer Ausweisung oder Abschiebung ist. Diese Sperre muss aufgehoben werden, indem beantragt wird, die Wirkung der Ausweisung nachträglich zu befristen. Solch ein Antrag ist mit der erfolgten Eheschließung zu begründen. Da mit der Eheschließung mit einem/einer Deutschen ein Rechtsanspruch auf Aufenthalt in Deutschland erworben wird, erfolgt die Aufhebung der Sperre in der Regel zeitnah, wenn die in Rechnung gestellten entstandenen Abschiebekosten bezahlt wurden. Zuständig für die nachträgliche Befristung der Ausweisung ist stets die Ausländerbehörde, die die Ausweisung und die Abschiebung verfügt hat. Mit dieser sind auch beispielsweise Ratenzahlungen für die Begleichung

Aufenthalt nach dem Ausländergesetz

der Abschiebekosten zu verhandeln, falls die wirtschaftliche Situation dies erfordert.

Ein weiteres Einreisehindernis stellen Straftaten dar, die unter Umständen trotz Eheschließung mit einem/einer Deutschen die Einreise zumindest für einen bestimmten Zeitraum unmöglich machen, zum Beispiel wenn eine Verurteilung von drei Jahren Haft vorlag (§ 47.1 AuslG).

»Scheinehe« oder Zweckehe

Der iaf wird immer wieder berichtet, dass Anträge auf Familienzusammenführung oder zur Eheschließung nicht zügig bearbeitet werden, manchmal sogar viele Monate dauern. Dies hängt damit zusammen, dass je nach Herkunftsland zusätzliche Überprüfungen hinsichtlich der Richtigkeit und Glaubwürdigkeit vorgelegter Dokumente durchgeführt werden. Gleichzeitig beabsichtigen die Behörden mit diesem Verfahren, ihren Verdacht auszuräumen, dass die Ehe nur zum Zweck der Erlangung der Aufenthaltserlaubnis eingegangen werden soll bzw. eingegangen wurde. Diese Verwaltungspraxis trifft man nach unseren Erfahrungen insbesondere bei deutschen Auslandsvertretungen in Ländern Westafrikas, in Nigeria, Ghana, Kamerun, Gambia etc. und in Ländern Asiens, z. B. Pakistan, Indien, Bangladesh und Vietnam an.

Oft ist zu beobachten, dass Behörden schnell eine »Scheinehe« unterstellen, wenn z. B. die Partnerin im Inland wesentlich älter ist als ihr ausländischer Partner oder die Einreise und damit der Aufenthalt im Bundesgebiet nur über die Heirat erreicht werden kann. Es werden Befragungen der Paare bezüglich ihres Kennenlernens, Details über andere Familienangehörige der Schwiegerfamilie wie Namen, Geburtsdaten, Wohnorte, Anzahl der Geschwister, die Schuhgröße bzw. Konfektionsgröße des Partners oder der Partnerin, der Gestaltung ihres bisherigen und zukünftigen gemeinsamen Lebens durchgeführt, um nur einige der mehrere Seiten umfassenden Fragen zu nennen. Diese Befragungen werden meist gleichzeitig in der deutschen Auslandsvertretung und in der Ausländerbehörde im Bundesgebiet durchgeführt. Wurden die Fragen meist übereinstimmend beantwortet, so bestehen gute Chancen, bestehende Zweifel seitens deutscher Behörden auszuräumen. Wurden die Fragen recht unterschiedlich beantwortet, werden meist weitere Nachforschungen seitens der Behörden angestellt und die Erteilung des Einreisevisums hinausgezögert.

Kapitel 6

Außerdem werden sogenannte Vertrauensanwälte der Botschaft auf Kosten der betroffenen Paare beauftragt, Recherchen über den Inhalt vorgelegter Dokumente und Urkunden vorzunehmen. Sie sollen Gewissheit über die Identität und die Ehevoraussetzung des ausländischen Ehegatten schaffen.

Auch wenn Zweckehen geschlossen werden, dürfen deshalb binationale Paare nicht unter Generalverdacht stehen. Als Verband wenden wir uns entschieden gegen eine routinemäßige Befragung dieser Paare. Weder deutsche Behörden noch die Paare selbst können eindeutig nachweisen, dass der einzige Grund zur Eheschließung in der Erlangung eines Aufenthaltstitels für Deutschland liegt. Natürlich heiraten die Paare auch, um die Aufenthaltserlaubnis zu erhalten, denn sie haben keine andere Möglichkeit, wenn sie in Deutschland zusammen leben wollen, es sei denn, die Gesetzeslage würde auch für unverheiratete Paare eine Aufenthaltserlaubnis vorsehen. Hier ist der Gesetzgeber gefordert!

Kindernachzug
Der Nachzug von Kindern zu ihren Eltern nach Deutschland ist bis zum 16. Geburtstag nach § 20 AuslG möglich. Kinder haben dann einen Rechtsanspruch auf Nachzug, wenn beide Elternteile mit einer Aufenthaltserlaubnis bzw. einer Aufenthaltsberechtigung in Deutschland leben oder auch zu einem Elternteil, wenn der andere bereits gestorben ist (§ 20. 2 AuslG).

Sind die Eltern nicht mehr miteinander verheiratet, sieht der gleiche Paragraph in Absatz 3 eine Ausnahme vor, die jedoch im Ermessen der Behörde liegt. Der Nachzug zu nur einem Elternteil stellt somit keinen Anspruch dar. (Rechtsansprüche auf Nachzug sehen jedoch die Regelungen des Zuwanderungsgesetzes vor, S. 154ff.) Weiterhin wird ausgeführt, dass ein Nachzug von den deutschen Sprachkenntnissen des Kindes und einer positiven Integrationsprognose in die deutsche Gesellschaft abhängig gemacht werden kann.

Der Antrag auf Zuzug nach Deutschland ist bei der deutschen Auslandsvertretung in dem jeweiligen Herkunftsland zu stellen. Diese nimmt, da ein Wohnsitz im Bundesgebiet begründet werden soll, Kontakt zur hiesigen Ausländerbehörde auf. Diese muss wie bei den anderen Nachzugsanträgen der Einreise zustimmen, damit die deutsche Auslandsvertretung das Visum erteilen kann.

Aufenthalt nach dem Ausländergesetz

Der Elternteil, der sein Kind zu sich nach Deutschland holen will, muss einige Voraussetzungen erfüllen:

Er muss über genügend großen Wohnraum in Deutschland verfügen sowie über ausreichende finanzielle Mittel. Der Bezug von Sozialhilfe (ALG II) steht einem Nachzug entgegen. Weiterhin muss er die alleinige Personensorge für dieses Kind haben und dies durch einen Gerichtsbeschluss nachweisen können. Zusätzlich wird das schriftliche Einverständnis des anderen Elternteils verlangt. Je nach Herkunftsland und Lebensumständen sind beide Nachweise in einigen Ländern nicht immer leicht zu erbringen. Schwierigkeiten können dann z. B. auftreten, wenn das Familienrecht ganz selbstverständlich von der gemeinsamen Personensorge der Eltern für ihre Kinder ausgeht und die alleinige Sorge in dieser speziellen Form nicht kennt. Weitere Probleme können entstehen, wenn die Eltern über einen langen Zeitraum keinen Kontakt mehr miteinander hatten und den Aufenthaltsort voneinander nicht kennen.

Außerdem erleben wir oft in der Praxis, dass deutsche Behörden davon ausgehen, dass sich Kinder ab einem Alter von ca. 11 Jahren nicht mehr gut in die deutschen gesellschaftlichen Verhältnisse integrieren lassen, vor allem wenn sie die deutsche Sprache erst erlernen müssen. Sie prognostizieren dem Kind dann eine negative Integration und lehnen mit diesem Hinweis den Nachzug ab. Mit solch einer Ablehnung beschneidet die Behörde das Recht des Kindes auf seinen Elternteil und die Erziehungs- und Fürsorgepflicht des Elternteils gegenüber seinem Kind.

Der Elternteil kann somit nur den Rechtsweg beschreiten, Widerspruch gegen die Ablehnung einreichen und Klage erheben. Dem Kind ist damit erst einmal nicht geholfen. Es muss im Herkunftsland abwarten, weiterhin von seinem Elternteil getrennt leben oder der Elternteil entscheidet sich für ein pendelndes Getrenntleben und verbringt eine längere Zeit abwechselnd mit dem Kind und mit dem jetzigen (Ehe-) Partner.

Nachzug sonstiger Familienangehöriger
Nach § 22 Ausländergesetz ist der Nachzug sonstiger Familienangehöriger nur dann möglich, wenn es zur Vermeidung einer außergewöhnlichen Härte erforderlich ist. Dieser Härtefall muss sehr detailliert und für die Behörden nachvollziehbar begründet sein. Die Begründung, man wolle die Oma als Hilfe im Haushalt, die den gemeinsamen Kindern zudem noch die Mutter- oder Vatersprache beibringe, reicht in der Regel nicht

KAPITEL 6

aus. Die Behörde wird damit argumentieren, man könne sich auch in der Bundesrepublik eine sprachkompetente Haushaltshilfe suchen.

Aufenthaltsgenehmigung

Die Aufenthaltsgenehmigung ist der Oberbegriff für die verschiedenen Aufenthaltstitel, die in § 5 Ausländergesetz (AuslG) aufgeführt sind. Dies sind die befristete oder unbefristete Aufenthaltserlaubnis, die Aufenthaltsberechtigung als stärkste Form der Aufenthaltsverfestigung, die Aufenthaltsbewilligung für einen zweckgebundenen, befristeten Aufenthalt wie z. B. für ein Studium und die Aufenthaltsbefugnis, die aus völkerrechtlichen, humanitären oder politischen Gründen gewährt wird.

Die Duldung ist keine Aufenthaltsgenehmigung und somit kein rechtmäßiger Aufenthalt. Sie ist lediglich die einseitige Erklärung der Ausländerbehörde, von der Durchführung der Abschiebung vorübergehend abzusehen, z. B. weil kein gültiger Reisepass vorliegt.

Für die Erteilung und Verlängerung der Aufenthaltsgenehmigung entstehen Kosten, die in der Gebührenverordnung zum Ausländergesetz (AuslGebV) festgehalten sind. Nach § 9.1.1 sind Ehegatten und Kinder Deutscher sowie ausländische Elternteile deutscher Kinder von den Gebühren befreit.

Wichtig!
Ab 1. 1. 2005 werden durch das Zuwanderungsgesetz die verschiedenen Begriffe für die Aufenthaltsgenehmigung wegfallen. Zukünftig wird zwischen zwei Aufenthaltstiteln unterschieden, der befristeten Aufenthaltserlaubnis und der Niederlassungserlaubnis. Letztere löst die jetzige unbefristete Aufenthaltserlaubnis sowie die Aufenthaltsberechtigung ab (siehe Abschnitt »Perspektiven nach dem Zuwanderungsgesetz«, S. 153ff).

Befristete Aufenthaltserlaubnis

Nach der Eheschließung wird die Heiratsurkunde der Ausländerbehörde vorgelegt und die Aufenthaltserlaubnis beantragt.

Maßgebend für die Erteilung des Aufenthaltes von Familienangehöri-

Aufenthalt nach dem Ausländergesetz

gen Deutscher ist der § 23 Ausländergesetz. Der Aufenthalt ist hiernach zu erteilen, wenn keine Ausweisungsgründe vorliegen (zum Beispiel illegaler Aufenthalt, Straffälligkeit). Die Aufenthaltserlaubnis wird in der Regel auf drei Jahre erteilt. Von dieser Regel kann abgewichen und nur eine einjährige Aufenthaltserlaubnis gegeben werden. Erfahrungsgemäß ist dies dann der Fall, wenn der/die ausländische Ehepartner/-in zum Beispiel abgelehnte/r Asylbewerber/-in ist oder als Student/-in in Deutschland lebt und das Studium beendet ist bzw. sich dem Ende neigt und die Verlängerung der Aufenthaltsbewilligung kaum mehr möglich ist. Ausländerbehörden erteilen auch dann einen Aufenthalt für nur ein Jahr, wenn sie eine »Scheinehe« unterstellen, diese aber nicht nachweisen können. Nach einem Jahr steht die Verlängerung an und die Behörde erhält eine weitere Möglichkeit, ihrem Verdacht nachzugehen und diesen zu beweisen. Die einjährige Aufenthaltserlaubnis wird dann verlängert, wenn die eheliche Gemeinschaft fortbesteht.

Die Ehepartner von Drittstaater/-innen erhalten eine einjährige Aufenthaltserlaubnis, die jeweils wieder um ein Jahr verlängert wird, wenn die eheliche Gemeinschaft fortbesteht und kein Sozialhilfebezug vorliegt. Die Inanspruchnahme öffentlicher Mittel für den Lebensunterhalt kann zu einer Ablehnung der Aufenthaltserlaubnis führen; dies entscheidet die Ausländerbehörde nach ihrem Ermessen.

Nichteheliche Lebensgemeinschaft mit Kindern
Auch wenn das Ausländergesetz eine Aufenthaltserlaubnis nicht vorsieht, wenn die Paare unverheiratet sind, so ändert sich dies, wenn ein gemeinsames Kind vorhanden ist, zumindest wenn es die deutsche Staatsbürgerschaft hat. Damit wird dem Recht des Kindes, mit seinen Eltern zusammen zu leben und von ihnen versorgt zu werden, Rechnung getragen, so wie es das Kindschaftsrechtsreformgesetz seit dem 1. 7. 1998 vorschreibt.

Da nach dem Kindschaftsrecht die Ausübung der Personensorge eine Pflicht ist, hat der ausländische Vater eines deutschen Kindes einen Rechtsanspruch auf Erteilung der Aufenthaltserlaubnis nach § 23.3 AuslG, wenn er die Vaterschaft anerkannt und gemeinsam mit der Mutter eine Sorgeerklärung gegenüber dem Jugendamt oder dem Notar abgegeben hat und das Kind seinen Wohnsitz in Deutschland hat. Hält sich der ausländische Vater außerhalb Deutschlands auf, so kann er die gemein-

Kapitel 6

same Sorge bei der deutschen Auslandsvertretung erklären. Die deutsche Mutter gibt diese Erklärung zunächst beim Jugendamt an ihrem Wohnsitz ab, die dann auf dem Amtsweg an die zuständige deutsche Auslandsvertretung weitergeleitet wird. Auf diesem Weg kann der ausländische Vater eines deutschen Kindes ein Einreisevisum erhalten, um mit seinem Kind in Deutschland zusammen leben zu können.

Die ausländische Mutter eines Kindes, das einen deutschen Vater hat, hat ebenfalls Anspruch auf Erteilung der Aufenthaltserlaubnis nach § 23.3 AuslG, wenn der deutsche Vater die Vaterschaft gegenüber dem Jugendamt erklärt oder ein Vaterschaftsfeststellungsverfahren seine Vaterschaft nachgewiesen hat. Dann erhält sein Kind die deutsche Staatsbürgerschaft und die ausländische Mutter als Sorgeberechtigte die Aufenthaltserlaubnis, vorausgesetzt das Kind hat seinen Wohnsitz in Deutschland.

Die Ausländerbehörde kann ebenso nach § 23.3 AuslG die Aufenthaltserlaubnis für den nichtsorgeberechtigten ausländischen Vater eines deutschen Kindes erteilen, wenn die familiäre Gemeinschaft schon im Bundesgebiet gelebt wird.

Die Aufenthaltserlaubnis nach § 23.3 AuslG wird den Elternteilen ebenso wie den Verheirateten in der Regel für drei Jahre erteilt, in der Praxis oft erst für ein Jahr und anschließend für ein weiteres Jahr, wenn die Lebensgemeinschaft fortbesteht. Den Elternteilen darf ebenfalls wie den Verheirateten die befristete Aufenthaltserlaubnis auch bei Bezug von Sozialhilfe (ALG II) nicht versagt werden.

Unbefristete Aufenthaltserlaubnis

Nach drei Jahren rechtmäßigem Aufenthalt und ehelicher Gemeinschaft in Deutschland können mit Deutschen Verheiratete die unbefristete Aufenthaltserlaubnis beantragen. Die rechtliche Grundlage für die Erteilung ergibt sich aus § 25.2 in Verbindung mit § 24.1.4 und Nr. 6 Ausländergesetz. Darin heißt es, dass die unbefristete Aufenthaltserlaubnis nach drei Jahren in der Regel zu erteilen ist, wenn die eheliche Lebensgemeinschaft fortbesteht, sich die ausländischen Ehepartner/-innen auf einfache Art in deutscher Sprache mündlich verständigen können und kein Ausweisungsgrund vorliegt. Hieraus folgert die Ausländerbehörde, dass die unbefristete Aufenthaltserlaubnis nicht erteilt wird, wenn zum Zeitpunkt der

AUFENTHALT NACH DEM AUSLÄNDERGESETZ

Antragstellung Sozialhilfe bezogen wird. Es wird dann erfahrungsgemäß weiterhin eine befristete Aufenthaltserlaubnis gegeben.

Ehepartner von Drittstaater/-innen sind auch in diesem Punkt benachteiligt. Sie erhalten die unbefristete Aufenthaltserlaubnis nur, wenn sie unter anderem seit fünf Jahren eine Aufenthaltserlaubnis haben, sich auf einfache Art in der deutschen Sprache mündlich verständigen können, ausreichenden Wohnraum nachweisen und den Lebensunterhalt aus eigenen Mitteln sichern können.

Oft werden Überprüfungen und Kontrollen von Ehen durch kommunale Behörden durchgeführt, wenn eine unbefristete Aufenthaltserlaubnis beantragt wird, da mit deren Erteilung die Verfestigung des Aufenthaltsstatus verbunden ist. Durch Nachfragen in der Nachbarschaft, im Kollegium etc. versuchen die Behörden herauszufinden, ob tatsächlich eine eheliche Lebensgemeinschaft besteht und keine »Scheinehe« geführt wird.

Aufenthaltsberechtigung

Die Aufenthaltsberechtigung ist der sicherste Aufenthaltsstatus unterhalb der Einbürgerung und sollte deshalb umgehend beantragt werden, wenn die Ehegatten folgende Voraussetzungen erfüllen (§ 27 AuslG):

- Besitz der Aufenthaltserlaubnis seit fünf Jahren;
- Sicherung des Lebensunterhalts aus eigener Erwerbstätigkeit, eigenem Vermögen oder sonstigen eigenen Mitteln;
- Nachweis von mindestens 60 Monaten Pflichtbeiträgen oder freiwilligen Beiträgen zur gesetzlichen Rentenversicherung oder
- Nachweis von Aufwendungen für einen Anspruch auf vergleichbare Leistungen einer Versicherungs- oder Versorgungseinrichtung oder eines Versicherungsunternehmens;
- keine Verurteilung während der drei vorangegangenen Jahre wegen einer vorsätzlichen Straftat zu einer Jugend- oder Freiheitsstrafe von sechs Monaten oder einer Geldstrafe von 180 Tagessätzen oder einer höheren Strafe;
- Besitz der Arbeitsberechtigung, sofern der/die Antragsteller/-innen berufstätig sind;
- Besitz der sonstigen, für eine dauernde Ausübung der Erwerbstätigkeit erforderlichen Erlaubnis;

Kapitel 6

- Verständigung auf einfache Art in deutscher Sprache;
- Nachweis von ausreichendem Wohnraum;
- kein Ausweisungsgrund.

Bei Ehegatten, die in ehelicher Lebensgemeinschaft leben, reicht es aus, wenn einer der beiden Eheleute den Lebensunterhalt sichern kann und 60 Beitragsmonate zur Rentenversicherung eingezahlt hat. Bei Getrenntlebenden muss jeder die Voraussetzungen allein erfüllen. Für Ehepartner von Drittstaater/-innen sieht das Gesetz auch hier Abweichungen gegenüber deutsch-ausländischen Ehepaaren und gegenüber Ehen mit Asylberechtigten vor hinsichtlich der Dauer des Aufenthaltes. Sie müssen die Aufenthaltserlaubnis seit acht Jahren besitzen oder seit drei Jahren die unbefristete Aufenthaltserlaubnis und zuvor eine Aufenthaltsbefugnis.

Eigenständiger Aufenthalt

Kaum ein anderer Paragraph ist seit Inkrafttreten des Ausländergesetzes so bekannt geworden und gleichzeitig so umstritten wie der § 19. Er regelt den eigenständigen Aufenthalt für nachgezogene ausländische Ehegatten. Der eigenständige, d. h. vom Bestand der Ehe unabhängige Aufenthalt, wird nach zwei Jahren ehelicher Lebensgemeinschaft in Deutschland erworben. Dies bedeutet, dass die ersten zwei Jahre des Aufenthalts im Bundesgebiet an den Bestand der ehelichen Lebensgemeinschaft, die von der Ausländerbehörde meist als eine häusliche interpretiert wird, geknüpft ist. Ein Paar darf sich hiernach auch nicht vorübergehend trennen, damit der Aufenthalt nicht unterbrochen wird. Für geschiedene Paare ist der Zeitpunkt der Trennung äußerst wichtig, denn dieser wird bei der Entscheidung für den weiteren Aufenthalt zugrunde gelegt und nicht der Zeitpunkt der Scheidung.

Diese Regelungen lassen sehr schnell Abhängigkeitsverhältnisse entstehen, die eine Partnerschaft belasten können. Die deutschen bzw. aufenthaltsberechtigten Partner können ihre Ehegatten mit diesen Vorschriften unter Druck setzen und Anpassung erpressen.

Für die Anrechnung des eigenständigen Aufenthalts ist wichtig zu wissen, dass nur die Zeiten der ehelichen Lebensgemeinschaft berücksichtigt werden, die in Deutschland gelebt wurden. Die Zeit, in der die Ehe im

Ausland geführt wurde, wird nicht mitgerechnet. Gezählt wird erst ab dem Zeitpunkt, in dem der/die nachgezogene ausländische Ehepartner/-in im Besitz einer Aufenthaltserlaubnis ist. Auch Zeiten der Duldung werden nicht berücksichtigt.

Andere Regelungen gelten nach dem Tod der deutschen bzw. aufenthaltsberechtigten Ehepartner/-in. Nachgezogene ausländische Ehegatten erhalten ohne Einhaltung von Fristen sofort den eigenständigen Aufenthalt, wenn die Ehe im Bundesgebiet bestand und sie im Besitz einer Aufenthaltserlaubnis sind.

Nach der Novellierung zum 1. 6. 2000 wird gemäß Paragraph 19.1.2 AusLG auf Ehebestandszeiten dann verzichtet, wenn eine besondere Härte vorliegt. Den Ehegatten soll hiernach der Aufenthalt für ein weiteres Jahr ermöglicht werden, auch wenn Sozialhilfe (ALG II) bezogen wird. Nach einem Jahr sollte der Lebensunterhalt ohne Sozialhilfe (ALG II) gesichert sein.

Die besondere Härte liegt vor, wenn:
a) dem Ehegatten wegen der aus der Auflösung der ehelichen Lebensgemeinschaft erwachsenden Rückkehrverpflichtung eine erhebliche Beeinträchtigung seiner schutzwürdigen Belange droht
   oder wenn
b) dem Ehegatten wegen der Beeinträchtigung seiner schutzwürdigen Belange das weitere Festhalten an der ehelichen Lebensgemeinschaft unzumutbar ist.

Zum ersten Mal ist damit bundeseinheitlich festgeschrieben, dass eine besondere Härte auch durch Verhältnisse im Inland begründet werden kann, zum Beispiel durch Misshandlung des Ehepartners, und diese nicht mehr wie zuvor in Zusammenhang mit der Rückkehrverpflichtung zu sehen ist. Erfahrungsgemäß erhalten Frauen die besondere Härte zuerkannt, wenn sie durch Zeugen und/oder ärztliche Atteste Misshandlungen nachweisen können.

Darüber hinaus zählt auch das Wohl eines mit dem Ehegatten in familiärer Lebensgemeinschaft lebenden Kindes zu den schutzwürdigen Belangen und kann zu einem eigenständigen Aufenthalt führen. Auch dieser Ansatz stieß bei vielen Organisationen, Initiativen und Verbänden auf positive Resonanz. Erstmalig wurde damit der Existenz auch ausländischer Kinder Rechnung getragen und ihre Belange als schützenswert angesehen.

KAPITEL 6

Weitere Gründe, die als eine besondere Härte angesehen werden können, sind sexuelle Gewalt oder Missbrauch der in der Ehe lebenden Kinder und drohende gesellschaftliche Diskriminierung im Rückkehrland, Zwangsabtreibung oder die Betreuung eines behinderten Kindes.

Aufenthalt für eingetragene Lebenspartner und Lebenspartnerinnen

Seit der Möglichkeit in 2001, in Deutschland eine eingetragene Lebenspartnerschaft eingehen zu können, werden die Einreise und der Aufenthalt ausländischer Lebenspartner/-innen im Ausländergesetz geregelt. Sie werden in den Grundzügen ebenso behandelt wie ausländische Ehegatten Deutscher bzw. von Drittstaater/-innen, die sich rechtmäßig im Bundesgebiet aufhalten.

Somit müssen Ausländer/-innen, die beabsichtigen, eine Lebenspartnerschaft in Deutschland mit anschließender Wohnsitznahme zu begründen, ein entsprechendes Einreisevisum bei der deutschen Auslandsvertretung beantragen, analog zum Einreisevisum zur Eheschließung. Nach § 27a AuslG kann dem/der ausländischen Lebenspartner/-in eines Ausländers/einer Ausländerin für das Zusammenleben in einer lebenspartnerschaftlichen Gemeinschaft eine Aufenthaltserlaubnis erteilt werden. Ausländische Lebenspartner/-innen Deutscher haben ebenso wie Ehegatten Deutscher einen Anspruch auf die Erteilung einer Aufenthaltserlaubnis (§ 27 a AuslG in Verbindung mit § 23.1 AuslG), auf die unbefristete Verlängerung nach drei Jahren Lebenspartnerschaft im Bundesgebiet (§ 25 AuslG) sowie auf die Verfestigung ihres Status in Form der Aufenthaltsberechtigung, soweit die hierfür erforderlichen Voraussetzungen erbracht werden. Auch ein eigenständiges Aufenthaltsrecht erwirbt der ausländische Lebenspartner bzw. die ausländische Lebenspartnerin nach den Regelungen des § 19 Ausländergesetz nach zwei Jahren Zusammenleben.

Erlöschen und Beendigung der Aufenthaltsgenehmigung

Passverlust führt nicht mehr zwangsläufig zum Erlöschen der Aufenthaltsgenehmigung, und es besteht meistens auch kein Anlass, die Aufenthaltsgenehmigung zu widerrufen. Der Ausweispflicht kann durch einen Ausweisersatz nach § 39 Abs. 1 AuslG Abhilfe geschaffen werden. Darüber

Aufenthalt nach dem Ausländergesetz

hinaus gibt es die Möglichkeit der Ausstellung eines Reisedokuments nach § 15 DVAuslG (siehe hierzu den Abschnitt: »Reisedokument«).

Häufig kommt es vor, dass Ausländer/-innen sich länger als sechs Monate außerhalb des Bundesgebietes aufhalten. Ihre Aufenthaltsgenehmigung erlischt auch dann, wenn eine unbefristete Aufenthaltserlaubnis oder sogar eine Aufenthaltsberechtigung vorliegt. Eine Ausnahme hiervon wird gemacht, wenn vor der Ausreise mit der Ausländerbehörde eine längere Frist für den Auslandsaufenthalt vereinbart wurde (§ 44. Abs.1 Nr. 3).

Wehrpflichtige unterliegen einer Ausnahmeregelung nach § 44 Abs. 2 AuslG. Hiernach kann der Wehrpflichtige innerhalb von drei Monaten nach der Entlassung aus dem Wehrdienst in seinem Herkunftsland wieder ungehindert ins Bundesgebiet einreisen. Reist er nicht innerhalb dieser Frist ein, so gilt sein Aufenthalt als unterbrochen und die Aufenthaltsgenehmigung erlischt, es sei denn, er hat zuvor die Frist von drei Monaten bei der Ausländerbehörde verlängert.

Reisedokument

Die Dauer der Aufenthaltserlaubnis richtet sich nicht immer nach der Laufzeit des Passes. Manche Konsulate oder Botschaften händigen prinzipiell nur Pässe aus, die ein Jahr lang gültig sind. Mit der Ungültigkeit bzw. dem Fehlen des Passes ist somit die Aufenthaltserlaubnis nicht automatisch erloschen. Ausländer/-innen haben sich aber stets um einen gültigen Pass zu bemühen. Wird er ohne Verschulden seines/seiner Besitzer/-in nicht mehr verlängert, ist damit der weitere Aufenthalt in Deutschland nicht unmittelbar gefährdet. Es besteht unter bestimmten Bedingungen die Möglichkeit, ein Reisedokument bei der Ausländerbehörde am Wohnort zu beantragen, mit dem der Ausweispflicht nachgekommen wird. Erfahrungsgemäß ist es aber sehr schwer, ein Reisedokument zu erhalten. Hierfür müssen die Antragsteller/-innen unter anderem nachweisen, dass sie keinen Pass oder Passersatz besitzen und ihn nicht in zumutbarer Weise erlangen können. Außerdem müssen sie eine unbefristete Aufenthaltsgenehmigung oder eine Aufenthaltsbefugnis haben. Eine befristete Aufenthaltserlaubnis genügt für mit Deutschen Verheiratete oder zum Beispiel auch für Minderjährige, wenn ein Elternteil im Besitz einer unbefristeten Aufenthaltsgenehmigung ist (§ 15 DVAuslG).

Ein Reisedokument wird in der Regel nicht ausgestellt, wenn der Her-

Kapitel 6

kunftsstaat die Ausstellung eines Ausweisdokuments mit der Begründung ablehnt, der Wehrdienst sei noch nicht abgeleistet. Aber auch hier sind Ausnahmen in Härtefällen möglich, die jedoch bei Anwält/-innen zu erfragen sind. Die Gültigkeitsdauer des Reisedokuments richtet sich nach § 17 DVAuslG. Sie darf nicht die Geltungsdauer der Aufenthaltsgenehmigung überschreiten. Längstens kann sie für die Dauer von fünf Jahren ausgestellt oder verlängert werden, wenn der Ausländer/die Ausländerin zum Zeitpunkt der Antragstellung das 18. Lebensjahr noch nicht vollendet hat. Volljährige können ein Reisedokument erhalten für maximal zehn Jahre, das für alle Staaten mit Ausnahme des Herkunftsstaates gültig ist. In Ausnahmefällen kann der Geltungsbereich auch auf einzelne Länder beschränkt werden. Das Reisedokument wird in der Regel entzogen, wenn die Ausstellungsvoraussetzungen entfallen sind (vgl. § 18 DVAuslG).

Ausweisung

Die Ausweisung von Ausländern aus Deutschland ist in § 45 ff. Ausländergesetz geregelt. Eine Ausweisung kann generell dann erfolgen, wenn der/die Ausländer/-in die öffentliche Sicherheit und Ordnung oder sonstige erhebliche Interessen der Bundesrepublik Deutschland beeinträchtigen. Diese können sein: Straffälligkeit, insbesondere Straftaten nach dem Betäubungsmittelgesetz, Gewaltanwendung zur Durchsetzung politischer Ziele, Prostitution, Verstoß gegen das Betäubungsmittelgesetz, Obdachlosigkeit, Sozialhilfebezug (ALG II) oder Bezug von Jugendhilfe.

Für Migrant/-innen, die mit Deutschen verheiratet oder eine Lebenspartnerschaft eingegangen sind, sieht § 48 Ausländergesetz einen besonderen Ausweisungsschutz vor. Die Ausweisung kann nur aus schwerwiegenden Gründen der öffentlichen Sicherheit und Ordnung erfolgen. Diese liegen meist dann vor, wenn Ausländer/-innen
- wegen einer oder mehrerer vorsätzlicher Straftaten rechtskräftig zu einer Freiheits- oder Jugendstrafe von mindestens drei Jahren verurteilt worden sind oder
- mehrfach wegen vorsätzlicher Straftaten innerhalb von mindestens fünf Jahren zu mehreren Freiheits- oder Jugendstrafen von zusammen mindestens drei Jahren rechtskräftig verurteilt wurden oder bei der letzten rechtskräftigen Verurteilung Sicherungsverwahrung angeordnet worden ist oder

Aufenthalt nach dem Ausländergesetz

- wegen einer vorsätzlichen Straftat nach dem Betäubungsmittelgesetz oder wegen Landfriedensbruches rechtskräftig zu mindestens zwei Jahren ohne Bewährung verurteilt worden sind.

Die Behörden müssen daher abwägen zwischen schützenswerten persönlichen Belangen des Ausländers/der Ausländerin wie z. B. seine/ihre Aufenthaltsdauer, seine/ihre Ehe, Familie, Lebenspartnerschaft und dem Interesse des Staates an der Ausweisung. Maßgebend ist hierbei neben den konkreten Umständen des Einzelfalles auch das Strafmaß. Der besondere Ausweisungsschutz gilt ebenso für Ausländer/innen, die eine Aufenthaltsberechtigung besitzen, für die zweite und dritte Generation der Eingewanderten und für Asylberechtigte.

Für binationale Paare mit deutscher Beteiligung heißt dies, dass zwar der Ehemann oder die Ehefrau einen Rechtsanspruch auf Verbleib in Deutschland hat, diesen jedoch nicht immer erhält, wenn ein bestimmtes Vergehen z. B. ein größerer Verstoß gegen das Betäubungsmittelgesetz vorliegt. Allein eine Ehe mit Deutschen stellt nach geltender Rechtslage kein Kriterium dar, von einer Ausweisung oder auch Abschiebung abzusehen.

Ähnlich verhält es sich bei Straffälligkeit von jugendlichen Ausländer/-innen, die im Bundesgebiet geboren und/oder aufgewachsen sind. Für sie gilt zwar ebenso der besondere Ausweisungsschutz nach § 48 AuslG, der aber gerade im Falle von größerer Straffälligkeit nicht greift. In diesem Zusammenhang sei an den Fall »Mehmet« erinnert, der 1998 für Aufsehen sorgte. Es ist leider kein Einzelfall, dass im Bundesgebiet geborene Kinder ausgewiesen werden.

Ausweisungsverfügung

Kommt es zu einer Ausweisung, so ist spätestens bei Erhalt der Ausweisungsverfügung ein Rechtsbeistand einzuschalten, um gegen die Ausweisung Widerspruch einzulegen. Dieser Widerspruch ist nötig, bevor Klage beim Verwaltungsgericht erhoben werden kann. Es sind dabei Fristen zu beachten, die in der Rechtsbehelfsbelehrung angegeben sind, die der Ausweisungsverfügung beigefügt ist. Droht die Frist abzulaufen, ohne dass ein Termin bei einer Anwältin oder einem Anwalt ausgemacht werden konnte, so sollte von den Betroffenen selbst schriftlich Widerspruch eingelegt werden mit der Ankündigung, dass

Kapitel 6

die ausführliche Begründung nachgereicht wird. Damit bleibt die Frist gewahrt. Wird der Widerspruch abgelehnt, so kann Klage erhoben werden.

Es ist wichtig zu wissen, dass Widerspruch und Klage keine aufschiebende Wirkung haben, wenn die Ausländerbehörde die Ausweisung für sofort vollziehbar erklärt hat. Das bedeutet, dass selbst dann, wenn der Widerspruch gegen eine Ausweisungsverfügung eingelegt oder Klage erhoben wurde, die sofortige Ausreisepflicht bestehen bleibt. Deshalb ist parallel zu Widerspruch und Klage ein Antrag auf Wiederherstellung der aufschiebenden Wirkung zu stellen. Dieser Antrag heißt Eilantrag und richtet sich nach § 80 Verwaltungsgerichtsordnung.

Der Ausweisungsverfügung wird eine Grenzübertrittsbescheinigung beigelegt, die bei der Ausreise dem Bundesgrenzschutz abzugeben ist. Die Grenzübertrittsbescheinigung wird mit Ort, Datum und Zeit der Ausreise versehen und an die Ausländerbehörde zurückgeschickt. So wird sichergestellt, dass die Behörde von der Ausreise der Betroffenen erfährt. Wird die Grenzübertrittsbescheinigung nicht abgegeben, gehen die Behörden von einem weiteren, jedoch illegalen Aufenthalt im Inland aus und schreiben folglich eine Fahndung aus. Diese Daten werden sowohl im Ausländerzentralregister als auch im Schengener Informationssystem gespeichert, so dass eine spätere Wiedereinreise ohne Löschung dieser Daten nicht möglich ist.

Eine Ausweisung wird meist unbefristet angeordnet. Auf Antrag kann diese Wirkung befristet werden. Je nach Ausweisungsgrund kann die Befristung abgelehnt oder mit bestimmten zeitlichen Auflagen versehen werden. In Ausnahmefällen kann eine kurzfristige Erlaubnis zum Betreten des Bundesgebietes beantragt werden, wenn eine besondere Lebenssituation (z. B. Tod der Eltern, Geburt eines Kindes) dies erfordert.

Abschiebung

Sollte der Eilantrag abgelehnt werden, müssen die Betroffenen ausreisen, sonst wird die Ausweisung zwangsweise durchgesetzt, d. h. es wird abgeschoben. Dieses Vorgehen wird in der Regel bereits in der Ausweisungsverfügung für den Fall angedroht, dass der Ausreiseaufforderung nicht nachgekommen wird.

Besteht aus Sicht der Behörden die Gefahr, dass der oder die Betroffene sich durch Untertauchen der Abschiebung entziehen will, kann auch Abschiebungshaft angeordnet werden. Gegen diese Schritte der Behörde sind Rechtsmittel möglich. Dabei ist jeweils das Interesse der Behörde an der Abschiebung gegen die Interessen des/der Ausreisepflichtigen abzuwägen. Auch ist zu prüfen, ob eine freiwillige Ausreise möglich ist.

Eine Abschiebung hat zur Folge, dass die Betroffenen nicht wieder in die Bundesrepublik Deutschland einreisen dürfen, auch nicht zum Beispiel für einen Urlaub. Im Ausländerzentralregister und im Schengener Informationssystem wird eine Einreisesperre vermerkt, die nicht nur Deutschland veranlasst, kein Visum mehr zu erteilen, sondern auch die anderen Schengen-Staaten.

Die Kosten, die für die Abschiebung und die Abschiebehaft entstehen, übernimmt stellvertretend für den Abzuschiebenden der deutsche Staat. Sie sind zurückzuzahlen, wenn eine Befristung der Wirkung der Ausweisung beantragt wird, d. h. wenn die Einreisesperre aufgehoben werden soll.

Politische Betätigung

Die Meinungsfreiheit von Migrant/-innen und Flüchtlingen kann durch das Ausländergesetz eingeschränkt werden. So darf die Ausländerbehörde politische Betätigung verbieten, zum Beispiel die Teilnahme an einer Demonstration (§ 37 AuslG).

Gefährlich für den Aufenthalt kann sich seit dem 1. 11. 1997 allein die Teilnahme an einer verbotenen oder aufgelösten öffentlichen Versammlung auswirken, vor allem wenn aus der Menschenmenge heraus Gewalttätigkeiten gegen Menschen oder Sachen begangen werden. Gemäß § 47 Abs. 2 Ausländergesetz kann diese Form der Betätigung mit einer Ausweisung wegen besonderer Gefährlichkeit geahndet werden.

Auch das Grundrecht auf Versammlungsfreiheit des Art. 8 Grundgesetz wird als Privileg der Deutschen angesehen. Gleiches gilt für die Vereinigungsfreiheit in Art. 9 Grundgesetz, die nur für Deutsche gewährleistet ist. Deshalb gelten für Migrantenvereine Sonderregelungen. Sie unterliegen einer Anmelde- und Auskunftspflicht und können zum Beispiel auch gemäß § 14 Abs.1 und § 15 Abs.1 Vereinsgesetz verboten werden, wenn sie durch politische Betätigung die innere oder äußere Sicherheit, die öffent-

Kapitel 6

liche Ordnung oder sonstige erhebliche Belange Deutschlands oder eines ihrer Bundesländer gefährden.

Perspektiven nach dem Zuwanderungsgesetz

Das Gesetz sieht nicht mehr wie zurzeit mehrere Begriffe für die Aufenthaltsgenehmigung vor. Zukünftig wird in § 4 Aufenthaltsgesetz (AufenthG) der Begriff »Aufenthaltstitel« eingeführt, der das Visum zur Einreise umfasst und nur noch zwischen Aufenthaltserlaubnis (§ 7) und Niederlassungserlaubnis (§ 9) unterscheidet. Der zukünftigen Aufenthaltserlaubnis ist dann nicht mehr anzusehen, ob sie beispielsweise für Studenten, bestimmte Arbeitnehmer/-innen oder für Ehegatten Deutscher ausgestellt wurde. Allerdings bleibt der unterschiedliche Aufenthaltszweck, der einer Aufenthaltserlaubnis zugrunde liegt, weiterhin erhalten und bestimmt die Verfestigungsmöglichkeiten des Aufenthaltsstatus.

Aufenthaltstitel

Der Nachzug von Ehegatten oder Lebenspartner/-innen zu Deutschen ist im Abschnitt 6 des AufenthG zu finden, der den Aufenthalt aus familiären Gründen umfasst (§ 27 bis § 36). § 28 AufenthG löst den bisherigen § 23 AuslG im Wortlaut ab und betrifft die Aufenthaltserlaubnis ausländischer Ehegatten bzw. Lebenspartner/-innen Deutscher sowie ausländische sorgeberechtigte Elternteile deutscher Kinder. Für diese Personengruppen bleibt der Rechtsanspruch auf Aufenthalt erhalten, allerdings wurde der Regelanspruch auf eine dreijährige Ersterteilung aufgegeben. Die Behörde hat die Möglichkeit, im Rahmen ihres Ermessens z. B. für drei Jahre die Aufenthaltserlaubnis zu erteilen oder jeweils jährlich. Weiterhin bleibt die Möglichkeit bestehen, dass ausländische nichtsorgeberechtigte Elternteile die Aufenthaltserlaubnis erhalten. Die Verfestigung des Aufenthalts erfolgt wie gehabt nach drei Jahren Besitz der Aufenthaltserlaubnis in Form einer Niederlassungserlaubnis. Die Niederlassungserlaubnis löst die jetzige unbefristete Aufenthaltserlaubnis und die Aufenthaltsberechtigung ab.

Für die Niederlassungserlaubnis wird das Fortbestehen der Lebensgemeinschaft mit dem/der deutschen Lebenspartner/-in verlangt, und es darf kein Ausweisungsgrund vorliegen. Finanzielle Nachweise sowie der

Aufenthalt nach dem Ausländergesetz

Nachweis von Wohnraum wird von dieser Personengruppe nicht verlangt.

Drittstaater/-innen haben einen Anspruch auf Erteilung der Niederlassungserlaubnis, wenn sie fünf Jahre in Besitz der Aufenthaltserlaubnis waren, den Lebensunterhalt aus eigenen Mitteln bestreiten können und fünf Jahre sozialversicherungspflichtig beschäftigt waren. Neu hinzu kommt, dass ein Nachweis über Deutschkenntnisse sowie Grundkenntnisse über die Rechts- und Gesellschaftsordnung in Deutschland zu erbringen ist. Als ausreichend wird hierfür der erfolgreiche Besuch eines Integrationskurses angesehen.

Zukünftig wird vor der Erteilung der Niederlassungserlaubnis eine Regelanfrage zur Prüfung von Sicherheitsbedenken stattfinden.

Familiennachzug

Der Familiennachzug zu Ausländern im Bundesgebiet bleibt im Grundsatz erhalten. Anstelle der bisherigen Aufenthaltsberechtigung tritt die Niederlassungserlaubnis, die aber bereits nach fünf Jahren beantragt werden kann und nicht wie bisher nach acht Jahren. Der Nachzug zu Ausländer/-innen ist auch dann möglich, wenn diese seit fünf Jahren in Besitz einer befristeten Aufenthaltserlaubnis sind.

Modifiziert wurde die Regelung zum Kindernachzug. Während bisher der Nachzug von Kindern bis zu 16 Jahren zu allein sorgeberechtigten Elternteilen nur als Ermessensregelung möglich ist, wird dies zukünftig ebenso wie zu beiden Elternteilen ein Rechtsanspruch sein und zwar unabhängig davon, ob die Familie zusammen oder getrennt voneinander die Wohnsitznahme im Bundesgebiet vornimmt. Außerdem sieht eine Härtefallregelung den Nachzug von Kindern auch nach dem 16. Geburtstag vor, »wenn es die deutsche Sprache beherrscht oder gewährleistet erscheint, dass es sich auf Grund seiner bisherigen Ausbildung und Lebensverhältnisse in die Lebensverhältnisse in der Bundesrepublik Deutschland einfügen kann« (§ 32 AufenthG). Aber auch zur Vermeidung einer besonderen Härte kann dem minderjährigen Kind eine Aufenthaltserlaubnis erteilt werden. Dabei sind das Kindeswohl und die familiäre Situation zu berücksichtigen.

Auch das Aufenthaltsgesetz sieht die Familie als Kernfamilie, bestehend aus Eltern und leiblichen Kindern, und sieht folglich den Nachzug für

Kapitel 6

andere Familienangehörige nur zur Vermeidung einer außergewöhnlichen Härte vor. Damit bleibt die jetzige Regelung des Ausländergesetzes in § 22 auch zukünftig erhalten (§ 36 AufenthG).

Integrationskurs

Neu aufgenommen ist die Berechtigung zur Teilnahme an einem Integrationskurs (§ 44), der einen Deutschsprachkurs und einen Orientierungskurs zur Vermittlung von Grundkenntnissen der deutschen Rechtsordnung, Kultur und Geschichte umfasst. Hiernach haben Ausländer/-innen einen Anspruch auf solch einen Kurs, wenn sie sich dauerhaft in Deutschland aufhalten wollen. Dieser besteht vor allem, wenn erstmalig die Aufenthaltserlaubnis erteilt wird zu Erwerbszwecken, zum Familiennachzug und betrifft somit deutsch Verheiratete, Ehegatten von Ausländer/-innen, Kinder und sonstige Familienangehörige. Der Anspruch besteht auch, wenn die Aufenthaltserlaubnis aus humanitären Gründen gegeben wird. Keinen Anspruch haben Unionsbürger/-innen, Kinder und Jugendliche in schulischer Ausbildung sowie Drittstaater/-innen mit erkennbar geringem Integrationsbedarf.

Verfügt ein Neuzuwanderer mit Anspruch nicht über einfache mündliche Deutschkenntnisse, so besteht eine Verpflichtung zur Teilnahme an dem Kurs (§ 44 a), vorausgesetzt, dass die Kursteilnahme zumutbar und der Kurs von der Entfernung her zu erreichen ist. Kommen sie dieser Verpflichtung nicht nach, so kann dies Auswirkungen z. B. auf die Verlängerung der Aufenthaltserlaubnis haben – soweit kein Rechtsanspruch auf Verlängerung besteht, oder auch auf einen bestehenden Sozialleistungsbezug. Leistungen können um bis zu 10% gekürzt werden.

Übergangsregelungen

Im Rahmen von Übergangsregelungen wird sichergestellt, dass sich die Rechtsstellung von bereits hier lebenden Drittstaater/-innen nicht verschlechtert und Vertrauensschutz gewährleistet wird (§ 101 ff. AufenthG). Befristete und unbefristete Aufenthaltstitel nach jetzigem Recht werden entsprechend des Aufenthaltszwecks in eine befristete Aufenthaltserlaubnis oder in eine Niederlassungserlaubnis umgewandelt. Ausländer/-innen,

Aufenthalt nach dem Ausländergesetz

die in Besitz einer befristeten Aufenthaltserlaubnis oder Aufenthaltsbefugnis nach jetzigem Ausländerrecht sind, können eine Verfestigung ihres Aufenthaltsstatus ebenfalls nach altem Recht bekommen. Duldungen sind im Zuwanderungsgesetz nicht mehr vorgesehen. Ausländer/-innen, die mit Duldungen nach dem alten Recht in Deutschland leben, können diese Zeiten bei der Beantragung einer Niederlassungserlaubnis anrechnen lassen.

Kapitel 6

Teil 2: Aufenthalt nach europäischem Recht

Allgemeines und Rechtsgrundlagen der EU

Viele Lebensbereiche in den Mitgliedstaaten der Europäischen Union sind durch Entscheidungen auf der europäischen Ebene beeinflußt oder vollends geregelt. Das nationale Recht wird in vielen Bereichen durch das Recht der EU ersetzt, geformt oder durchdrungen. Auch die Einwanderung in die Staaten der EU wird mittlerweile zu einem sehr großen Teil durch EU-Recht geregelt.

So ist das nationale Ausländerrecht gegenüber dem EU-Recht nachrangig. Es findet nur Anwendung, wenn das Gemeinschaftsrecht keine abweichenden Regelungen enthält. Das hat wiederum zur Folge, dass günstigere Regelungen im nationalen Ausländerrecht dem EU-Recht vorgehen.

In der Europäischen Union gibt es zwei wesentliche Rechtsakte, durch welche Recht gesetzt wird. Das ist zum einen die Verordnung und zum anderen die Richtlinie. Die EU-Verordnung setzt einheitliches Recht in allen Mitgliedstaaten der EU und ist ohne weiteres wie ein nationales Gesetz im jeweiligen Mitgliedstaat gültig. Die nationalen Behörden und Gerichte müssen die Verordnung unmittelbar anwenden. Steht ein nationales Gesetz im Widerspruch zu einer EU-Verordnung, so geht die Verordnung vor.

Die EU-Richtlinie hingegen muss von den einzelnen Mitgliedstaaten erst in nationales Recht umgesetzt werden. Dabei sind jedoch das Ziel der Richtlinie und der Zeitplan für die Umsetzung vorgegeben. Wird eine Richtlinie nicht vollständig, nicht rechtzeitig oder überhaupt nicht umgesetzt, können EU-Bürger/-innen vor den nationalen Gerichten auf die Umsetzung klagen.

Das Aufenthaltsrecht von Unionsbürgern (Staatsangehörige eines Mitgliedstaates der EU), die in einem anderen EU-Mitgliedstaat als ihrem Herkunftstaat Aufenthalt nehmen, richtet sich für Arbeitnehmer und ihre Angehörigen nach der EU-Verordnung (VO-EWG) 1612/68, für Verbleibeberechtigte (ehemalige Arbeitnehmer) nach der VO-EWG 1251/70 mit den entsprechenden Richtlinien/EWG. Im nationalen Recht wurden EU-Richtlinien durch das Aufenthaltsgesetz/EWG (AufenthG/EWG) sowie durch die Freizügigkeitsverordnung (FreizügV/EG) aus dem Jahre 1997 umge-

AUFENTHALT NACH EUROPÄISCHEN RECHT

setzt. Künftig wird das Freizügigkeits- und Aufenthaltsrecht von Unionsbürger/-innen und ihren Familienangehörigen durch eine neue Richtlinie geregelt, die am 1. 7. 2005 in Kraft tritt. Die Mitgliedstaaten haben nach Inkrafttreten zwei Jahre Zeit, diese Richtlinie in nationales Recht umzusetzen.

In vielen Verträgen und Übereinkommen der Mitgliedstaaten wurden wesentliche Schritte auf dem Weg zu einer einheitlichen EU-Einwanderungspolitik sowie einer Rechtsangleichung vorgenommen. Seit dem am 1. 5. 1999 in Kraft getretenen Vertrag von Amsterdam kann die Europäische Union Bestimmungen über Kontrollen an den Außengrenzen (gegenüber Drittstaatern), über die Visaerteilung sowie über Asyl und Einwanderung erlassen. Weitere wichtige Übereinkommen in Migrationsfragen sind das Schengener Übereinkommen über den schrittweisen Abbau der Kontrollen an den Binnengrenzen aus dem Jahr 1985, das Übereinkommen zur Durchführung des Schengener Übereinkommens (SDÜ) sowie das 1997 in Kraft getretene Dubliner Übereinkommen zur Bestimmung des zuständigen Staates für einen in der EU gestellten Asylantrag.

Erste Ergebnisse der Angleichungsbemühungen der Gemeinschaft im Bereich der legalen Einwanderung sind zwei Richtlinien der EU: die Daueraufenthaltsrichtlinie (RL 2003/109/EG) und die Familiennachzugsrichtlinie (RL 2003/86/EG). Beide Richtlinien betreffen die Aufenthaltsrechte von Bürgern und Bürgerinnen aus sogenannten Drittstaaten und deren (Familien-)Angehörigen – also nicht von Unionsbürgern.

Die Daueraufenthaltsrichtlinie trat am 24. 1. 2004 in Kraft. Sie muss bis zum 23. 1. 2006 in nationales Recht umgesetzt sein; d.h. vor diesem Datum kann aus dieser Richtlinie kein Recht gefordert werden. Im wesentlichen hat diese Richtlinie zum Ziel, die Rechtsstellung aufenthaltsberechtigter Drittstaatsangehöriger weitgehend der Rechtsstellung von Unionsbürgern anzunähern. So soll es nach fünf Jahren rechtmäßigen ununterbrochenen Aufenthalts eine »langfristige Aufenthaltsberechtigung-EG« geben. Diese Richtlinie ist im wesentlichen nicht anwendbar auf Studierende, Auszubildende, Flüchtlinge, Au-Pairs, Saison- oder entsandte Arbeitnehmer/-innen sowie Diplomaten. Beim Zugang zur Erwerbstätigkeit, zu Bildung und sozialer Sicherheit sollen langfristig Aufenthaltsberechtigte wie eigene Staatsangehörige behandelt werden. Diese Richtlinie dient der Harmonisierung und enthält keine einzuhaltenden Mindeststandards. Deshalb enthält sie keine »Standstill-Klausel«, die es verbietet, bestehende günstigere nationale Regelungen im Zuge der Umsetzung der

Kapitel 6

Richtlinie abzusenken. Für das deutsche nationale Ausländerrecht bedeutet dies, dass es die höchste Stufe der Aufenthaltsverfestigung, nämlich die Aufenthaltsberechtigung, bereits nach fünf- und nicht erst nach achtjährigem Aufenthalt gibt. Dabei können in unterschiedlichem Maße Aufenthaltszeiten zu Zwecken des Studiums, der Ausbildung oder aus humanitären Gründen auf die Aufenthaltsdauer angerechnet werden. Die Entwürfe zum Zuwanderungsgesetz berücksichtigen diese Richtlinie bereits.

Die Familiennachzugsrichtlinie vom 22. 9. 2003 muss bis zum 3. 10. 2005 in nationales Recht umgesetzt sein. Ziel der Richtlinie ist die Festlegung von Bedingungen, der Familienzusammenführung von Drittstaater/-innen und ihren Familienangehörigen. Dabei gilt sie nur für Drittstaatsangehörige, die sich im Gebiet eines Mitgliedstaates rechtmäßig mit einem Aufenthaltsrecht von mindestens einem Jahr Gültigkeit aufhalten und begründete Aussicht auf ein ständiges Aufenthaltsrecht haben sowie für Flüchtlinge nach der Genfer Konvention. Nur die Kernfamilie (Ehegatten und minderjährige Kinder) hat danach einen Anspruch auf Familienzusammenführung. Ob weitere Verwandte, erwachsene Kinder, nichteheliche oder eingetragene Partner/-innen nachziehen dürfen, bleibt ausdrücklich den Mitgliedstaaten überlassen. Der Kindernachzug von Kindern über 12 Jahren kann von bestimmten Integrationserfordernissen abhängig gemacht werden. Der Familiennachzug darf im weiteren von einer Wartefrist von höchstens zwei bis drei Jahren abhängig gemacht werden. Weitere Voraussetzungen können feste Einkünfte, hinreichender Wohnraum und Krankenversicherung sein.

Ein eigenständiges Aufenthaltsrecht von Ehegatten, nichtehelichen Lebenspartnern oder erwachsenen Kindern muss spätestens nach fünf Jahren erteilt sein. Im Falle von Zweckehen oder Zwecklebenspartnerschaften soll der Aufenthalt beendet werden können bzw. ein Antrag auf Einreise und Familienzusammenführung abgelehnt werden. Beim Nachzugsalter und hinsichtlich einer möglichen Wartefrist enthält die Richtlinie eine Standstill-Klausel, d. h. dass in diesen Bereichen die Mitgliedstaaten bei der Umsetzung der Richtlinie keine ungünstigeren Bedingungen einführen dürfen als zum Zeitpunkt der Annahme. Für das Nachzugsalter gilt der Zeitpunkt der Umsetzung der Richtlinie.

AUFENTHALT NACH EUROPÄISCHEN RECHT

Wichtig!
Für das deutsche Ausländerrecht bringt diese Richtlinie kaum die Notwendigkeit einer Anpassung der Rechtsnormen mit sich. Die sich aus der Richtlinie ergebenden Ansprüche sind bereits nationales Gesetz oder das nationale Gesetz ist ohnehin günstiger. Der Rest bleibt im Ermessen der Mitgliedstaaten.

Das in einem früheren Entwurf der Richtlinie vorhandene Verbot der Inländerdiskriminierung (siehe weiter unten) wurde wieder herausgenommen.

Einreise

Die Einreise von EU-Staatsangehörigen ist unproblematisch. Sie benötigen kein Einreisevisum (siehe auch § 2 Abs. 3 AufenthaltsG/EWG) und dürfen sich bis zu drei Monate ohne Aufenthaltsgenehmigung in Deutschland aufhalten. Für sie reicht ein Identitätsdokument (Personalausweis) ihres Herkunftsstaates aus.

Die Einreise von Drittstaatern in die EU regelt die VO-EG 539/ 2001 (EUVisaVO)). Im Anhang zu dieser Verordnung befinden sich zwei Listen. In der einen Liste sind die Staaten aufgeführt, deren Staatsangehörige zur Einreise in die EU für einen Aufenthalt von bis zu drei Monaten ein Visum benötigen und in der anderen Liste stehen die Staaten, deren Einreise und Aufenthalt bis zu drei Monaten visumsfrei sind. Das Visum muss im Herkunftstaat bei der Auslandsvertretung des betreffenden EU-Staates beantragt werden.

Für eine Einreise in einen Schengen-Staat kann das Visum in jedem Konsulat eines Schengen-Staates gestellt werden. Da für die Erteilung eines Visums eine Einladung aus dem betreffenden EU-Staat vorliegen muss, empfiehlt es sich, den Antrag gleich bei dem Konsulat dieses Schengen-Staates, in den eingereist werden soll, zu stellen. Bei der Prüfung, ob Einreisehindernisse bestehen, wird unter anderem auch das Schengener Informationssystem (SIS) abgefragt. Bestehen keine Hindernisse, wird das Visum mit Gültigkeit für alle Schengen-Staaten erteilt. Die erste Einreise muss über den Schengen-Staat erfolgen, dessen Konsulat das Visum ausgestellt hat.

Das Schengen-Visum kann maximal bis zu drei Monaten erteilt werden. Es gibt das Schengen-Visum in vier verschiedenen Kategorien mit unterschiedlichen Einschränkungen.

Kapitel 6

Das Schengen-Visum der Kategorie A ist nur für den Flughafentransit gültig. Bei einer Zwischenlandung ist daher der Aufenthalt im Transitbereich erlaubt, aber nicht die Einreise in den Staat, in dem der Zwischenhalt stattfindet.

Ein Visum der Kategorie B berechtigt zur Durchreise durch das Schengengebiet, um in einen Drittstaat zu gelangen. Es kann für ein-, zwei- oder im Ausnahmefall für mehrmalige Durchreisen erteilt werden. Die Durchreise darf höchstens fünf Tage dauern.

Mit einem Schengen-Visum der Kategorie C ist man berechtigt, in das Schengengebiet einzureisen und sich dort ununterbrochen oder mehrmals aufeinanderfolgend bis zu insgesamt drei Monaten in einem Halbjahr aufzuhalten. Der Zeitraum der Drei-Monatsfrist zählt ab dem Tag der ersten Einreise.

Das Visum der Kategorie D ist ein nationales Visum und erlaubt nur die Einreise und den Aufenthalt – nach den nationalen Bestimmungen – in dem EU-Staat, dessen Konsulat es ausgestellt hat.

Halten sich Drittstaater/-innen mit einer gültigen Aufenthaltsgenehmigung in einem Schengen-Staat auf, so können sie visumsfrei in andere Schengen-Staaten reisen und sich dort 90 Tage zu touristischen Zwecken aufhalten. Für die Einreise in andere EU-Staaten benötigen sie weiterhin ein Visum. Allerdings sollen ihnen alle Erleichterungen zur Erlangung eines Visums ermöglicht werden. Sie erhalten das Visum kostenfrei oder zu den Gebühren für die Ausstellung eines Personalausweises (siehe RL-EG 68/360).

Aufenthalt

Grundsätzlich geniessen *Unionsbürger/-innen* in den Mitgliedstaaten der Europäischen Union Freizügigkeit. Wollen sie länger als drei Monate in Deutschland Aufenthalt nehmen, so haben sie als Arbeitnehmer/-innen, Selbständige, Studierende oder verbleibeberechtigte Rentner einen Anspruch auf Erteilung einer Aufenthaltserlaubnis-EG. Ausnahme sind zurzeit noch die Staaten Mittelosteuropas, die im Rahmen der sogenannnten Osterweiterung der EU am 1. 5. 2004 der EU beigetreten sind (siehe Abschnitt »EU-Osterweiterung«). Als Nichterwerbstätige (z. B. Studierende und nicht verbleibeberechtigte Renter) müssen sie die Sicherung des Lebensunterhalts und ausreichenden Krankenversicherungsschutz nach-

Aufenthalt nach europäischen Recht

weisen (siehe FreizügigkeitsVO/EG). EU-Bürger/-innen, die eine Erwerbstätigkeit ausüben wollen und voraussichtlich länger als einen Monat in Deutschland bleiben wollen, müssen nach der Einreise ihren Aufenthalt unverzüglich anzeigen.

Die Familienangehörigen von EU-Staatsbürgerinnen haben ebenfalls einen Anspruch auf Erteilung einer Aufenthaltserlaubnis-EG. Als Familienangehörige gelten Ehepartner/-innen; Verwandte in absteigender Linie – das sind Kinder und Enkelkinder, die noch keine 21 Jahre alt sind – sowie Verwandte in aufsteigender Linie – das sind Eltern und Großeltern, sofern diesen Unterhalt gewährt wird. Auch über 21 Jahre alte Kinder können eine Aufenthaltsgenehmigung erhalten, wenn für sie noch Unterhalt gezahlt wird.

Bei der erstmaligen Erteilung erhalten Ehepartner/-innen eine auf fünf Jahre befristete Aufenthaltserlaubnis-EG, die, wenn die Freizügigkeitsvoraussetzungen weiterhin vorliegen, verlängert werden kann. Unter weiteren Voraussetzungen kann die befristete Aufenthaltserlaubnis-EG nach fünf Jahren auch unbefristet erteilt werden. Die Ehepartner/-innen von EU-Staatsangehörigen müssen keine EU-Bürger/-innen sein, sie können auch einem Drittstaat angehören. Auf Familienangehörige von Deutschen, die aus einem Drittstaat kommen, finden jedoch nur die Regelungen des nationalen Ausländerrechts Anwendung.

Beispiel: Für den türkischen Ehemann einer in Deutschland lebenden französischen Arbeitnehmerin gelten die Freizügigkeitsregelungen der EU. Der türkische Ehemann hat einen Anspruch auf die Erteilung einer Aufenthaltserlaubnis-EG (bei Ersterteilung auf fünf Jahre befristet; siehe oben). Wäre der türkische Mann mit einer Deutschen verheiratet, würde er für seinen Aufenthalt zur Führung der ehelichen Lebensgemeinschaft in Deutschland eine auf drei Jahre befristete Aufenthaltserlaubnis nach nationalem Ausländerrecht erhalten.

Diese unterschiedliche Behandlung von Familienangehörigen aus Drittstaaten führt in manchen aufenthaltsrechtlichen Fragen zu einer Schlechterstellung der Familienangehörigen von Deutschen gegenüber Familienangehörigen von in Deutschland lebenden EU-Staatsbürger/-innen.

Deutlich wird dies insbesondere in zweierlei Hinsicht. Zum einen muss nach EU-Recht für die Möglichkeit einer Aufenthaltsbeendigung eines drittstaatsangehörigen Ehegatten eine Scheidung vorliegen. Nach nationalem Ausländerrecht reicht bereits das Getrenntleben der Ehegatten,

Kapitel 6

also die Aufhebung der ehelichen Lebensgemeinschaft. D. h. der türkische Ehemann einer Deutschen darf vor Ablauf von zwei Jahren (danach: eigenständiges Aufenthaltsrecht) nicht getrennt von seiner Ehefrau leben, sonst ist sein Aufenthalt gefährdet. Sein türkischer Kollege, der mit seiner französischen Ehefrau in Deutschland lebt, kann sich von seiner Ehefrau trennen und riskiert erst aufenthaltsrechtliche Probleme, wenn die Ehe geschieden ist.

Zum zweiten gibt es auch beim Kindernachzug von Stiefkindern der drittstaatsangehörigen Ehegatten eine Schlechterstellung. Nach EU-Recht dürfen die Kinder bis zum 21. Lebensjahr und teilweise darüber hinaus im Rahmen der Familienzusammenführung nachziehen. Nach nationalem Recht geht dies nur bis zum 16. Lebensjahr und dies unter sehr schwierigen Bedingungen.

Beispiel: Will ein in Deutschland lebender Nigerianer, der mit einer Deutschen verheiratet ist, seinen 12 Jahre alten Sohn aus erster Ehe in Nigeria dauerhaft zu sich nach Deutschland holen, dann gelingt ihm dies nach geltendem deutschen Ausländergesetz nur, wenn das Kindeswohl dem nicht entgegensteht. Die Ausländerbehörde fällt also eine Ermessensentscheidung. Diese geht gegenwärtig in den allermeisten Fällen negativ aus, da von den Behörden grundsätzlich bei fast allen Kindern spätestens ab dem 8. bis 10. Lebensjahr behauptet wird, dass sie sich in Deutschland nicht mehr »richtig« integrieren können. Ist das Kind bereits 16 Jahre oder älter, ist der Nachzug nahezu völlig ausgeschlossen.

Wäre dieser nigerianische Ehemann nicht mit einer Deutschen, sondern mit einer in Deutschland lebenden EU-Bürgerin verheiratet, so würde der Sohn nach EU-Recht bis zum vollendeten 21. Lebensjahr zu seinem Vater nach Deutschland ziehen dürfen.

In beiden Fällen liegt eine sogenannte Inländerdiskriminierung, besser: umgekehrte Diskriminierung, vor. Diskriminiert werden deutsche EU-Bürger/-innen und ihre ausländischen Familienangehörigen aus Drittstaaten gegenüber anderen in Deutschland lebenden EU-Bürger/-innen und deren ausländischen Familienangehörigen aus Drittstaaten. In anderen EU-Staaten – wie z. B. Österreich – wurde eine ähnliche Praxis wegen Verstoßes gegen den Gleichbehandlungsgrundsatz durch den Verfassungsgerichtshof verboten. In Deutschland hat die Rechtsprechung bisher keine Ungleichbehandlung in dieser Praxis gesehen. Eine höchstrichterliche Entscheidung zu dieser Frage steht allerdings aus.

Aufenthalt nach europäischen Recht

Familienangehörige aus Drittstaaten haben sowohl Anspruch darauf, eine unselbständige als auch eine selbständige Erwerbstätigkeit aufzunehmen.

Aufenthaltsbeendigung

Die Ausweisung eines EU-Bürgers/einer EU-Bürgerin ist nach der RL-EU 64/211 bzw. nach § 12 Aufenthaltsgesetz/EWG zu beurteilen. Danach können eine Ausweisung und Abschiebung nur bei hinreichend schwerer Gefahr für die öffentliche Sicherheit und Ordnung, die ein Grundinteresse der Gesellschaft berühren muss, vorgenommen werden.

EU-Bürger/-innen mit einer unbefristeten Aufenthaltserlaubnis-EG genießen einen erhöhten Ausweisungsschutz und können nur aus schwerwiegenden Gründen gegen die öffentliche Sicherheit und Ordnung ausgewiesen werden.

Damit sind die Möglichkeiten, eine/n EU-Bürger/-in auszuweisen und abzuschieben wesentlich geringer als nach dem nationalen Ausländergesetz. Es ist zu unterscheiden, ob bereits eine unbefristete Aufenthaltserlaubnis-EG vorliegt oder noch die befristete.

Innerhalb der ersten fünf Jahre – also während der Zeit der befristeten Aufenthaltserlaubnis-EG – können Verstöße gegen die öffentliche Ordnung, Sicherheit und Gesundheit – also insbesondere Straftaten – zu einer Ausweisung führen. Eine Inanspruchnahme von Sozialhilfe (ALG II) kann in der Regel nicht zur Ausweisung führen, es sei denn, sie ist selbstverschuldet. Ob Prostitution zur Ausweisung führen kann, wird unterschiedlich beantwortet. Jedenfalls ist eine Ausweisung unwahrscheinlich, wenn neben der Prostitution noch eine weitere Beschäftigung ausgeübt wird.

Die Missachtung von Formvorschriften reicht nach der Rechtsprechung des Europäischen Gerichtshofes (EuGH) nicht für eine Aufenthaltsbeendigung aus. Das gilt z. B. für das Ungültigwerden des Passes durch Zeitablauf. Strittig ist jedoch, ob der Verstoß gegen die Visumspflicht bei der Einreise eines Familienangehörigen von EU-Bürger/innen aus einem Drittstaat eine Aufenthaltsbeendigung begründen kann.

Wegen bestimmter Krankheiten (zum Beispiel: quarantänepflichtige Krankheiten, Tuberkulose im akuten Stadium, Syphilis, Suchtkrankheiten, schwere geistige und seelische Störungen. AIDS gehört nicht zu diesen

KAPITEL 6

Krankheiten) darf EU-Bürger/-innen zwar die Einreise oder die erste Aufenthaltserlaubnis verweigert werden. Tritt die Krankheit nach Erteilung der ersten Aufenthaltserlaubnis auf, darf weder die Verlängerung der Aufenthaltserlaubnis abgelehnt werden noch eine Ausweisung erfolgen. Anders als im nationalen Ausweisungsrecht darf eine Ausweisung nur erfolgen, wenn diese aus spezialpräventiven Gründen notwendig ist; d. h. die Ausweisung muss an das persönliche Verhalten des Betreffenden anknüpfen. Sie darf also nicht aus generalpräventiven Gründen erfolgen; d.h. sie darf nicht zur Abschreckung dienen. Die Ausländerbehörde muss in ihrem Ausweisungsbescheid begründen, warum eine Wiederholungsgefahr besteht.

Soll ein EU-Bürger/eine EU-Bürgerin mit unbefristeter Aufenthaltserlaubnis-EG ausgewiesen werden, so geht dies nur im Falle von schwerwiegenden Gründen der öffentlichen Sicherheit und Ordnung. Damit sind in aller Regel Fälle schwerer Kriminalität gemeint.

EU-Osterweiterung

Am 1. 5. 2004 sind weitere 10 Staaten der Europäischen Union beigetreten. Dieser Beitritt wird allgemein mit dem Begriff EU-Osterweiterung bezeichnet, obwohl es sich nur bei 8 Staaten um im weitesten Sinne ost- und mittelosteuropäische Staaten handelt, nämlich Polen, Tschechien, Ungarn, Estland, Lettland, Litauen, Slowenien und die Slowakei. Die beiden weiteren beigetretenen Staaten sind die Mittelmeerländer Malta und der griechische Teil von Zypern.

Durch den Beitritt erhalten die Bürger/-innen dieser Staaten den Status von EU-Bürgern und erlangen grundsätzlich auch das EU-Freizügigkeitsrecht. Dies ergibt sich unmittelbar aus ihrer Staatsangehörigkeit. Sie benötigen kein Visum mehr, d. h. für die Einreise von Staatsangehörigen der Beitrittsstaaten nach Deutschland reicht der Personalausweis. Somit haben die EU-Neubürger/-innen (niedergelassene Selbständige, Verbleibeberechtigte, Rentner, Studenten und sonstige Nichterwerbstätige) dieser Staaten das Recht auf Einreise und Aufenthalt. Diese Rechte gelten auch für die Familienangehörigen (auch aus Drittstaaten). Allerdings wurden in wesentlichen Bereichen wie der Arbeitnehmerfreizügigkeit (Aufnahme einer unselbständigen Erwerbstätigkeit) erhebliche Einschränkungen für eine Übergangszeit bis zu sieben Jahren vereinbart.

Aufenthalt nach europäischen Recht

Alle EU-Neubürger/-innen, die ihren Aufenthalt aus eigenen Mitteln finanzieren können und über ausreichenden Krankenversicherungsschutz verfügen, haben das Recht, sich in der EU und somit auch in Deutschland frei zu bewegen und aufzuhalten. Werden allerdings soziale Leistungen in Anspruch genommen, kann der Aufenthaltsstaat in das Aufenthaltsrecht eingreifen. Nach der Rechtsprechung des EuGH (EuGH »Grzelczyk«) darf ein solcher Eingriff keine automatische Folge des Sozialhilfebezugs (ALG II) sein. Bei einer Inanspruchnahme von Sozialhilfeleistungen auf Dauer ist eine Aufenthaltsbeendigung jedoch möglich. Es ist zu prüfen, ob die Inanspruchnahme der Leistungen vorübergehender Natur sind.

Staatsangehörige Maltas und Zyperns haben freien Zugang zum Arbeitsmarkt in der EU. Für die acht Staaten Ost- und Mittelosteuropas bestehen hinsichtlich des freien Zugangs zum Arbeitsmarkt Übergangsregelungen. Diese Maßnahmen gliedern sich in drei Phasen/Abschnitte.

In der ersten Phase von zwei Jahren (1. 5. 2004 bis 30. 4. 2006) wird der Zugang zum Arbeitsmarkt abweichend von den üblichen Freizügigkeitsrechten in Art. 1 bis 6 der VO-EWG 1612/68 geregelt. Für Deutschland heißt das, dass Arbeitnehmer/-innen aus den betreffenden acht Staaten weiterhin eine Arbeitsgenehmigung beantragen müssen und nur unter den Bedingungen des nationalen Arbeitsgenehmigungsrechts eine unselbständige Erwerbstätigkeit aufnehmen dürfen. Diese Praxis dürfen die Mitgliedstaaten nach einer Prüfung auf der Basis eines EU-Kommissionsberichts um weitere drei Jahre verlängern. Bei schweren Störungen oder der Gefahr einer solchen Störung für den deutschen Arbeitsmarkt können diese Beschränkungen für den Arbeitsmarkt weitere zwei Jahre aufrechterhalten werden, so dass spätestens am 1. 5. 2011 die volle Freizügigkeit auch für Arbeitnehmer/-innen gewährleistet sein muss.

Andere Staaten – wie Großbritannien und Irland – haben ihren Arbeitsmarkt von Anfang an für EU-Neubürger/-innen geöffnet.

Eine Sonderregelung, die auch in Deutschland gilt (siehe § 12a Arbeitsgenehmigungsverordnung), gibt es für Arbeitnehmer/-innen aus den Beitrittstaaten, die zum Zeitpunkt des Beitritts – also dem 1. 5. 2004 – seit 12 Monaten und mehr ununterbrochen und rechtmäßig zum Arbeitsmarkt zugelassen waren oder die nach dem Beitritt für einen Zeitraum von 12 Monaten und mehr zum Arbeitsmarkt zugelassen wurden. In beiden Fällen haben diese Arbeitnehmer/-innen für den Arbeitsmarkt des Staates, in dem sie zugelassen waren, nunmehr freien Zugang zum Arbeitsmarkt. Für sie gelten die obigen Übergangsregelungen nicht; ihnen ist eine

Kapitel 6

Arbeitsberechtigung zu erteilen. Es kommt nicht auf eine durchgehende Beschäftigung in diesen 12 Monaten an, sondern ob die Zulassung durchgehend vorlag, so dass z. B. eine vorübergehende Arbeitslosigkeit unschädlich sein kann. Diese Sonderregelung gilt nicht für Werkvertragsarbeitnehmer nach den Werkvertragsabkommen, die Deutschland mit vielen Beitrittsstaaten geschlossen hatte. Für Familienangehörige, die sich am 1. 5. 2004 oder für mindestens 18 Monate rechtmäßig im Bundesgebiet aufgehalten haben und die einen gemeinsamen Wohnsitz mit dem Arbeitnehmer/der Arbeitnehmerin haben, gelten diese Sonderregelungen auch. Sie können also auch eine Arbeitsberechtigung erhalten.

Alle anderen Arbeitnehmer/-innen aus den acht ost- und mittelosteuropäischen Beitrittsstaaten können nach Erhalt oder Zusicherung einer bei der Arbeitsagentur beantragten Arbeitsgenehmigung auch eine Aufenthaltserlaubnis-EG erhalten. Auf diese besteht zwar kein Rechtsanspruch, aber das Ermessen der Ausländerbehörde wird bei Vorliegen einer Arbeitsgenehmigung oder einer entsprechenden Zusicherung so reduziert sein, dass im Regelfall eine Erteilung der Aufenthaltserlaubnis-EG erfolgen wird.

Nicht freizügigkeitsberechtigte Arbeitnehmer/-innen, die ohne erforderliche Arbeitsgenehmigung einer unselbständigen Erwerbstätigkeit nachgehen, begehen eine Ordnungswidrigkeit, die mit einem Bußgeld belegt ist. Ob ein solcher Vorgang zu einer Aufenthaltsbeendigung führen kann, ist strittig, ebenso wie die Frage, ob die zum Zeitpunkt des Beitritts bestehenden Wiedereinreisesperren nach § 8 Abs.2 S.1 AuslG, mit denen Bürger/-innen aus den Beitrittsstaaten nach einer Abschiebung belegt wurden, noch wirksam sind. Zahlreiche juristische Kommentatoren sind der Ansicht, dass die Einreisesperren nur noch bei hinreichend schwerer Gefahr für die öffentliche Sicherheit und Ordnung, die ein Grundinteresse der Gesellschaft berührt, eingreifen. Dazu zählen mit Bußgeld belegte Verstöße wegen illegaler Arbeitnehmertätigkeit wohl eher nicht.

Assoziierungsabkommen mit der Türkei

Durch eine Vielzahl von Urteilen des Gerichtshofs der Europäischen Gemeinschaft (EuGH) und in Folge dann auch durch die nationale Verwaltungsgerichtsbarkeit wurde seit Mitte der achtziger Jahre das Assoziationsabkommen zwischen der Türkei und der EU, insbesondere der

Aufenthalt nach europäischen Recht

Assoziationsratsbeschluß 1/80 (ARB 1/80), zu einer weiteren Rechtsgrundlage für den Aufenthalt türkischer Arbeitnehmer/-innen in Deutschland.
Der ARB 1/80 ist Bestandteil des EU-Gemeinschaftsrechts; d. h. in Fällen, die der ARB 1/80 regelt, wird ein Aufenthaltsrecht türkischer Staatsangehöriger in der EU und somit auch in Deutschland nach EU-Recht bestimmt und nicht nach nationalem Recht.
Der EuGH hat festgestellt, dass türkische Staatsangehörige sich unmittelbar auf die Rechte aus Art. 6 Abs.1 und Art. 7 ARB 1/80 berufen können.

Aufenthalt

Auch wenn der ARB 1/80 eigentlich nur die beschäftigungsrechtliche Seite türkischer Arbeitnehmer/-innen in Deutschland regelt, so hat der EuGH entschieden, dass beschäftigungsrechtliche Vergünstigungen zwangsläufig auch ein Aufenthaltsrecht bedingen, sonst wären die Regelungen ohne Wirkung.
Von den Bestimmungen des ARB 1/80 können nur türkische Staatsangehörige Gebrauch machen, die bereits als Arbeitnehmer/-innen in Deutschland beschäftigt sind; d. h. eine Einreise und erstmalige Beantragung der Aufenthaltserlaubnis richtet sich nicht nach dem ARB 1/80, sondern nach dem nationalen Ausländerrecht.
Ein/e Arbeitnehmer/-in im Sinne des ARB 1/80 ist nur jemand, der im Rahmen eines Arbeitsverhältnisses während einer bestimmten Dauer eine tatsächliche, echte und nicht nur völlig geringfügige Tätigkeit für andere nach deren Weisung ausübt, und für die er/sie eine Vergütung erhält.
Es kann zeitlich bereits eine Tätigkeit mit 10-12 Std./Woche ausreichen. Eine fixe Mindestvergütung gibt es nicht, auch wenn hier die Grenze der Sozialversicherungsfreiheit in der Praxis angenommen wird.
Schüler/-innen und Studierende gelten grundsätzlich nicht als Arbeitnehmer/-innen, es sei denn, ihnen wurde neben dem Studium eine unselbstständige Erwerbstätigkeit erlaubt, welche die obigen Mindestanforderungen erfüllt.
Nach Art. 6 Abs.1 des ARB 1/80 müssen türkische Staatsangehörige für eine Verlängerung ihrer Aufenthaltserlaubnis ununterbrochen mindestens ein Jahr bei demselben Arbeitgeber ordnungsgemäß beschäftigt

sein. Bei einem Wechsel des Arbeitgebers vor Ablauf der Jahresfrist geht die angesammelte Beschäftigungszeit verloren. Nach insgesamt mehr als drei Jahren ununterbrochener ordnungsgemäßer Beschäftigung bei demselben Arbeitgeber kann im gleichen Beruf bzw. gleicher Branche ein Arbeitgeberwechsel vorgenommen werden.

Nach insgesamt vier Jahren ununterbrochener ordnungsgemäßer Beschäftigung auf dem regulären deutschen Arbeitsnmarkt, können türkische Staatsangehörige gemäß Art. 6 Abs. 1 ARB 1/80 im Inland jede beliebige neue unselbständige Tätigkeit annehmen. Selbst für den Fall, dass ein Wechsel der Arbeitsstelle nunmehr nicht unmittelbar nach Beendigung der alten Beschäftigung folgt, haben sie die Möglichkeit, in einer Frist von drei Monaten bis zu einem Jahr eine neue Arbeitsstelle zu suchen. Die Anforderungen hierfür sind allerdings strikt. Der/die Betreffende hat sich insbesondere unverzüglich arbeitslos zu melden.

Es muss sich um eine ordnungsgemäße Arbeitsstelle handeln; d. h. es darf nicht nur eine vorläufige Position sein, sondern die Stelle muss gesichert sein. Eine Beschäftigung ist allgemein als ordnungsgemäß zu betrachten, wenn sie im Einklang mit den aufenthaltsrechtlichen und arbeitsrechtlichen Vorschriften steht.

Schließlich muss es sich um eine Beschäftigung auf dem regulären deutschen Arbeitsmarkt handeln. Das bedeutet, dass Beschäftigungen, die vorrangig der Weiter-, Fort- und Ausbildung dienen, nicht davon umfasst sind; ebensowenig wie Stellen des sogenannten zweiten Arbeitsmarktes, wie z. B. ABM-Stellen und ähnliche.

Sonderfälle: Türkische Asylbewerber/-innen, Inhaber/-innen von Duldungen sowie von Aufenthaltsfiktionspapieren nach § 69 AuslG sind nach den Allgemeinen Anwendungshinweisen zum ARB 1/80 in der Regel von den Vorschriften des ARB 1/80 nicht erfasst. Türkische Staatsangehörige mit Aufenthaltsbewilligung nach §§ 28, 29 AuslG oder Aufenthaltsbefugnis nach §§ 30 AuslG sowie türkische Spezialitätenköche können unter die Bestimmungen des ARB 1/80 fallen. Werkvertragsarbeitnehmer/-innen nach dem deutsch-türkischen Werkvertragsabkommen sind wiederum nicht vom ARB 1/80 umfasst.

Unter weiteren Bedingungen können gemäß Art. 7 ARB 1/80 auch die Familienangehörigen eines dem regulären deutschen Arbeitsmarkt angehörenden, türkischen Staatsangehörigen ein eigenes Beschäftigungsrecht erwirken. Dem muss jedoch ein nach den nationalen Bestimmungen erfolgter Familiennachzug vorausgegangen sein. Als Familienangehörige

AUFENTHALT NACH EUROPÄISCHEN RECHT

gelten nach den Allgemeinen Anwendungshinweisen zum ARB 1/80 nur die Ehegatten und minderjährigen Kinder. Türkische Staatsangehörige, deren Aufenthalt nach den Vorschriften des ARB 1/80 zu verlängern ist, erhalten keine Aufenthaltserlaubnis-EG, sondern erhalten die Aufenthaltserlaubnis nach dem nationalen Ausländergesetz.

Ob im Falle einer anstehenden Ausweisung eines türkischen Staatsangehörigen, der ein Aufenthaltsrecht nach den Regeln des ARB 1/80 innehat, nach den Ausweisungsmaßstäben des EU-Rechts (siehe oben) vorzugehen ist oder nach den Ausweisungsregeln des nationalen Rechts, ist heftig umstritten.

Weitere Informationen über Europa unter:

www.europarl.de
(Website des deutschen Informationsbüros des Europäischen Parlaments),

www.eu-kommission.de
(Website der Vertretung der Europäischen Kommission in Deutschland).

7. Kapitel
Staatsangehörigkeit/Einbürgerung

Grundlagen

Mit der Herausbildung von Nationalstaaten entwickelten sich definierte Staatsangehörigkeiten, die ihren Mitgliedern ganz bestimmte Rechte verliehen und andere hiervon ausschlossen. Für Deutschland wurden diese im Reichs- und Staatsangehörigkeitsgesetz (RuStAG) von 1913 festgelegt.

Die Bundesrepublik Deutschland war nicht bereit, grundsätzliche Änderungen an dem aus dem Jahre 1913 stammenden Gesetz vorzunehmen und hielt bis zum 31. 12. 1999 an diesem gesellschaftlich völlig überholten Gesetz fest. Die Einbürgerungsrichtlinien (vom 15. 12. 1977, mit Änderungen vom 20. 1. 1987), die das Staatsangehörigkeitsgesetz erläutern und Ausführungen für die Umsetzung bereithalten, führten als allgemeinen Grundsatz für die Einbürgerung aus: »Die Bundesrepublik Deutschland ist kein Einwanderungsland; sie strebt nicht an, die Anzahl der deutschen Staatsangehörigen gezielt durch Einbürgerung zu vermehren.«

Gesellschaftliche Entwicklungen sind dadurch jedoch nicht aufzuhalten, die wiederum gesetzliche Änderungen zur Folge haben. Diese wurden nur soweit in dem Reichs- und Staatsangehörigkeitsgesetz vorgenommen, soweit sie die Grundlage des Gesetzes nicht berührten. Weitergehende Entwicklungen wurden in andere Gesetze ausgelagert, und an dieser Struktur bis heute festgehalten. So finden sich im Ausländerrecht erstmalig Rechtsansprüche auf Einbürgerung für bestimmte Migran-

Kapitel 7

tengruppen. Außerdem gaben sie den einbürgerungsrechtlichen Grundsatz der Familieneinheit auf, so dass Jugendliche auch ohne ihre Herkunftsfamilien eingebürgert werden konnten.

Besonders unzeitgemäß war das relativ strikte Festhalten am Abstammungsprinzip (ius sanguinis), statt dem in modernen Gesellschaften stärker vertretenen Territorialprinzip (ius soli) im deutschen Staatsangehörigkeitsrecht mehr Raum zu geben, wodurch im Bundesgebiet geborene Kinder die deutsche Staatsangehörigkeit erhalten.

Diesem Anliegen wollte die Bundesregierung 1999 durch ihren ersten Entwurf zur Änderung des Staatsangehörigkeitsrechts nachkommen. Hiergegen entbrannte in Deutschland eine heftige Diskussion gegen die generelle Hinnahme von Mehrstaatigkeit durch Geburtserwerb, die letztlich zeigte, dass die deutsche Gesellschaft in weiten Teilen noch nicht in der modernen Einwanderungsgesellschaft angekommen war.

Die emotionale Stimmung im Land ließ eine sachliche Auseinandersetzung mit diesem Thema kaum zu und trug dazu bei, dass die Regierung von ihrer ursprünglichen Haltung, Mehrstaatigkeit großzügig zuzulassen, wieder abrückte.

Zum 1. 1. 2000 traten das geltende Staatsangehörigkeitsgesetz (StAG) und weitere staatsangehörigkeitsrechtliche Änderungen in den §§ 85-91 AuslG (erleichterte Einbürgerung) in Kraft.

Einbürgerung

Erst durch die Einbürgerung kommen Einwanderer und Einwanderinnen in den Genuß aller staatsbürgerlichen Rechte. Sie sind dann Deutsche (§ 2 Nr.5 StAG).

Das am 1. 1. 2000 in Kraft getretene Staatsangehörigkeitsgesetz soll dazu beitragen, dass möglichst viele in Deutschland lebende Eingewanderte die deutsche Staatsangehörigkeit annehmen. Leider hat sich bereits in den wenigen Jahren seit Erlass des Gesetzes herausgestellt, dass die Zahl der Einbürgerungen abnimmt. Es steht zu vermuten, dass dies mit den relativ hohen Anforderungen an die Antragsteller/-innen sowie der

EINBÜRGERUNG

grundsätzlich notwendigen Aufgabe der Herkunftsstaatsangehörigkeit zu tun hat.

Zuständig für eine Einbürgerung ist die Einbürgerungsbehörde am Wohnort der Bewerber/-innen. Häufig ist diese im Rathaus, beim Standesamt oder der Ausländerbehörde angesiedelt. Dort erhalten Interessenten die Antragsformulare und Informationen zum Verfahren.

Das Einbürgerungsverfahren dauert zurzeit zwischen sechs Monaten und etwa zwei Jahren. Je nach Herkunftsland erhöht sich die Zeitspanne, wenn die Ausbürgerung schwierig ist.

§ 8 Staatsangehörigkeitsgesetz (StAG) regelt auch weiterhin die Ermessenseinbürgerung, also wenn ein öffentliches Interesse an der Einbürgerung vorliegt. In § 9 StAG ist die für deutsch-ausländische Ehepaare und Lebenspartnerschaften besonders wichtige Regeleinbürgerung festgelegt.

Einbürgerung nach dem Staatsangehörigkeitsgesetz (StAG)

Bei einer Einbürgerung nach § 8 StAG müssen folgende Mindestvoraussetzungen nach der Allgemeinen Verwaltungsvorschrift zum Staatsangehörigkeitsgesetz (StAR-VwV) erfüllt sein. Es muss ferner ein öffentliches Interesse an der Einbürgerung bestehen, das bei Vorliegen der nachfolgenden Mindestvoraussetzungen gegeben ist:

1. Möglichst ununterbrochener Aufenthalt im Bundesgebiet von mindestens acht Jahren (Nr. 8.1.2.2. StAR-VwV).
2. Es muss zum Zeitpunkt der Antragstellung eine Aufenthaltserlaubnis oder Aufenthaltsberechtigung vorliegen. Im Ausnahmefall reicht eine Aufenthaltsbefugnis bei gruppenbezogener Erteilung aus humanitären Gründen (Nr.8.1.2.4 StAR-VwV).
3. Handlungsfähigkeit: Minderjährige über 16 Jahre, die nicht nach BGB geschäftsunfähig sind, können den Antrag auch ohne Zustimmung ihres gesetzlichen Vertreters selbst stellen; für jüngere Minderjährige stellt der/die gesetzliche Vertreter/-in den Antrag (Nr. 8.1.1.1 StAR-VwV).
4. Es dürfen keine Ausweisungsgründe nach den §§ 46 Nr.1-4, 47 Abs. 1 und 2 AuslG vorliegen. Diese können zum Beispiel Verurteilungen aufgrund von Straftaten sein, aber auch die Ausübung oder Unterstützung

Kapitel 7

von Gewalttätigkeiten, die gegen die Sicherheit der Bundesrepublik Deutschland gerichtet sind, die Ausübung der Prostitution und der Gebrauch von harten Drogen ohne Therapiebereitschaft. Lediglich vereinzelte geringfügige Verstöße sind unschädlich. Bei Ermittlungen wegen einer Straftat wird das Einbürgerungsverfahren bis zur Beendigung des Ermittlungs- oder Strafverfahrens ausgesetzt (Nr. 8.1.1.2. StAR-VwV).

5. Wohnraum, der den Antragstellern und den mit ihnen zusammenlebenden Familienangehörigen die Führung eines Haushalts ermöglicht. Dies kann auch ein Wohnheim zum ständigen Aufenthalt sein (Nr. 8.1.1.3. StAR-VwV).
6. Lebensunterhalt muss ohne den Bezug von Sozial- oder Arbeitslosenhilfe (ALG II) bestritten werden. Bei verheirateten Einbürgerungsbewerbern und Bewerberinnen ist es ausreichend, wenn die Ehegatten gemeinsam in der Lage sind, den Unterhalt der Familie zu bestreiten. Ein bestehender und durchsetzbarer gesetzlicher Unterhaltsanspruch gegen Dritte reicht aus (Kindes-, Ehegatten- und Verwandtenunterhalt). Bei Bezug von Arbeitslosengeld (ALG I), Erziehungsgeld, Unterhaltsgeld, Krankengeld, Wohngeld oder BaföG-Leistungen erfolgt eine Prognose der Behörde, ob der/die Einbürgerungsbewerber/-in zukünftig den Lebensunterhalt ohne diese Leistungen bestreiten kann (Nr. 8.1.1.4. StAR-VwV).
7. Ausreichende Sprachkenntnisse (Nr. 8.1.2.1.1. und 8.1.2.1.2. StAR-VwV) müssen gegeben sein. Sie liegen vor, wenn der/die Einbürgerungsbewerber/-in dem Alter und Bildungsstand gemäß ein entsprechendes Gespräch führen kann, einen deutschsprachigen Text lesen kann und den wesentlichen Inhalt mündlich wiedergeben kann. Die Einbürgerungsbehörde hat dies zu überprüfen. Ein Sprachtest ist nicht notwendig, wenn
   - ein Zertifikat Deutsch vorliegt,
   - mindestens vier Jahre eine deutschsprachige Schule erfolgreich besucht wurde,
   - ein Hauptschulabschluß oder eine Versetzung in die 10. Klasse gegeben ist oder
   - ein Studium an einer deutschsprachigen (Fach-)Hochschule oder
   - eine deutsche Berufsausbildung erfolgreich abgeschlossen wurde.

   In allen anderen Fällen wird ein *Sprachtest* gefordert.

EINBÜRGERUNG

8. Grundkenntnisse der staatlichen Ordnung der Bundesrepublik Deutschland sowie das Bekenntnis zur freiheitlich-demokratischen Grundordnung der Bundesrepublik Deutschland werden vorausgesetzt. Dies bedeutet, die Bewerber/-innen dürfen keinen totalitären Ideologien anhängen und nicht Gewaltanwendung zur Durchsetzung politischer Ziele vertreten (Nr. 8.1.2.5. StAR-VwV).

9. Antragsteller/-innen sollen ihre Entlassung aus der bisherigen Staatsangehörigkeit herbeiführen, denn Mehrstaatigkeit will die Bundesrepublik auch nach der Reform des Staatsangehörigkeitsgesetzes nicht fördern. Die Mehrstaatigkeit wird allerdings bei Staatsangehörigen von Staaten, die ein Ausscheiden aus der Staatsbürgerschaft nur kennen, wenn die Einbürgerung bereits erfolgt ist, vorübergehend hingenommen (Nr. 8.1.2.6.2. StAR-VwV).

In enger Anlehnung an die Gründe für eine Hinnahme der Mehrstaatigkeit nach § 87 AuslG (siehe unten) wird die Mehrstaatigkeit auch bei der Ermessenseinbürgerung nach § 8 StAG aus fast den gleichen Gründen hingenommen (Nr. 8.1.2.6.3.1 – 8.1.2.6.3.7. StAR-VwV).

Darüber hinaus hat die Einbürgerungsbehörde nach pflichtgemäßen Ermessen zu prüfen, ob eine Mehrstaatigkeit hingenommen werden kann. Insbesondere bei ehemaligen deutschen Staatsangehörigen, die durch Eheschließung mit Ausländern die deutsche Staatsangehörigkeit verloren haben, kann Mehrstaatigkeit hingenommen werden (Nr. 8.1.2.6.3.7. StAR-VwV).

Es gibt verschiedene Einbürgerungserleichterungen bei Vorliegen von besonderem öffentlichen Interesse, wie z. B. für ältere Personen, minderjährige Kinder oder die Miteinbürgerung von Ehegatten und Kindern (Nr.8.1.3.6. – 8.1.3.9. StAR-VwV).

Für die Einbürgerung nach dem StAG entstehen Gebühren von 250 €. Sie ermäßigen sich für ein minderjähriges Kind ohne eigene Einkünfte, das miteingebürgert wird, auf 51 €. Die Gebühren sind auch dann zu entrichten, wenn der Einbürgerungsantrag abgelehnt wird.

Deutsch-verheiratete Ausländer/-innen oder eingetragene Lebenspartner/-innen von Deutschen können gem. § 9 StAG einen Einbürgerungsantrag stellen, wenn die Ehe/Lebenspartnerschaft seit zwei Jahren besteht und sich der/die ausländische Ehepartner/-in mindestens seit drei Jahren im Bundesgebiet aufhält. Ansonsten gelten die zuvor beschriebenen Voraussetzungen im Prinzip analog.

Kapitel 7

Es gibt einige weitere Besonderheiten:
Der Antrag auf Einbürgerung nach Tod oder Scheidung vom deutschen Ehegatten untersteht den Einbürgerungsvoraussetzungen, die für alle anderen Berwerber/-innen gelten. Einzige Ausnahme: Haben Einbürgerungsbewerber/-innen das Sorgerecht für deutsche Kinder, die aus der Ehe hervorgegangen sind, kann der Antrag auf Einbürgerung bis zum Ablauf von einem Jahr nach Tod oder Scheidung gestellt werden und wird dann so behandelt, als bestehe die Ehe noch.

Entwicklungspolitische Belange stehen einer Einbürgerung grundsätzlich nicht mehr entgegen (Nr. 8.1.2.). Damit ist der Erhalt eines Stipendiums kein Grund mehr, die Einbürgerung abzulehnen. Dies beinhaltet aber nicht, dass der Stipendiengeber auf die Rückzahlung im Falle der Einbürgerung verzichtet. Dieser kann erteilte Stipendiengelder natürlich zurückfordern.

Erleichterte Einbürgerung nach §§ 85-91 Ausländergesetz (AuslG)

Nach § 85 AuslG sind Antragsteller/innen einzubürgern, wenn sie:
- sich seit acht Jahren rechtmäßig im Bundesgebiet aufhalten;
- sich zur freiheitlich demokratischen Grundordnung bekennen und keine Bestrebungen verfolgen oder unterstützen, die sich gegen diese richtet, oder Handlungen tätigen, auch unter Gewaltanwendung, die auswärtige Belange der Bundesrepublik gefährden, oder glaubhaft nachweisen, dass sie sich von früheren Verfolgungen oder Unterstützungen derartiger Bestrebungen abgewandt haben;
- eine Aufenthaltserlaubnis oder eine Aufenthaltsberechtigung besitzen;
- den Lebensunterhalt für sich und für die Familie ohne Inanspruchnahme von Sozial- oder Arbeitslosenhilfe (ALG II) bestreiten können, es sei denn, der Bezug öffentlicher Mittel ist nicht selbstverschuldet;
- die bisherige Staatsangehörigkeit aufgeben oder verlieren;
- nicht wegen einer Strafe verurteilt worden sind. Bagatelldelikte werden nicht berücksichtigt. Dies sind Haftstrafen bis zu sechs Monaten, die zur Bewährung ausgesetzt wurden, oder Geldstrafen bis zu 180 Tagessätzen (§ 88 AuslG).

Ehegatten und minderjährige Kinder können mit eingebürgert werden, auch wenn sie sich noch nicht seit acht Jahren rechtmäßig im Bundesge-

EINBÜRGERUNG

biet aufhalten. Das Bekenntnis zur freiheitlich-demokratischen Grundordnung findet bei Kindern unter 16 Jahren keine Anwendung.

Antragsteller/-innen, die das 23. Lebensjahr noch nicht vollendet haben, benötigen nicht den Nachweis, dass sie ihren Lebensunterhalt mit eigenen Mitteln bestreiten können.

Auch für die erleichterte Einbürgerung ist eine Gebühr in Höhe von 255 € zu zahlen und für ein minderjähriges Kind 51 €. Es besteht auch die Möglichkeit, Gebührenermäßigung oder -befreiung zu beantragen.

Die Reform dieses Gesetzes sieht eine deutliche Reduzierung der Aufenthaltszeiten von bisher 15 Jahren auf nunmehr acht Jahre vor. Die Bundesregierung will damit nach eigenen Angaben ein integrationsbezogenes Zeichen staatlicher Hinwendung zu den hier lebenden Zuwanderern geben. Für junge Einwanderer/-innen, die sich einbürgern lassen wollen, haben sich die Aufenthaltsfristen nicht geändert. Künftig werden die jungen Einbürgerungsbewerber/-innen auch unter § 85 AuslG gefasst und müssen die gleichen Bedingungen erfüllen wie erwachsene Einbürgerungswillige. Eine neu aufgenommene Bedingung für die Einbürgerung ist das Bekenntnis zur freiheitlich demokratischen Grundordnung sowie eine Loyalitätserklärung. Damit soll die innere Hinwendung zur Bundesrepublik Deutschland dokumentiert werden.

Ebenfalls neu sind die in § 86 Ausländergesetz formulierten Ausschlussgründe. Danach besteht der Einbürgerungsanspruch nicht, wenn keine ausreichenden Kenntnisse der deutschen Sprache vorliegen, tatsächliche Anhaltspunkte für verfassungsfeindliche bzw. extremistische Bestrebungen in Gegenwart und Vergangenheit vorliegen, oder es muss ein Lossagen von derartigen Bestrebungen glaubhaft gemacht werden.

Werden die deutschen Sprachkenntnisse nicht durch die in Nr. 86.1.2. StAR-VwV aufgeführten Nachweise (Zertifikate, Schulbesuche etc.; vgl. auch Punkt 7 in diesem Kapitel) belegt, so soll zur Überprüfung der erforderlichen Sprachkenntnisse das persönliche Erscheinen der Antragsteller/-innen angeordnet werden. Dies führt in aller Regel zu einem Sprachtest.

Auch das geltende StAG hält nach wie vor an dem Prinzip der Vermeidung von Mehrstaatigkeit fest, sieht aber in § 87 AuslG Ausnahmeregelungen vor.

KAPITEL 7

Entlassung aus dem bisherigen Staatsverband

In ihrem Einbürgerungsantrag müssen sich die Bewerber/-innen dazu verpflichten, auf ihre alte Staatsangehörigkeit zu verzichten. Nach Erhalt der Einbürgerungszusicherung sind sie somit aufgefordert, die Ausbürgerung aus ihrer ursprünglichen Staatsangehörigkeit zu beantragen. Dazu muss die Heimatbehörde – in der Regel über das Konsulat oder die Botschaft – angeschrieben und/oder persönlich aufgesucht werden. Das Anschreiben, in dem die Entlassung beantragt wird, sollte per Einschreiben versandt werden. Es ist sinnvoll, eine Kopie aufzubewahren, um die Entlassungsbemühungen gegebenenfalls nachweisen zu können. Wenn die Heimatbehörde nicht antwortet, ist die Anfrage nochmals schriftlich zu wiederholen. Diese Prozedur ist deshalb wichtig, weil Einbürgerungsbewerber/-innen der deutschen Behörde beweisen müssen, dass sie sich systematisch, regelmäßig und verläßlich um ihre Entlassung bemühen. Es genügt also nicht, einfach mal bei der Botschaft vorbei zu gehen oder dort anzurufen. Dies insbesondere dann nicht, wenn zu erwarten ist, dass die Heimatbehörde Probleme macht. Dann empfiehlt es sich, Telefonate oder andere Kontakte mit den Botschaften kurz zu protokollieren und zu den Akten zu legen.

Nach Erhalt der Entlassungsurkunde, die der deutschen Einbürgerungsbehörde übersandt wird (bitte beglaubigte Kopie behalten!), erhalten die Bewerber/-innen die deutsche Einbürgerungsurkunde und können damit einen deutschen Pass beantragen. Zeichnet sich ab, dass der Prozess der Entlassung über den in der Einbürgerungszusicherung genannten Termin hinaus andauert, so sollte davon die Einbürgerungsbehörde informiert werden. Diese wird in der Regel dann eine Fristverlängerung vornehmen.

Einbürgerung unter Hinnahme von Mehrstaatigkeit

In Ausnahmefällen (§ 87 AuslG), wenn die bisherige Staatsbürgerschaft gar nicht oder nur unter besonders schwierigen Bedingungen aufgegeben werden kann, ist die Einbürgerung unter Beibehalt der früheren Staatsangehörigkeit möglich. Dies liegt z. B. vor, wenn das Recht des Herkunftlandes eine Entlassung nicht vorsieht. Es ist dann üblich, dass die Betreffenden der Einbürgerungsbehörde gegenüber eine Versicherung in

EINBÜRGERUNG

beiden Sprachen über ihre Bereitschaft abgeben, auf die ursprüngliche Staatsangehörigkeit zu verzichten. Diese wird zusammen mit dem alten Nationalpass an die zuständige Botschaft geschickt.
Weitere Ausnahmeregelungen liegen vor, wenn:
- der ausländische Staat die Entlassung regelmäßig verweigert und der/die Ausländer/-in der Einbürgerungsstelle einen Entlassungsantrag zur amtlichen Weiterleitung an seinen/ihren Heimatstaat übergeben hat;
- es dem/der Antragsteller/-in trotz mehrfacher und ernsthafter Bemühungen auch nach mehr als sechs Monaten nicht ermöglicht wurde, den Entlassungsantrag zu stellen;
- der ausländische Staat die Entlassung aus Gründen versagt, die der/die Einbürgerungsbewerber/-in nicht zu vertreten hat. Es sei denn, er/sie hat die Verpflichtungen gegenüber dem Herkunftstaat verletzt (zum Beispiel durch Nichtrückzahlung von Ausbildungsstipendien, Verletzung von Unterhaltspflichten, Steuerrückständen, nicht vollständig eingereichte Entlassungsanträge);
- der ausländische Staat über den vollständigen formgerechten Entlassungsantrag nicht in angemessener Zeit (mehr als zwei Jahre) entschieden hat;
- den Einbürgerungsbewerber/-innen unzumutbare Bedingungen auferlegt werden, z. B. die Gebühren für die Entlassung ein durchschnittliches Monatseinkommen des Bewerbers, mindestens aber 1.250 € übersteigt;
- der Herkunftstaat die Ableistung des Wehrdienstes zur Bedingung der Entlassung aus der Staatsangehörigkeit macht und der Einbürgerungsbewerber
  - älter als 40 Jahre ist, seit mehr als 15 Jahren nicht mehr im Herkunftstaat lebt und davon zehn Jahre mindestens in Deutschland;
  - zur Ableistung des Wehrdienstes in bewaffnete Auseinandersetzungen mit der Bundesrepublik oder verbündeten Staaten verwickelt werden könnte;
  - zur Ableistung des Wehrdienstes zwei Jahre lang seinen Aufenthalt im Ausland nehmen müsste und Familie hat;
  - aus Gewissensgründen keinen Wehrdienst leisten will und ein Ersatzdienst im Herkunftsland nicht möglich ist.

Kapitel 7

Unzumutbar ist es auch, wenn:
- für den »Freikauf« vom Wehrdienst mehr als das Dreifache des monatlichen Bruttoeinkommens, mindestens aber 5.000 €, verlangt werden;
- der Einbürgerung älterer Personen (über 60jährige) ausschließlich das Hindernis eintretender Mehrstaatigkeit entgegensteht, die Entlassung auf unverhältnismäßige Schwierigkeiten stößt (z. B. können sie aus gesundheitlichen Gründen nicht mehr in der Botschaft vorsprechen oder müssten für die Entlassung eine Reise in den Herkunftstaat antreten, was ihnen altersbedingt nicht mehr zumutbar ist) und die Versagung der Einbürgerung eine besondere Härte darstellen würde, die insbesondere dann vorliegt, wenn schon alle anderen in Deutschland lebenden Familienmitglieder Deutsche sind oder der/die Einbürgerungsbewerber/-in seit mindestens 15 Jahren rechtmäßig in Deutschland lebt;
- dem/der Ausländer/-in bei der Aufgabe der ausländischen Staatsangehörigkeit erhebliche Nachteile insbesondere wirtschaftlicher oder vermögensrechtlicher Art (z. B. erbrechtliche, vermögensrechtliche und rentenanwartschaftliche Nachteile) entstehen würden, die über den Verlust der staatsbürgerlichen Rechte hinausgehen;
- der/die Ausländer/-in politisch Verfolgte/r im Sinne des § 51 AuslG (Asylberechtigte/r, Flüchtling nach der Genfer Konvention) ist oder wie ein Flüchtling behandelt wird, der im Rahmen humanitärer Hilfsaktionen aufgenommen wurde.

Zwingend vorgesehen ist die Hinnahme von Mehrstaatigkeit bei Ausländer/-innen, die Staatsangehörige eines anderen Mitgliedstaates der Europäischen Union sind und die Mehrstaatigkeit auf Gegenseitigkeit zulassen. Das gilt derzeit für immerhin 15 von 24 EU-Staaten. Die Begründung hierfür liegt nicht in der Unmöglichkeit oder Unzumutbarkeit der Aufgabe der ausländischen Staatsangehörigkeit, sondern im fehlenden öffentlichen Interesse an der Vermeidung von Mehrstaatigkeit. Bedingt durch die weitgehende Inländergleichbehandlung der EU-Bürger/-innen ist bisher ein geringes Interesse am Erwerb der deutschen Staatsbürgerschaft zu beobachten. Diesem will die Bundesrepublik durch die gezielte Hinnahme von Mehrstaatigkeit begegnen.

In dem Ermessen der Einbürgerungsbehörde liegt die Entscheidung für Mehrstaatigkeit dann, wenn der ausländische Staat die Entlassung aus der bisherigen Staatsangehörigkeit von der Leistung des Wehrdienstes

EINBÜRGERUNG

abhängig macht und der Ausländer den überwiegenden Teil seiner Schulbildung in deutschen Schulen erhalten hat und im Bundesgebiet in deutsche Lebensverhältnisse und in das wehrpflichtige Alter hineingewachsen ist. Im Rahmen des Ermessens wird geprüft, ob mit der Einberufung in die Bundeswehr noch gerechnet werden kann oder die Ableistung des Wehrdienstes im ausländischen Staat mit Nachteilen oder besonderen Belastungen verbunden ist, die deutschen Staatsangehörigen in vergleichbarer Situation nicht zugemutet werden würden (hier wären zu beachten: fehlende Sprachkenntnisse, mangelnde Vertrautheit mit Sitten und Gebräuchen, Dauer des Wehrdienstes, längerfristige Trennung von nahen Angehörigen, drohender Ausbildungs- und Arbeitsplatzverlust).

*Exkurs: Entlassung aus der türkischen
Staatsangehörigkeit trotz Wehrpflicht*

Türkische Staatsangehörige können seit 1995 auch aus der Staatsbürgerschaft entlassen werden, wenn sie ihren Wehrdienst noch nicht abgeleistet haben. Durch die am 12.6.1995 in Kraft getretene Änderung des türkischen Staatsangehörigkeitsrechts können wehrpflichtige türkische Staatsangehörige auf Antrag und mit Genehmigung des türkischen Ministerrats aus der türkischen Staatsangehörigkeit entlassen werden. Sie müssen dazu urteilsfähig und mündig sein (nicht zwingend volljährig). Die früher mit der Ausbürgerung verbundenen, erheblichen vermögensrechtlichen Nachteile sind größtenteils abgeschafft worden (Art. 29 des türkischen Staatsangehörigkeitsgesetzes).

Bei deutsch-türkischen Mehrstaatern besteht auch die türkische Wehrpflicht. Diese kann auf Antrag bis zum 38. Lebensjahr zurückgestellt werden. Dazu müssen die Antragsteller entweder in Deutschland geboren worden sein oder vor dem achtzehnten Lebensjahr ihren ständigen Aufenthalt nach Deutschland verlegt haben.

Es gibt allerdings auch die Möglichkeit, sich von der Ableistung des Wehrdienstes freizukaufen. Dann ist ein bestimmter Geldbetrag (ca. 5.000 €) zu zahlen und ein sehr verkürzter Grundwehrdienst (einen Monat) zu leisten.

Die Ableistung des Grundwehrdienstes in Deutschland wird unter folgenden Bedingungen durch die Türkei akzeptiert:
- Geburt in Deutschland oder ständiger Aufenthalt schon vor dem 18. Lebensjahr,

Kapitel 7

- Erwerb der deutschen Staatsangehörigkeit vor dem 38. Lebensjahr,
- Nachweis über den deutschen Wehr- oder Zivildienst.

Weitere Ausnahmen können völkerrechtliche Verträge vorsehen.

In § 87 Abs. 5 AuslG ist eine Sonderregelung für Ausländer/-innen getroffen, die nur wegen Minderjährigkeit nicht aus der ausländischen Staatsangehörigkeit entlassen werden können. Bei ihnen kann Mehrstaatigkeit hingenommen werden, wenn nicht mehr als zwei Jahre bis zum Erreichen der Volljährigkeit fehlen. Ist der Zeitraum bis zur Volljährigkeit länger als zwei Jahre, so kann die Mehrstaatigkeit vorübergehend hingenommen werden.

Staatsangehörigkeit der Kinder ausländischer Ehepaare

Die wohl bedeutendste Änderung des Gesetzes ist die Einführung des *ius soli (Territorialprinzip)*. Kinder, die seit dem 1. Januar 2000 in der Bundesrepublik geboren werden, erhalten danach die deutsche Staatsbürgerschaft, auch wenn kein Elternteil die deutsche Staatsbürgerschaft hat. Voraussetzung dafür ist, dass ein Elternteil seit acht Jahren seinen gewöhnlichen Aufenthalt im Inland hat und im Besitz einer Aufenthaltsberechtigung ist oder seit drei Jahren eine unbefristete Aufenthaltserlaubnis hat. Ein Ausschlagungsrecht durch die Eltern wird nicht eingeräumt, da ansonsten die Eltern die Chance, die in der Staatsbürgerschaft für die Kinder liegt, vergeben würden. Die Verleihung der Staatsbürgerschaft ist nicht davon abhängig, ob die Kinder noch eine weitere besitzen. Die Kinder wachsen damit als Mehrstaater auf. Sie müssen allerdings mit 18 Jahren erklären, ob sie die deutsche Staatsbürgerschaft behalten wollen oder die ausländische (§ 29 Abs.1 StAG). Erklären die Volljährigen, dass sie die ausländische Staatsbürgerschaft behalten wollen, so geht die deutsche verloren. Sie geht auch dann verloren, wenn sich die Betreffenden nicht bis zum 23. Lebensjahr entschieden haben (§ 29 Abs. 2 StAG). Die Aufgabe der ausländischen Staatsbürgerschaft muss nachgewiesen werden. Mehrstaatigkeit wird somit dauerhaft nicht hingenommen, es sei denn, die Entlassung aus dem anderen Staatsverband ist nicht möglich oder unzumutbar oder Ausnahmetatbestände greifen, die in § 87 AuslG (siehe entsprechende Ausführungen in diesem Kapitel) aufgeführt sind. Dann allerdings ist eine Beibehaltungsgenehmigung zu beantragen, die nur bis zum 21. Lebensjahr gestellt werden kann und nicht später! Erst wenn solch ein Antrag bestandskräftig abgelehnt wurde, tritt der Verlust der deutschen Staatsangehörigkeit ein.

Staatsangehörigkeit der Kinder aus binationalen Ehen

Kinder, die in einer deutsch-ausländischen Ehe geboren werden, sind deutsche Staatsbürger/-innen. Ob sie zusätzlich zu der deutschen noch die Staatsangehörigkeit ihrer ausländischen Elternteile erwerben, richtet sich nach deren Heimatrecht.

Wenn das Heimatrecht die Weitergabe der Staatsangehörigkeit über die Abstammung vorsieht und keine Ausschlussgründe nennt, sind die Kinder also Mehrstaater. Sie bleiben auch Mehrstaater und brauchen sich aus deutscher Sicht nicht bei Volljährigkeit für die eine oder andere Staatsangehörigkeit zu entscheiden. Daran hat auch die Reform des Staatsangehörigkeitsrechts nichts geändert. Es gibt aber durchaus Rechtsordnungen wie zum Beispiel Griechenland, die dies verlangen. Sie versuchen durch dieses Entscheidungsverlangen, die Mehrstaatigkeit und die damit manchmal verbundenen Kollisionen (zum Beispiel Wehrpflicht) zu umgehen. Inwieweit eine solche Entscheidung getroffen werden muss, bestimmt sich also aus dem Heimatrecht des ausländischen Elternteils. Die entsprechenden Informationen halten die Botschaften und Konsulate bereit. Deutsche Behörden haben auf die gesetzlichen Regelungen anderer Staaten keinen Einfluss.

Das Kind kann folglich zwei Pässe erhalten. Für die Ausstellung eines deutschen Passes oder Personalausweises ist die Unterschrift beider Eltern notwendig. Ist ein Elternteil allein sorgeberechtigt, kann dieser einen deutschen Kinderpass auch allein beantragen, indem er den Sorgerechtsbeschluss vorlegt.

Kapitel 7

Wenn deutsche Elternteile zum Zeitpunkt der Geburt ihres Kindes im Ausland leben, können sie bei der deutschen Auslandsvertretung unter Vorlage der Anmeldung im Geburtsregister die Ausstellung eines deutschen Passes beantragen. Dieser Antrag muss ebenfalls von beiden Eltern unterschrieben werden. Verweigert ein Elternteil die Zustimmung zur Passausstellung, so kann der andere Elternteil die Zustimmung einholen beim:

Vormundschaftsgericht für Auslandsdeutsche
Amtsgericht Berlin-Schöneberg
Grunewaldstr. 66-67
10823 Berlin

Im Staatsangehörigkeitsrecht ist eine entscheidende Änderung in Bezug auf den Erwerb der deutschen Staatsangehörigkeit im Ausland eingetreten: Nach § 4 Abs. 4 erwirbt das Kind eines Deutschen, der nach dem 31. 12. 1999 selbst im Ausland geboren wurde, die deutsche Staatsangehörigkeit nur dann, wenn die Geburt innerhalb eines Jahres der deutschen Auslandsvertretung angezeigt wird oder wenn das Kind staatenlos würde.

Informationen über die Regelungen bezüglich der Passausstellung im Heimatland der ausländischen Ehegatten sind bei den jeweiligen Botschaften und Konsulaten erhältlich. In manchen Ländern ist es üblich, Kindern bis zu einem bestimmten Alter keinen eigenen Pass auszustellen, sondern sie in den Pass des Vaters einzutragen. Nicht immer ist dafür die Zustimmung der deutschen Mutter erforderlich.

Kinder aus binationalen Beziehungen, die in der ehemaligen DDR geboren wurden, waren ebenfalls Doppelstaater, wenn das Einverständnis des anderen Staates vorlag. Davon gab es jedoch Ausnahmen aufgrund zwischenstaatlicher Vereinbarungen, so dass eine doppelte Staatsbürgerschaft nicht immer möglich war.

Für die Bundesrepublik Deutschland sind jedoch auch diese Kinder Deutsche. Betroffene Eltern oder die inzwischen volljährigen Kinder wenden sich an die Staatsangehörigkeitsstelle ihres Standesamtes und betreiben ein Staatsangehörigkeitsfeststellungsverfahren. In diesem wird festgestellt, dass die beantragende Person die deutsche Staatsangehörigkeit besitzt. Am Ende des Verfahrens wird ein deutscher Staatsangehörigkeitsausweis erstellt.

Staatsangehörigkeit vor 1975 geborener ehelicher Kinder deutscher Mütter

Eheliche Kinder deutscher Mütter, die vor 1975 geboren wurden, erhielten nicht die deutsche Staatsangehörigkeit ihrer Mütter, sondern die ausländische ihrer Väter. Eheliche Kinder deutscher Väter waren schon immer Deutsche. Mit der Reform, die den Gleichberechtigungsgrundsatz zwischen deutschem Mann und deutscher Frau im Staatsangehörigkeitsrecht realisiert hat, wurde für die Kinder deutscher Mütter und ausländischer Väter, die vor dem 1. 1. 1975 geboren wurden, eine Übergangsregelung getroffen: Zwischen dem 1. 1. 1975 und dem 31. 12. 1977 (Erklärungsfrist) konnten beide Eltern gemeinsam einen einfachen Antrag auf den Erwerb der deutschen Staatsangehörigkeit stellen. Der Erwerb war kostenlos, die ausländische Staatsangehörigkeit musste nicht aufgegeben werden.

Vielen Binationalen war diese Regelung nicht bekannt, weil sie im Ausland lebten. Andere binationale Paare konnten das Ausmaß der Auswirkungen einer solchen Entscheidung nicht ermessen und versäumten es, für die deutsche Staatsangehörigkeit zu optieren. Wieder andere Paare konnten sich nicht darauf einigen, den Antrag zu stellen. Den Schritt zum Vormundschaftsgericht, um in dieser Frage das alleinige Sorgerecht zu erhalten, scheuten viele deutsche Frauen.

Die Erklärungsfrist ist 1977 abgelaufen. Junge Erwachsene, die zwischen dem 1. 1. 1953 und dem 31. 12.1974 geboren wurden, können heute nur noch dann einen Antrag stellen und um ein sogenanntes Wiedereinsetzungsverfahren nachsuchen, wenn sie glaubhaft nachweisen können, dass sie die Gesetzesänderung nicht gekannt haben konnten. Diese Anträge haben aber wenig Aussicht auf Erfolg, da die Behörde (Justizministerium des jeweiligen Bundeslandes) in der Regel den Beweis führt, dass die inländischen Behörden und die deutschen Botschaften im Ausland hinreichend informiert hätten. Klagen, die bislang geführt wurden, sind bis hin zum Bundesverwaltungsgericht negativ entschieden worden.

Im Ausland muss ein entsprechender Antrag von der deutschen Botschaft entgegengenommen werden. Hat der Antrag auf den nachträglichen Erwerb der deutschen Staatsangehörigkeit gemäß dem Gesetz zur Änderung des Reichs- und Staatsangehörigkeitsgesetzes vom 20. 12. 1974 keinen Erfolg, so bleibt dem Kind einer deutschen Mutter nur die Einbürgerung als Lösung.

Kapitel 7

Der Einbürgerungsantrag wird bei Wohnsitz im Ausland über die deutsche Auslandsvertretung eingereicht und zur Bearbeitung an die zuständige Stelle am letzten Wohnort der deutschen Mutter in Deutschland weitergereicht. Bei Wohnsitz im Inland ist die Staatsangehörigkeitsstelle am Wohnort zuständig.

Staatsangehörigkeit binationaler nichtehelicher Kinder

Nichteheliche Kinder deutscher Mütter und ausländischer Väter besitzen die deutsche Staatsbürgerschaft ihrer Mütter, manchmal – je nach Staatsangehörigkeitsrecht des Herkunftstaates der Väter – auch die ausländische ihres Vaters.

Nichteheliche Kinder ausländischer Mütter und deutscher Väter, die nach dem 1. 7. 1993 geboren wurden, erhalten die deutsche Staatsbürgerschaft dann, wenn der Vater die Vaterschaft anerkennt oder diese durch eine Klage festgestellt wird.

Diese Regelung sichert ausländischen Müttern nach § 23 AuslG einen Rechtsanspruch auf Aufenthalt in der Bundesrepublik Deutschland, wenn sie das Sorgerecht ausüben.

Für die vor dem 1. 7. 1993 geborenen nichtehelichen Kinder ausländischer Mütter und deutscher Väter besteht die Möglichkeit der erleichterten Einbürgerung nach § 5 StAG. Ein Rechtsanspruch auf die Einbürgerung besteht dann, wenn die Vaterschaft wirksam festgestellt ist und das Kind seit drei Jahren seinen rechtmäßigen, dauernden Aufenthalt im Inland hat. Der Einbürgerungsantrag muss vor Ablauf des 23. Lebensjahres des Kindes gestellt werden.

Mehrfache Staatsbürgerschaft

Aus den vorherigen Ausführungen ergibt sich, dass es durchaus möglich ist, unter bestimmten Voraussetzungen neben der eigenen eine oder sogar mehrere Staatsangehörigkeiten durch Geburt oder auf Antrag zu

MEHRFACHE STAATSBÜRGERSCHAFT

erwerben. Einzelne Staaten haben versucht, durch gegenseitige Verträge (zum Beispiel das Übereinkommen zur Vermeidung von Mehrstaatigkeit) die auftretenden rechtlichen Fragen zu klären oder die Mehrstaatigkeit einzuschränken oder zu vermeiden.

In den Staaten, die den internationalen oder europäischen Abkommen nicht beigetreten sind und mit denen es auch keine bilateralen Verträge gibt, regelt sich diese Frage nach der sogenannten effektiven Staatsangehörigkeit.

Beispiel: Eine deutsche Frau, die in Deutschland lebt und neben der deutschen auch die griechische Staatsangehörigkeit hat, gilt in Deutschland als Deutsche und in Griechenland als Griechin mit jeweils allen Rechten und Pflichten (zum Beispiel Wahlrecht, Steuerpflicht). Sie kann nicht plötzlich in Griechenland den deutschen Pass vorlegen und Ansprüche aus ihrer deutschen Staatsangehörigkeit an griechische Behörden stellen. Sie kann aber sehr wohl Ansprüche als Deutsche an die deutschen Auslandsvertretungen stellen.

Inwieweit allerdings diese Behörden Schutz und Hilfe gewähren, ist nicht in allen Bereichen verbindlich geklärt. In einigen Fällen erhielten Deutsche von deutschen Auslandsvertretungen keinen konsularischen Schutz mit dem Argument, sie wollten sich aus allen Ländern jeweils das Beste heraussuchen. Sie seien nach dem effektiven Staatsangehörigkeitsprinzip Inländer/-innen (also Griechin in Griechenland, um bei unserem Beispiel zu bleiben) und müssten deshalb auch von den Deutschen so behandelt werden, sonst seien diplomatische Verwicklungen zu befürchten. Es sei eine Einmischung in die inneren Angelegenheiten des anderen Staates, wenn man dem/der Mehrstaater/-in helfe.

Deutsche Frauen, die im Heimatland ihrer Ehemänner leben, erwarten oftmals dann Hilfe von der deutschen Botschaft, wenn die Ehe scheitert und sie mit den Kindern in die Bundesrepublik zurückkehren möchten. Da die Kinder aber in der Regel auch Staatsangehörige dieses Landes sind, werden sie auch als Inländer behandelt. Wird also die Zustimmung des Vaters z. B. zur Ausreise der Kinder verlangt, so kann sich die deutsche Botschaft nicht in jedem Fall darüber hinwegsetzen, indem sie einen deutschen Kinderausweis ausstellt und Frau und Kindern quasi zur Flucht verhilft. Im übrigen verlangen Behörden erfahrungsgemäß, dass bei der Ausreise der Pass vorgelegt wird, mit dem auch eingereist wurde.

Kapitel 7

Mehrstaater/-innen besitzen in der Regel zwei Pässe. Oft stellt sich ihnen die Frage, welchen sie bei Grenzüberschreitungen sinnvollerweise vorzeigen sollen. Darauf gibt es keine einheitliche Antwort, denn es gibt auch keine einheitlichen Regelungen innerhalb der verschiedenen Staaten. Vielmehr ist die Art und Weise der Behandlung eigener oder fremder Staatsangehöriger abhängig von rechtlichen, aber auch sehr häufig von politischen Fragen. Es gibt Länder, die beim Grenzübertritt nicht danach fragen, ob die Einreisenden möglicherweise auch noch eine andere (zum Beispiel ihre eigene) Staatsangehörigkeit haben.

Staatsangehörigkeit Deutscher nach Eheschließung mit einem Partner/einer Partnerin anderer Nationalität

Heiraten deutsche Frauen einen ausländischen Partner, hat das von deutscher Seite aus keinen Einfluss auf ihre deutsche Staatsbürgerschaft. Das war nicht immer so: Bis 1953 verloren deutsche Frauen ihre Staatsangehörigkeit, wenn sie einen ausländischen Staatsbürger heirateten.

Ob deutsche Frauen mit der Eheschließung die ausländische Staatsangehörigkeit ihrer Männer zur deutschen hinzu erwerben, richtet sich nach dem Staatsangehörigkeitsrecht der jeweiligen Herkunftsländer. Die Regelungen sind unterschiedlich: Manche Länder räumen der ausländischen Ehefrau ihres eigenen (männlichen) Bürgers bei der Heirat einen Rechtsanspruch auf Erwerb ihrer Staatsangehörigkeit ein. Innerhalb einer festgelegten Frist kann man sich in diesen Fällen entscheiden, ob man von diesem Recht Gebrauch machen möchte. Andere Staaten (wie zum Beispiel der Iran) verleihen der ausländischen Frau automatisch durch die Eheschließung mit ihrem Staatsbürger dessen Staatsangehörigkeit.

Andere Staaten erleichtern den Erwerb der Staatsangehörigkeit für ausländische Ehegattinnen ihrer Staatsbürger, knüpfen aber Fristen und Voraussetzungen an die Einbürgerung. Diese kann nur auf Antrag erfolgen.

Grundsätzlich gilt, dass die deutsche Staatsangehörigkeit dann nicht verloren geht, wenn die deutsche Frau bei der Eheschließung automatisch (ohne eigene Willensbekundung) die Staatsbürgerschaft des Ehemannes erhalten hat, also kraft Gesetz durch die Eheschließung die Staatsangehörigkeit erhält. Dies gilt selbst für den Fall, dass von einem Ausschlagungsrecht kein Gebrauch gemacht wird.

Anders sieht es bei einer Option oder einem Antrag aus. Optieren (durch Erklärung oder Registrierung) deutsche Staatsbürger/-innen für die fremde Staatsangehörigkeit, die ihnen bei Eheschließung als Rechtsanspruch angetragen wird, oder beantragen diese, sollte angesichts des § 25 StAG im Einzelfall geprüft werden, ob dadurch die deutsche Staatsangehörigkeit verloren geht. Die frühere Inlandsklausel, wonach der Erwerb einer weiteren Staatsbürgerschaft die deutsche Staatsbürgerschaft nicht gefährdet, wenn der Wohnsitz im Inland besteht, wurde zum 1. 1. 2000 aufgehoben. Daher ist es erforderlich zu prüfen, ob vor der Beantragung oder auch Optierung einer anderen Staatsangehörigkeit eine Beibehaltungsgenehmigung zu beantragen ist, wenn die deutsche Staatsbürgerschaft beibehalten werden soll. Bei der Entscheidung über diesen Antrag sind nach § 25 Abs. 2 Staatsangehörigkeitsgesetz öffentliche und private Belange abzuwägen.

Insbesondere bei einem/einer Antragsteller/-in, der/die den gewöhnlichen Aufenthalt im Ausland hat, ist zu berücksichtigen, ob Bindungen an Deutschland fortbestehen und glaubhaft gemacht werden können. Im Gegensatz zur bisherigen Praxis soll zukünftig die Beibehaltung der deutschen Staatsangehörigkeit erleichtert werden. Damit will die Bundesregierung vor allem die Situation der im islamischen Rechtskreis lebenden deutschen Frauen verbessern. Sie sollen künftig die Möglichkeit haben, Benachteiligungen aufgrund der Ausländerbehandlung zu beseitigen, ohne zwingend ihre deutsche Staatsbürgerschaft zu verlieren und damit die Rückkehrmöglichkeit ins Bundesgebiet.

Es gibt über die Beibehaltung eine Urkunde, die auf längstens zwei Jahre bemessen wird; gegebenfalls muss ein Verlängerungsantrag gestellt werden. Wird die ausländische Staatsangehörigkeit erst nach dieser Frist erworben, so geht die deutsche Staatsangehörigkeit verloren. Ins Ermessen sind die Gesichtspunkte zur Hinnahme von Mehrstaatigkeit nach § 87 AuslG einzubeziehen. Lässt der ausländische Staat die Beibehaltung der deutschen Staatsangehörigkeit allgemein nicht zu, so soll diese versagt werden.

Innerhalb der Europäischen Union kann die Beibehaltungsgenehmigung erteilt werden, wenn Gegenseitigkeit bei der Hinnahme der Mehr-

KAPITEL 7

staatigkeit besteht, was bei vielen EU-Staaten bereits der Fall ist (siehe Abschnitt »Einbürgerung unter Hinnahme von Mehrsprachigkeit«).

Was ist zu tun, wenn deutsche Staatsangehörige ihre Staatsbürgerschaft verloren haben und diese wiedererlangen wollen?

Es besteht die Möglichkeit, einen Antrag auf Wiedereinbürgerung zu stellen. Dieser wird über die deutsche Auslandsvertretung bei der Staatsangehörigkeitsstelle des letzten Wohnortes in Deutschland gestellt, wenn die Wiedereinbürgerung vom Ausland aus betrieben wird. Hat der oder die Betreffende den Wohnsitz bereits wieder im Inland, wird der Antrag bei der für den Wohnort zuständigen Einbürgerungsbehörde gestellt. Voraussetzungen für die Wiedereinbürgerung sind u. a. ein gesichertes Einkommen und Straffreiheit. Die Wiedereinbürgerung ist eine Ermessensentscheidung der Behörde, einen Rechtsanspruch gibt es nicht.

Im Gegensatz zur deutschen Frau gab es bisher nie staatsbürgerrechtliche Schwierigkeiten für den deutschen Mann. Es war stets selbstverständlich, dass er die deutsche Staatsangehörigkeit behält und sie an seine Kinder weitergibt. Daran hat sich bis heute nichts geändert.

Allerdings gibt es für Männer seltener eine automatische Einbürgerung durch ausländisches Recht oder einen erleichterten Rechtsanspruch auf den Erwerb der Staatsangehörigkeit ihrer Frauen. Der Erwerb der ausländischen Staatsangehörigkeit ist in der Regel nur auf Antrag möglich. Dabei sollten die oben beschriebenen Verlustgründe für die deutsche Staatsbürgerschaft berücksichtigt werden.

8. Kapitel

Arbeiten in Deutschland

Der Arbeitsmarkt in Deutschland ist nicht für alle Menschen offen, die in Deutschland leben. Ausländer/-innen benötigen in der Regel eine Arbeitsgenehmigung, wenn sie eine unselbständige Tätigkeit aufnehmen möchten. Wichtigste Grundlage, um diese zu erhalten, ist die Aufenthaltsgenehmigung, die zuvor stets einzuholen ist. Die Arbeitsaufnahme ohne entsprechende Genehmigung stellt sowohl für den Arbeitnehmer als auch für den Arbeitgeber eine Ordnungswidrigkeit dar, die entsprechend geahndet wird.

Die rechtlichen Grundlagen für die Aufnahme einer unselbständigen Erwerbstätigkeit für Drittstaater/-innen ergeben sich aus verschiedenen Regelungen:

- Ausländergesetz (AuslG) vom 09. Juli 1990, zuletzt geändert durch Gesetz vom 24. Dezember 2003,
- Freizügigkeitsverordnung/EG vom 17. Juli 1997, zuletzt geändert durch Gesetz vom 27. Dezember 2003,
- Sozialgesetzbuch (SGB) Drittes Buch (III) – Arbeitsförderung – vom 24. März 1997, zuletzt geändert durch Gesetz vom 27. Dezember 2003,
- Arbeitsgenehmigungsverordnung (ArGV) vom 17. September 1998, zuletzt geändert durch Gesetz vom 23. Dezember 2003,
- Anwerbestoppausnahmeverordnung (ASAV) vom 17. September 1997, zuletzt geändert durch Gesetz vom 23. Dezember 2003,
- Verordnung über die Arbeitsgenehmigung für hoch qualifizierte ausländische Fachkräfte der Informations- und Kommunikationstechnologie (IT-ArGV) vom 11. Juli 2000, zuletzt geändert durch Gesetz vom 23. Dezember 2003.

Kapitel 8

Weitere Rechtsgrundlagen und zwischenstaatliche Vereinbarungen können hinzukommen.

In diesem Ratgeber beschränken wir uns auf Ausführungen des SGB III und die mit ihm in Verbindung stehende Arbeitsgenehmigungsverordnung, da hierin die wichtigsten Regelungen für binationale Paare enthalten sind. Auch auf Erläuterungen der Sonderregelung für die Erlangung der *green-card* soll in diesem Rahmen verzichtet werden. Diese Regelung ist bis 31. 12. 2004 befristet, und es ist nicht zu erwarten, dass sie mit Hinblick auf das Zuwanderungsgesetz verlängert wird.

Arbeitsgenehmigung

Arbeitsgenehmigung und Aufenthaltsgenehmigung sind eng miteinander verknüpft. Das Arbeitsamt darf eine Arbeitsgenehmigung nur dann erteilen, wenn sie nicht durch eine Auflage der Ausländerbehörde ausgeschlossen ist. Es ist zwischen einer Arbeitserlaubnis und Arbeitsberechtigung zu unterscheiden.

Ausländer/-innen, die im Besitz einer unbefristeten Aufenthaltserlaubnis oder Aufenthaltsberechtigung sind, benötigen keine Arbeitsgenehmigung für eine unselbstständige Erwerbstätigkeit. Ebenso sind Bürger/-innen der Europäischen Union sowie der EWR-Staaten (Island, Liechtenstein und Norwegen) und der Schweiz von der Arbeitsgenehmigungspflicht befreit. Eine Ausnahme stellen die Bürger/-innen der neuen EU-Beitrittsländer Osteuropas dar, die einer längerfristigen Übergangsregelung unterliegen und damit weiterhin dem Arbeitsgenehmigungsrecht. Bestimmte Personengruppen sind ebenfalls von der Arbeitsgenehmigungspflicht befreit (§ 9 ArGV): ausländische Studierende an deutschen Hochschulen, Lehrpersonen und wissenschaftliche Mitarbeiter/-innen an Hochschulen oder Forschungseinrichtungen, ausländische Journalisten/-innen, leitende Angestellte eines international tätigen Konzerns, um nur einige zu nennen.

ARBEITSGENEHMIGUNG

Arbeitserlaubnis

Die Arbeitserlaubnis wird nach § 285 SGB III in Abhängigkeit von der Lage und Entwicklung des Arbeitsmarktes erteilt. Eine Arbeitsaufnahme ist dann in der Regel für eine bestimmte berufliche Tätigkeit in einem bestimmten Betrieb (z. B. Schreiner in der Firma Müller) gestattet, sie kann aber auch auf eine Branche, Berufsgruppe, einen Wirtschaftszweig oder Bezirk beschränkt werden. Außerdem kann sie räumliche und zeitliche Beschränkungen enthalten.

Bei der Antragstellung der Arbeitserlaubnis prüft die Bundesagentur für Arbeit sorgfältig, ob der freie Arbeitsplatz durch arbeitslose bevorrechtigte Arbeitnehmer/-innen zu besetzen wäre. Bevorrechtigte Arbeitnehmer/ -innen sind neben den Deutschen jene, die in Besitz einer Arbeitsberechtigung sind oder zur Arbeitsaufnahme keine Arbeitsgenehmigung benötigen, also Unionsbürger bzw. Angehörige der EWR-Staaten und der Schweiz sowie die Personen, die entweder eine unbefristete Aufenthaltserlaubnis oder eine Arbeitsberechtigung haben.

Der Erteilung der Arbeitserlaubnis dürfen keine ausländerrechtlichen Auflagen entgegenstehen. Die erstmalige Beschäftigung wird bei einigen Personengruppen davon abhängig gemacht, dass sie sich für eine bestimmte Zeit erlaubt im Inland aufgehalten haben (§ 3 ArGV). Die Wartezeit betrifft Ausländer/-innen, die

- eine Aufenthaltsgestattung (Asylbewerber/-innen) oder eine Duldung besitzen oder
- als Ehegatten, Lebenspartner/-innen oder Kinder eines Ausländers oder einer Ausländerin die befristete Aufenthaltserlaubnis oder Aufenthaltsbewilligung besitzen.

Sie erhalten erst dann eine Arbeitserlaubnis, wenn sie sich unmittelbar vor der Beantragung ein Jahr erlaubt oder geduldet im Inland aufgehalten haben. Die Wartezeit gilt nicht für Ehegatten, eingetragene Lebenspartner/-innen und Kinder eines Ausländers/einer Ausländerin, der/die eine unbefristete Aufenthaltserlaubnis oder eine Aufenthaltsberechtigung besitzt.

Die Arbeitserlaubnis kann auch dann erteilt werden, wenn der/die Ausländer/-in nach einem Jahr rechtmäßiger Beschäftigung die gleiche Tätigkeit beim gleichen Arbeitgeber fortsetzt oder um eine besondere Härte zu vermeiden (§ 1.2 ArGV).

In der Regel wird die Arbeitserlaubnis für ein Jahr erteilt, vor einer Verlängerung erfolgt wieder eine Arbeitsmarktprüfung. Eine für mehr als ein

KAPITEL 8

Jahr erteilte Arbeitserlaubnis kann von der Agentur für Arbeit widerrufen werden, wenn eine veränderte Situation am Arbeitsmarkt dies erfordert.

Arbeitsberechtigung

Die Arbeitsgenehmigung wird als Arbeitsberechtigung nach § 286 SGB III unabhängig von der Lage und Entwicklung des Arbeitsmarktes und ohne betriebliche, berufliche oder regionale Beschränkungen erteilt. Drittstaater/-innen erhalten damit den unbeschränkten Zugang zum deutschen Arbeitsmarkt.

Die Arbeitsberechtigung wird erteilt, wenn Drittstaater/-innen eine Aufenthaltserlaubnis oder Aufenthaltsbefugnis besitzen und
- fünf Jahre rechtmäßig eine versicherungspflichtige Tätigkeit im Bundesgebiet ausgeübt haben oder
- sich ununterbrochen seit sechs Jahren im Bundesgebiet aufhalten und nicht zu ungünstigeren Arbeitsbedingungen als vergleichbare deutsche Arbeitnehmer beschäftigt werden.

Abweichend hiervon wird die Arbeitsberechtigung nach § 2.1 ArGV auch Drittstaater/-innen erteilt, wenn sie
- mit einem deutschen Familienangehörigen oder als eingetragener Lebenspartner mit einem/einer Ausländer/-in, dem nach dem Recht der EU oder des EWR Freizügigkeit zu gewähren ist, in familiärer Lebensgemeinschaft leben und eine nach § 23. Abs. 1 AuslG erteilte Aufenthaltserlaubnis besitzen,
- einen von einer deutschen Behörde ausgestellten gültigen Reiseausweis für Flüchtlinge besitzen oder
- nach § 33 des Ausländergesetzes übernommen worden sind und eine Aufenthaltsbefugnis besitzen oder
- die Voraussetzungen für die Verlängerung der Aufenthaltserlaubnis nach § 19. Abs. 1. Satz 1 und 3 AuslG erfüllen und damit ein eigenständiges Aufenthaltsrecht haben.

Weitere Ausnahmeregelungen sehen die Abs. 3, 4 und 5 des § 2 ArGV für junge Migranten vor, die im Bundesgebiet zur Schule gegangen sind und/oder sich in einer Ausbildung befinden.

Die Arbeitsberechtigung wird grundsätzlich unbefristet erteilt.

ARBEITSGENEHMIGUNG

Gewerbeausübung

In den Pässen von Migranten findet sich in der befristeten Aufenthaltsgenehmigung meist eine Auflage, die die selbstständige Erwerbstätigkeit oder vergleichbare unselbstständige Erwerbstätigkeit untersagt. Die Ausländerbehörden leiten diese Regelung aus dem § 10 AuslG ab. Diese erlaubt nicht die Eröffnung eines Geschäftes, einer Gaststätte oder eines anderen Unternehmens. Dies ist erst möglich, wenn Ausländer/-innen eine unbefristete Aufenthaltserlaubnis oder eine Aufenthaltsberechtigung besitzen. Ausländer/-innen, die mit Deutschen verheiratet sind, dürfen bereits mit der Ersterteilung der Aufenthaltserlaubnis einer selbstständigen Tätigkeit nachgehen. Erhalten sie in ihrer befristeten Aufenthaltserlaubnis trotzdem eine Auflage, die dies untersagt, so sollte die Behörde aufgefordert werden, diese zu entfernen (§ 10.3.3.2.0 ff. Verwaltungsvorschriften zum AuslG).

Sonderregelungen für Unionsbürger und -bürgerinnen

Bereits an mehreren Stellen in diesem Ratgeber wurde auf die Freizügigkeit für Staatsangehörige der Mitgliedstaaten der Europäischen Union hingewiesen. Dies betrifft den Zugang zu dem deutschen Arbeitsmarkt als Arbeitnehmer/-innen, der ihnen arbeitserlaubnisfrei zur Verfügung steht, und auch die Möglichkeit vorsieht, sich mit einem Gewerbe niederzulassen.

Die Freizügigkeitsverordnung/EG formuliert in § 5, dass Unionsbürger/-innen und ihre Familienangehörige (Ehegatten und unterhaltspflichtige Kinder) das Recht haben, im Bundesgebiet eine »jedwede abhängige Beschäftigung oder selbstständige Erwerbstätigkeit auszuüben. Dieses Recht darf nicht durch ausländerrechtliche Auflagen ausgeschlossen werden.«

KAPITEL 8

Perspektiven durch das Zuwanderungsgesetz

In Abschnitt 4 des Aufenthaltsgesetzes ist der Aufenthalt zum Zweck der Erwerbstätigkeit geregelt (§ 18-21 AufenthG). Die Aufenthaltserlaubnis, die hiernach erteilt werden kann, regelt gleichzeitig den Arbeitsmarktzugang. Zukünftig sind deshalb nicht wie bisher zwei Behörden – die Ausländerbehörde zuerst und anschließend die Agentur für Arbeit – aufzusuchen, sondern die Ausländerbehörde entscheidet über die Aufenthaltserlaubnis, indem sie die Zustimmung der Bundesagentur für Arbeit einholt. Dabei sind die ausländerrechtlichen Voraussetzungen zu prüfen und die wirtschaftlichen Erfordernisse des Landes. Die Aufenthaltserlaubnis kann erteilt werden, wenn die Arbeitsstelle nicht mit einem bevorrechtigten Arbeitnehmer bzw. einer bevorrechtigten Arbeitnehmerin zu besetzen ist; dies sind Deutsche, Unionsbürger oder Drittstaater mit entsprechenden Aufenthaltstitel und Zugangsberechtigung zum Arbeitsmarkt.

Arbeitsaufnahmen ohne Zustimmung der Bundesagentur für Arbeit können durch Rechtsverordnungen bestimmt werden, ebenso die Zuwanderung von Ausländer/-innen mit qualifizierter Berufsausbildung. Der Vorrang inländischer privilegierter Arbeitsloser ist dabei zu beachten. Entwürfe solcher Rechtsverordnungen liegen bisher noch nicht vor.

Hochqualifizierte können dann zuwandern, wenn sie einen konkreten Arbeitsplatz nachweisen, die Bundesagentur für Arbeit zugestimmt hat und es als gesichert angesehen werden kann, dass der Lebensunterhalt ohne Inanspruchnahme öffentlicher Mittel gewährleistet ist. In besonderen Fällen kann diese Gruppe von Beginn an eine Niederlassungserlaubnis erhalten, wobei die Landesregierung bestimmen kann, dass es für die Erteilung die Zustimmung der obersten Landesbehörde oder einer von ihr bestimmten Stelle bedarf. Hochqualifizierte sind z. B. Wissenschaftler/-innen mit besonderen Fachkenntnissen, Lehrpersonal oder wissenschaftliche Mitarbeiter/-innen in gehobenen Funktionen, Spezialisten/-innen oder auch leitende Angestellte mit besonderer Berufserfahrung.

Zukünftig sollen sich auch Ausländer/-innen in Deutschland mit einer Geschäftsidee niederlassen können, wenn ein übergeordnetes wirtschaftliches Interesse oder ein regionales Bedürfnis besteht, wenn positive Auswirkungen auf die Wirtschaft zu erwarten sind sowie die Finanzierung des

Vorhabens durch Eigenmittel oder eine Kreditzusage gesichert ist. Dies liegt dann vor, wenn mindestens eine Million Euro investiert werden und zehn Arbeitsplätze geschaffen werden. Dann können auch Selbstständige zuwandern und für drei Jahre eine Aufenthaltserlaubnis erhalten. Entwickelt sich die Tätigkeit erfolgreich, kann sogar abweichend von den gewöhnlichen Voraussetzungen bereits nach drei Jahren eine Niederlassungserlaubnis erteilt werden.

9. Kapitel
Studieren in Deutschland

Voraussetzung für die Aufnahme eines Studiums in Deutschland ist wie bei Deutschen auch der Nachweis der Hochschulreife. Bewerbungen ausländischer Studierender werden direkt an das Akademische Auslandsamt der gewünschten Hochschule in Deutschland gerichtet und die Zeugnisse in deutscher Übersetzung und beglaubigt vorgelegt. Wird die ausländische Hochschulzugangsberechtigung als der deutschen gleichwertig anerkannt, kann der/die ausländische Studienbewerber/-in unmittelbar zum Fachstudium zugelassen werden. Ist die Hochschulzugangsberechtigung nur bedingt mit der deutschen vergleichbar, so ist vor der Aufnahme eines Studiums eine Feststellungsprüfung erfolgreich abzulegen. Die Entscheidung darüber, ob die Hochschulzugangsberechtigung als gleichwertig oder bedingt gleichwertig eingestuft wird, treffen die Kultusministerien der Bundesländer nach ihren Bewertungskriterien.

Für die Vorbereitung und Abnahme der Feststellungsprüfung sind die an den Hochschulen eingerichteten Studienkollegs verantwortlich. Sie bereiten auch auf die deutsche Sprachprüfung vor, die auch jene Studienbewerber/-in absolvieren müssen, deren Hochschulzugangsberechtigung als gleichwertig eingestuft wurde. Sie sind jedoch von dieser Prüfung befreit, wenn sie ein Sprachdiplom der Kultusministerkonferenz Stufe II, die Zentrale Oberstufenprüfung des Goethe-Instituts oder das Große oder Kleine Sprachdiplom des Goethe-Instituts erworben haben.

Auf Initiative der Hochschulrektorenkonferenz und des Deutschen Akademischen Austauschdienstes (DAAD) wurde die Arbeits- und Servicestelle für internationale Studienbewerbungen (assist) e.V. gegründet. Seit dem 1. 5. 2004 arbeiten mehr als 50 deutsche Hochschulen mit

Kapitel 9

assist zusammen und lassen zu ihrer eigenen Entlastung von assist die internationalen Studienbewerbungen bearbeiten.

Für ausländische Studienbewerber/-innen bedeutet dies, dass sie einen Satz Bewerbungsunterlagen für mehrere Bewerbungen in beglaubigter und übersetzter Form gegen Entgelt einreichen. Assist prüft die Unterlagen auf formale Qualifikation sowie Vollständigkeit und leitet das Ergebnis an die Wunschhochschule weiter. Zeitnah erfährt auf diese Weise der Studienbewerber oder die Studienbewerberin, ob ein Studium möglich ist und an welcher Hochschule. Ab 2005 beabsichtigt assist auch die online-Bewerbung zu ermöglichen (weitere Informationen unter *www.daad.de*).

Aufenthalt

Auch für die Aufnahme eines Studiums oder für den Besuch eines Deutsch-Sprachkurses benötigen Drittstaater/-innen ein Einreisevisum, das bei der deutschen Auslandsvertretung in dem jeweiligen Herkunftsland zu beantragen ist. Bürger/-innen der Europäischen Union sowie Angehörige der EWR-Staaten sind von dieser Visumpflicht befreit und genießen Freizügigkeit für die ersten drei Monate. Anschließend erhalten sie eine Aufenthaltserlaubnis-EG, wenn sie einen Krankenversicherungsnachweis vorlegen und glaubhaft machen, dass sie über ausreichende finanzielle Mittel verfügen. Diese Freizügigkeit besteht auch unter den gleichen Voraussetzungen für ihre Familienangehörigen.

Sprachkursaufenthalt

Drittstaater/-innen, die in Deutschland einen Sprachkurs besuchen möchten, legen der deutschen Auslandsvertretung eine Anmeldung einer entsprechenden Schule vor, weisen nach, dass sie über ausreichende finanzielle Mittel für ihren Lebensunterhalt sowie einen Krankenversicherungsschutz verfügen und können für maximal ein Jahr eine Aufenthaltsbewilligung erhalten. Diese Aufenthaltsgenehmigung ist nur für den Besuch des Sprachkurses erteilt, eine anschließende Verlängerung ist in der Regel nicht möglich, auch nicht für die Aufnahme eines Studiums. Dieses Anliegen hätte zuvor gegenüber der deutschen Auslandsvertretung vorgebracht werden müssen.

Aufenthalt zur Studienbewerbung

Drittstaater/-innen, die sich für ein Studium in Deutschland interessieren, aber noch keine Zulassung zu einer Hochschule haben, können ein Studienbewerbervisum erhalten. Dieses Visum kann für drei Monaten erteilt werden, um z. B. die deutsche Sprache zu erlernen oder sich über Studienangebote zu informieren. Neben der Hochschulzugangsberechtigung ist der Nachweis über einen Krankenversicherungsschutz zu erbringen und in Einzelfällen auch ein Finanzierungsnachweis. Eine Verlängerung kann die örtliche Ausländerbehörde für maximal sechs Monate in Form einer Aufenthaltsbewilligung erteilen. Diese ist mit der Auflage verbunden, innerhalb der Frist die Zulassung an einer Hochschule nachzuweisen oder die Aufnahme an einem Deutschkurs zur Vorbereitung des Studiums bzw. die Aufnahme an einem Studienkolleg.
    Dieses Visum bzw. diese Aufenthaltsbewilligung kann anschließend für Studienzwecke verlängert werden.

Aufenthalt zu Studienzwecken

Studierende aus Drittstaaten können ein Einreisevisum zu Studienzwecken erhalten, wenn sie die Zulassung zu einem Studium an einer deutschen Hochschule vorlegen können, ersatzweise ist auch eine Bewerberbestätigung ausreichend oder eine Bescheinigung der Hochschule, aus der hervorgeht, dass für die Zulassung das persönliche Erscheinen des Bewerbers oder der Bewerberin erforderlich ist. Weiterhin ist ein Krankenversicherungsschutz zu erbringen, eventuell Nachweise über bisher erbrachte Studienleistungen oder über vorhandene Deutschkenntnisse und einen Finanzierungsnachweis.
    Die örtliche Ausländerbehörde erteilt die Aufenthaltsbewilligung zu Studienzwecken und prüft wie beim Einreisevisum die Zulassung der

Kapitel 9

Hochschule, den Krankenversicherungsschutz und die finanzielle Situation des Studenten oder der Studentin. Die Aufenthaltsbewilligung kann für zwei Jahre erteilt werden. Sie wird verlängert, wenn weiterhin das Studium finanziell gesichert ist und ein ordnungsgemäßes Studium nachgewiesen wird, z. B. durch Vorlage von Studienbescheinigungen (§ 28 AuslG).

Die Ausländerbehörden gehen davon aus, dass der gesamte Aufenthalt für ein Studium nicht länger als zehn Jahre dauert. Deshalb prüfen sie besonders streng, wenn die 10-Jahres-Grenze naht. Entsprechende Bestätigungen von den Prüfungsämtern müssen glaubwürdig versichern, dass das Studium in einem angemessenen Zeitraum beendet wird.

Da die Aufenthaltsbewilligung nur für einen ganz bestimmten Zweck, für ein bestimmtes Studium, erteilt wurde, kann dieser Zweck nicht ohne Genehmigung geändert werden. Eine Änderung der Studienrichtung entspräche somit einer Änderung des Aufenthaltszwecks, zu der erst ausgereist werden muss, um nach einem Jahr wieder einreisen zu können (§ 28 Abs. 3 AuslG). Wird ein Wechsel der Studienrichtung anvisiert, ist dies nur während der ersten drei Semester unproblematisch. Danach wird es gehandhabt wie die Beantragung einer Genehmigung für ein Aufbau- oder Zusatzstudium. Der Ausländerbehörde ist dann eine Bescheinigung der Hochschule oder der Universität vorzulegen, in der die Anerkennung der bisherigen Studienleistungen oder die sinnvolle Ergänzung zur bisherigen Ausbildung bestätigt wird. Allerdings hat die Ausländerbehörde dabei ebenso die Schallgrenze von zehn Jahren zu beachten, d. h. ein Zusatzstudium darf z. B. bis zum endgültigen Abschluß die gesamte Aufenthaltsdauer des Studenten oder der Studentin im Bundesgebiet von zehn Jahren nicht überschreiten.

Die Aufenthaltsbewilligung kann nicht in einen Daueraufenthalt umgewandelt werden, es sei denn, dass ein Rechtsanspruch auf Aufenthalt während der Studienzeit erworben wird, z. B. durch eine Eheschließung mit einem/einer deutschen Staatsbürger/-in oder mit einem Asylberechtigten oder mit einem/einer EU-Bürger/-in. Dann erhält der/die Student/in eine Aufenthaltserlaubnis mit einer Arbeitsgenehmigung.

Familiennachzug zu Studierenden

Auch Ehegatten und minderjährige Kinder ausländischer Studierender können nach Deutschland nachziehen (§ 29. Abs. 1 AuslG), wenn der Lebensunterhalt ohne Inanspruchnahme von Sozialhilfe gesichert ist und ausreichender Wohnraum zur Verfügung steht. Sie erhalten dann ebenfalls eine Aufenthaltsbewilligung, die so lange gewährt wird, wie der/die Studierende selbst eine Aufenthaltsbewilligung besitzt.

Finanzierung

Es wird davon ausgegangen dass Studierende zum Studieren ins Bundesgebiet kommen und nicht zum Arbeiten. Deshalb ist die Finanzierung im Prinzip für das gesamte Studium mindestens jedoch für ein Jahr bereits bei der Beantragung des Einreisevisums gegenüber der deutschen Auslandsvertretung nachzuweisen. Auch bei jeder Verlängerung prüft die örtliche Ausländerbehörde erneut die finanzielle Situation und verlangt, dass mindestens der BAföG-Regelsatz für ein Jahr zur Verfügung steht. Zurzeit sind dies etwa 466 € monatlich, für die Dauer von einem Jahr 6136 €. Dieser Betrag ist nur eine Orientierung, er kann regional differieren, so dass es erfahrungsgemäß vorkommt, dass von Studierenden ein Nachweis von 6500 € und auch darüber gefordert wird.

Der Finanzierungsnachweis kann durch die Darlegung der Einkommens- und Vermögensverhältnisse der Eltern erbracht werden, durch eine Verpflichtungserklärung gegenüber der Ausländerbehörde, durch eine Bankbürgschaft bei einem Geldinstitut in Deutschland oder beispielsweise durch ein Stipendium.

Ausländische Studierende dürfen eine Teilzeit- oder Ferienbeschäftigung aufnehmen. Die Beschäftigung darf drei Monate im Kalenderjahr nicht übersteigen. Die dreimonatige Beschäftigung kann auch in einzelne Abschnitte aufgeteilt werden, auf 90 volle oder 180 halbe Tage im Jahr.

Kapitel 9

Für diesen Umfang der Beschäftigung ist eine Arbeitserlaubnis nicht erforderlich (§ 9 ArGV), lediglich ein entsprechender Vermerk der Ausländerbehörde im Pass. Wer mehr arbeiten möchte, muss bei der Agentur für Arbeit eine Arbeitserlaubnis für die konkrete Tätigkeit beantragen, die nach Prüfung der Agentur für Arbeit, ob bevorrechtigte Arbeitnehmer/-innen für diese Beschäftigung zur Verfügung stehen, erteilt werden kann. Angesichts der angespannten Situation auf dem Arbeitsmarkt wird es schwierig sein, eine Arbeitserlaubnis zu erhalten.

Leistungen nach dem Bundesausbildungsförderungsgesetz, BAföG, können neben deutschen Staatsbürger heimatlose Ausländer/-innen, Asylberechtigte, Flüchtlinge nach der Genfer Konvention, Kontingentflüchtlinge und Auszubildende aus EU- und EWR-Staaten beantragen.

Andere Migranten erhalten Ausbildungsförderung, wenn sie selbst vor Beginn des förderungsfähigen Ausbildungsabschnitts fünf Jahre im Bundesgebiet gelebt und gearbeitet haben oder wenn zumindest ein Elternteil während der letzten sechs Jahre vor Beginn der Ausbildung sich drei Jahre im Inland aufgehalten hat und rechtmäßig erwerbstätig gewesen ist.

Weitere Informationen
Neben den Websites mittlerweile vieler deutscher Hochschulen sind umfangreiche und ausführliche Informationen über die Anerkennung ausländischer Schulabschlüsse, den Zugang zu deutschen Hochschulen sowie über das Aufenthaltsrecht für Studierende und Gastwissenschaftler/-innen beim Deutschen Akademischen Austauschdienst erhältlich:
www.daad.de

Perspektiven durch das Zuwanderungsgesetz

Nach den Entwürfen des Zuwanderungsgesetzes sieht das Aufenthaltsgesetz nur noch zwei Aufenthaltstitel vor: die Aufenthaltserlaubnis und die Niederlassungserlaubnis. Zukünftig werden ausländische Studierende die Aufenthaltserlaubnis erhalten, die aber eine Verfestigung in Form der Niederlassungserlaubnis ausschließt. Insofern hat die zukünftige Aufenthaltserlaubnis die gleiche Bedeutung wie die jetzige Aufenthaltsbewilligung. Die Aufenthaltserlaubnis soll jeweils für zwei Jahre erteilt werden.

Eine Verbesserung wird wohl darin bestehen, dass Studierende nach Beendigung ihres Studiums nicht sofort in ihr Herkunftsland zurück müssen. Sie können für ein weiteres Jahr zur Suche eines dem Abschluss angemessenen Arbeitsplatzes eine Verlängerung des Aufenthaltes erhalten (§ 16 AufenthG). Nach erfolgreicher Suche kann anschließend die Aufenthaltserlaubnis zur Arbeitsaufnahme erteilt werden, ohne dass eine Ausreise zur Umwandlung des Zweckes erforderlich ist. Allerdings orientieren sich die Bestimmungen zur Erteilung der Aufenthaltserlaubnis an der wirtschaftlichen Entwicklung des Landes und an den Erfordernissen des Arbeitsmarktes. Die Ausländerbehörde wird für diese Entscheidung die Zustimmung der Agentur für Arbeit benötigen, die bevorrechtigte Arbeitnehmer/-innen zuerst zu berücksichtigen hat (§ 18-21 AufenthG).

10. Kapitel

Besonderheiten im Erbrecht

In diesem Kapitel haben wir auf Beispiele aus der Praxis verzichtet, da dies die Einbeziehung der Rechtslage in anderen Ländern nach sich ziehen würde. Die aktuelle Rechtslage in anderen Ländern ist für uns jedoch nicht überschaubar, sie unterliegt Veränderungen, die für den Einzelfall von Bedeutung sein können. Daher ist eine Einzelfallberatung bei Rechtsanwält/-innen oder Notaren dringend anzuraten.

Rechtliche Grundlagen

Auch in binationalen Familien, Ehen und eingetragenen Lebenspartnerschaften stellt sich die Frage danach, wie der Nachlass geregelt ist. Wer ist erbberechtigt? Welche Vorsorgen sind ggf. zu treffen, um im Falle des Versterbens die nahen Angehörigen nicht mit erbrechtlichen Konsequenzen zu konfrontieren, die wir zu Lebzeiten nicht gewollt haben?

Im Rahmen dieses Ratgebers beschränken wir uns auf die Darstellung der Besonderheiten bei Binationalen. Darüber hinaus können die nachfolgenden Ausführungen nur einen Überblick über die wesentlichen Regelungen geben.

Nach deutschem Internationalen Erbrecht ist für die Bestimmung des Erbes nach Art. 25 EGBGB das Recht des Staates heranzuziehen, dessen Staatsangehörigkeit der Erblasser oder Erblasserin im Zeitpunkt des Todes innehatte. Dies betrifft nach deutschem Recht grundsätzlich den gesamten Nachlass, also sowohl beweglichen als auch unbeweglichen Nachlass sowie auch Nachlass, der in Deutschland belegen ist, als auch

Kapitel 10

den der im Ausland belegen ist. Sehr einfach ist dies zu beurteilen, wenn der/die Verstorbene Deutsche/r war und in Deutschland den letzten gewöhnlichen Aufenthalt hatte. Dann unterliegt dieser Erbfall deutschem Erbrecht.

Kompliziert wird es, wenn der/die deutsche Erblasser/-in seinen/ihren gewöhnlichen Aufenthalt zum Zeitpunkt des Todes im Ausland hat. Ist der Wohnsitz in einem Staat, in dem der Wohnsitz der Anknüpfungspunkt für das Erbstatut (das Recht, wonach sich das Erbrecht bestimmt) ist, so kann es ein, dass der Nachlass des/der Deutschen sich nicht nach deutschem, sondern nach dem Recht des ausländischen Wohnsitzes bemisst.

Im internationalen Erbrecht vieler anderer Staaten richtet sich das Erbstatut danach, wo der letzte Wohnsitz oder gewöhnliche Aufenthalt des Erblassers war. Zudem wird in anderen Ländern zwischen beweglichem und unbeweglichem Vermögen unterschieden. Teilweise richtet sich in manchen Staaten das Erbstatut nach dem Recht des Staates, in dem der Nachlass sich befindet.

War der Erblasser ein in Deutschland lebender ausländischer Ehemann, so richtet sich das Erbrecht zunächst nach dem Recht seines Heimatstaates. Allerdings gibt es wichtige Ausnahmen zu den obigen Grundsätzen. In bestimmten Fällen verweist das ausländische Recht wieder auf das in unserem Falle deutsche Recht zurück. Dann wird gemäß Art. 4 Abs.1 S. 2 EGBGB regelmäßig wiederum deutsches Recht angewandt und in unserem Beispiel nicht das ausländische Recht des Ehemannes.

Weitere wichtige Ausnahmen ergeben sich aus Staatsverträgen, die gem. Art. 3 Abs. 2 S. 1 EGBGB vorrangig zu beachten sind. Die drei bedeutsamen Verträge sind: der deutsch-türkische Konsularvertrag vom 28. Mai 1929 (Bundesgesetzblatt II, 608, v. 29.Mai 1952), das deutsch-iranische Niederlassungsabkommen vom 17. Februar 1929 (Bundesgesetzblatt II, 829 vom 15. August 1955) sowie der deutsch-sowjetische Konsularvertrag vom 25. April 1958 (Bundesgesetzblatt II, 232). Letzterer gilt seit der Auflösung der Sowjetunion, also seit dem 1. Januar 1992, auch für Russland, Armenien, Georgien, Kasachstan, Kirgisien, Usbekistan und die Ukraine.

ERBRECHTSWAHL/TESTAMENT

Erbrechtswahl

Nach Art. 25 Abs. 2 EGBGB können ausländische Staatsangehörige für in Deutschland belegenes unbewegliches Vermögen die Anwendung deutschen Erbrechts in Form einer letztwilligen Verfügung (Testament, Erbvertrag) wählen. Diese Wahl kann zu einer Nachlassspaltung führen, z. B. nach beweglichem und unbeweglichem Vermögen und/oder inländischem/ausländischem Vermögen, denn für das sonstige Nachlassvermögen gilt das ausländische Erbstatut. Die Rechtswahl sollte klar und eindeutig formuliert sein.

Eine Erbrechtswahl nach ausländischem Recht durch Staatsangehörige dieses betreffenden Staates ist in Deutschland anzuerkennen. Deutschen ist die Erbrechtswahl nach ausländischem Recht versagt, auch wenn sie sich in dem betreffenden Staat dauernd aufhalten.

Verfügungen von Todes wegen (Testament/Erbvertrag)

Will man die Erbfolge selbst bestimmen und sie insbesondere anders als vom Gesetzgeber vorgegeben regeln, greift man auf die Verfügung von Todes wegen, Testament oder Erbvertrag, zurück.

Bei Auslandsbeteiligung stellt sich dabei häufig die Frage nach der Formgültigkeit eines Testaments oder eines Erbvertrages. Dies hat nichts mit der Frage danach zu tun, ob das Erbe inhaltlich (materiell-rechtlich) anerkannt ist, sondern nur, ob die Verfügung in der richtigen Form aufgesetzt wurde. Die inhaltliche Anerkennung einer Erbverfügung richtet sich immer nach dem Erbstatut. Insbesondere gemeinschaftliche Testamente durch Eheleute oder Erbverträge, die in Deutschland durchaus möglich sind, sind in einigen Staaten untersagt. Daraus kann sich das Problem ergeben, dass eine gemeinschaftliche Verfügung von Todes wegen zwar in Deutschland formgültig sein kann, aber wegen des Verbots gemeinschaftlicher Verfügungen nach dem anzuwendenden Erbstatut inhaltlich nicht anerkannt ist.

Nach Art. 26 EGBGB sind die Bedingungen für die Annahme der Formgültigkeit einer solchen Verfügung in Deutschland recht großzügig geregelt. Danach ist eine Verfügung von Todes wegen in Deutschland als formgültig anerkannt, wenn die Formvorschriften des Staates eingehalten worden sind,

Kapitel 10

- dem der Erblasser zum Zeitpunkt der Errichtung der Verfügung oder zum Zeitpunkt seines Todes angehörte;
- in dem der Erblasser die letztwillige Verfügung errichtet hat (Ortsform);
- in dem der Erblasser zum Zeitpunkt der Errichtung oder zum Zeitpunkt seines Todes seinen Wohnsitz oder den gewöhnlichen Aufenthalt hatte oder
- in dem sich bei unbeweglichem Vermögen dieses belegen ist.

Besonderheiten bei binationalen Eheleuten

Verstirbt ein/e Ehepartner/-in einer binationalen Ehe, so entscheidet das Erbstatut des verstorbenen Ehepartners darüber, ob der überlebende Ehepartner nach dem Gesetz zu den Erben gehört. Beim Tod des deutschen Ehepartners oder der deutschen Ehepartnerin ist der überlebende ausländische Ehepartner nach dem dann anzuwendenden deutschen Erbstatut ein gesetzlicher Erbe. Beim Tod des ausländischen Ehegatten wird diese Frage nach dem Erbstatut seines/ihres Herkunftstaates beurteilt.

Problematisch bei binationalen Ehen ist die deutsche Erbrechtsregelung, dass im Falle eines vom deutschen Verstorbenen zum Zeitpunkt des Todes wirksam gestellten Scheidungsantrags, der dem anderen Ehegatten zugestellt wurde, das Erbrecht des überlebenden Ehegatten ausgeschlossen ist. Eine solche Regelung gibt es offenbar nur in Deutschland, so dass typischerweise bei binationalen Ehepaaren davon auszugehen ist, dass der ausländische Ehegatte in dieser Hinsicht immer benachteiligt ist. Stirbt nämlich er und hat er zuvor einen wirksam zugestellten Scheidungsantrag gestellt, so erbt der überlebende deutsche Ehepartner dennoch, da für die Beurteilung dieses Erbfalls das ausländische Erbstatut des verstorbenen ausländischen Ehemannes heranzuziehen ist. Danach ist in der Regel das Erbrecht erst ausgeschlossen, wenn die Scheidung rechtskräftig erfolgt ist.

Zu beachten ist von binationalen Ehepaaren auch, dass Auslandsscheidungen auf Antrag durch das jeweilige Landesjustizministerium für den deutschen Rechtskreis anerkannt werden sollten. Fehlt diese Anerkennung, so gelten die Ehegatten als noch verheiratet und das Ehegattenerbrecht besteht fort.

Verfahren

Deutsche Nachlassgerichte sind regelmäßig nur zuständig, wenn deutsches Erbrecht zur Anwendung kommt.

Allerdings gibt es hierzu eine für die Erben ausländischer Erblasser wichtige Ausnahme, nämlich den Fremdrechtserbschein nach § 2369 BGB. Dieser kann bei einem deutschen Nachlassgericht beantragt werden, wenn es sich bei dem Erbe teilweise oder ausschließlich um in Deutschland belegene Nachlassgegenstände handelt. Dieser Erbschein gilt nicht für Nachlassvermögen im Ausland.

Bei Nachlassspaltung, wenn z. B. für in Deutschland befindliches Grundeigentum deutsches Erbrecht anzuwenden ist und für das sonstige in Deutschland belegene bewegliche Vermögen ausländisches Erbrecht anzuwenden ist, kann ein Doppelerbschein beantragt werden.

11. Kapitel

Der Verband binationaler Familien und Partnerschaften, iaf e. V.

Der Verband binationaler Familien und Partnerschaften iaf e. V. ist eine bundesweite Interessensvertretung. Wir setzen uns ein für die soziale und rechtliche Gleichstellung von Menschen ungeachtet ihrer Hautfarbe oder kulturellen Herkunft.

Wir arbeiten als gemeinnütziger Verein in mehr als 30 Städten im In- und Ausland. Ein Schwerpunkt unserer Arbeit liegt in der Beratung von Frauen und Männern in allen Fragen einer binationalen Beziehung. Rechtliche Einschränkungen sowie die vielfältigen Formen von Benachteiligung und Diskriminierung nehmen wir zum Anlass, die Öffentlichkeit zu informieren und unsere Vorstellungen beim Gesetzgeber einzubringen.

Eines unserer wichtigsten Anliegen ist, die Chancen und Möglichkeiten des Zusammenlebens von Menschen unterschiedlicher Kulturen deutlich zu machen. Dabei stützen wir uns auf die Erfahrungen unserer Mitglieder und geben dieses Wissen weiter in Form von Publikationen, Veranstaltungen und Fortbildungsseminaren. Mit vielfältigen Projekten zu interkulturellen Themen wollen wir zu einer Kultur der Akzeptanz unterschiedlicher Lebensformen beitragen.

Der Verband binationaler Familien und Partnerschaften, iaf e.V. ist Mitglied im Paritätischen Wohlfahrtsverband, beim Deutschen Frauenrat und bei der Europäischen Koordination für das Recht von Migranten und Migrantinnen auf Schutz der Familie (CE).

Wir sind bei der European Conference of binational/bicultural Relationships (ECB) und bei der National Coalition zur Umsetzung der Kinderrechte (NC) vertreten.

Kapitel 11

Adressen der Beratungsstellen des Verbandes

Viele Aktivitäten unseres Verbandes basieren auf dem ehrenamtlichen Engagement unserer Mitglieder. In einigen Städten koordinieren hauptamtliche Mitarbeiterinnen oder Mitarbeiter die Angebote der iaf. Diese Geschäftsstellen sind in folgenden Städten zu finden:

iaf Berlin
Oranienstr. 34; HH, 4. Stock
10999 Berlin
fon: 030-6153499
iaf-berlin@t-online.de

iaf Bonn
Thomas-Mann-Str. 30
53111 Bonn
fon: 0228-90904-0
verband-binationaler-bonn@netcologne.de

iaf Bremen
Buntentorsteinweg 182/186
28201 Bremen
fon: 0421-554020 oder 5251104
info@iaf-bremen.de

iaf Frankfurt/Main
Ludolfusstr. 2-4
60487 Frankfurt a. M.
fon: 069-713756-0
iaf.frankfurt@t-online.de

iaf Hamburg
Eidelstedter Weg 67
20255 Hamburg
fon: 040-446938
iafhamburg@aol.com

BERATUNGSSTELLEN

iaf Leipzig
Rosa-Luxemburg-Str. 19-21
04103 Leipzig
fon: 0341-6880022
iaf.leipzig@t-online.de

iaf München
Goethestr. 53
80336 München
fon: 089-531414
iafMuenchen@t-online.de

iaf Hannover
Lindener Markt 10
30449 Hannover
fon: 0511-447623
info@iaf-hannover.de

iaf Mannheim
F 7, 22-23
68159 Mannheim
fon: 0621-155142
verband-binationaler.Ma@t-online.de

iaf Saarbrücken
Johannisstr. 13
66111 Saarbrücken
fon: 0681-372590
iaf-saarbruecken@t-online.de

iaf Tübingen
Neckarhalde 32
72070 Tübingen
fon: 07071-440325
iaf-tuebingen@freenet.de

KAPITEL 11

Weitere Kontaktstellen im In- und Ausland können in der iaf Bundesgeschäftsstelle erfragt werden:

iaf Bundesgeschäftsstelle
Ludolfusstr. 2-4
60487 Frankfurt a. M.
fon: 069-713756-0
verband-binationaler@t-online.de
www.verband-binationaler.de

Ausgewählte Literatur

Daftari, Shirin: Fremde Wirklichkeiten. Verstehen und Mißverstehen im Fokus bikultureller Partnerschaften. Münster 2000

Frieben-Blum, Ellen [Hrsg.]: Wer ist fremd? Ethnische Herkunft, Familie und Gesellschaft. Opladen 2000

Geller, Helmut: Liebe zwischen Ehre und Engagement. Zur Konfrontation zweier Orientierungssysteme in binationalen Ehen zwischen deutschen Frauen und Einwanderern der ersten Generation aus mediterranen Ländern. Opladen 1999

Gómez Tutor, Claudia: Bikulturelle Ehen in Deutschland. Pädagogische Perspektiven und Maßnahmen. Frankfurt am Main 1995

Hahn, Kornelia/Burkart, Günter (Hrsg.): Liebe. Grenzen und Grenzüberschreitungen. Studien zur Soziologie intimer Beziehungen II. Opladen 2000

Hecht-El Minshawi, Béatrice: Zwei Welten, eine Liebe. Leben mit Partnern aus anderen Kulturen. Hamburg 1992

Kleiber, Lore; Gömüsay, Eva-Maria, Hrsg. vom Verband bi-nationaler Familien u. Partnerschaften, Interessengemeinschaft der mit Ausländern verheirateten Frauen e.V. (IAF): Fremdgängerinnen. Zur Geschichte bi-nationaler Ehen in Berlin von der Weimarer Republik bis in die Anfänge der Bundesrepublik. Bremen 1990

LITERATUR

Khounani, Pascal Mahmoud: Binationale Familien in Deutschland und die Erziehung der Kinder. Eine Vergleichsuntersuchung zur familiären Erziehungssituation in mono- und bikulturellen Familien im Hinblick auf multikulturelle Handlungsfähigkeit. Frankfurt am Main 2000

Ruenkaew, Pataya: Heirat nach Deutschland. Motive und Hintergründe thailändisch-deutscher Eheschließungen. Frankfurt am Main 2003

Scheibler, Petra M.: Binationale Ehen. Zur Lebenssituation europäischer Paare in Deutschland. Weinheim 1992

Thode-Arora, Hilke: Interethnische Ehen. Theoretische und methodische Grundlagen ihrer Forschung. Berlin/Hamburg 1999

Verma, Eva : Wo du auch herkommst. Bi-nationale Paare durch die Jahrtausende. Frankfurt am Main 1993

Wießmeier, Brigitte: Das »Fremde« als Lebensidee. Eine empirische Untersuchung bikultureller Ehen in Berlin. Münster 1993

Literaturauswahl Mehrsprachigkeit

Burkhardt Montanari, E.: Wie Kinder mehrsprachig aufwachsen. Ein Ratgeber. Verband Binationaler Familien und Partnerschaften iaf e.V. (Hg) Brandes & Apsel Verlag, Frankfurt am Main 2000. 4. Auflage 2004

DJI (Deutsches Jugendinstitut) Reihe. Jampert, Karin: Schlüsselsituation Sprache. Spracherwerb im Kindergarten unter besonderer Berücksichtigung des Spracherwerbs bei mehrsprachigen Kindern. Verlag Leske und Budrich, Opladen 2002

Gogolin, I. u.a.: Förderung von Kindern und Jugendlichen mit Migrationshintergrund. Materialien zur Bildungsplanung und zur Forschungsförderung, Heft 107, *Bund-Länder-Kommission: www.blk-bonn.de* Mehr Zeit

LITERATUR

für Kinder e.V./ Barmer Ersatzkasse (Hg). Sprich mit mir! Pestalozzi Verlag, Erlangen 1997

Ministerium für Frauen, Jugend, Familie u. Gesundheit des Landes NRW: Wer spricht mit mir. Entwicklung und Förderung der Sprache im Elementarbereich auf der Grundlage des situationsbezogenen Ansatzes. Düsseldorf 2001

Neumann, S.: Ganzheitliche Sprachförderung. Praxisbuch für Kindergarten, Schule und Frühförderung. Beltz Verlag, Weinheim 2001

Tophinke, Doris: Sprachförderung im Kindergarten – Julia, Elena und Fatih entdecken gemeinsam die deutsche Sprache. Beltz Verlag, Weinheim 2003

Ulich, M./Oberhuemer, P./Soltendieck, M.: Die Welt trifft sich im Kindergarten. Interkulturelle Arbeit und Sprachförderung im Kindergarten. Staatsinstitut für Frühpädagogik (IFP), München. Luchterhand, Neuwied 2001

Verband binationaler Familien und Partnerschaften, iaf e.V. (Hg) Ringler, M. u. a.: Kompetent Mehrsprachig. Sprachförderung und interkulturelle Erziehung im Kindergarten. Verlag Brandes & Apsel, Frankfurt 2004*www.verband-binationaler.de; www.treffpunkt-sprache.de*

Verband binationaler Familien und Partnerschaften, iaf e.V. (Hg): Vielfalt ist unser Reichtum. Warum Heterogenität eine Chance für die Bildung unserer Kinder ist. Brandes & Apsel Verlag, Frankfurt am Main 2004.
www.verband-binationaler.de; www.treffpunkt-sprache.de